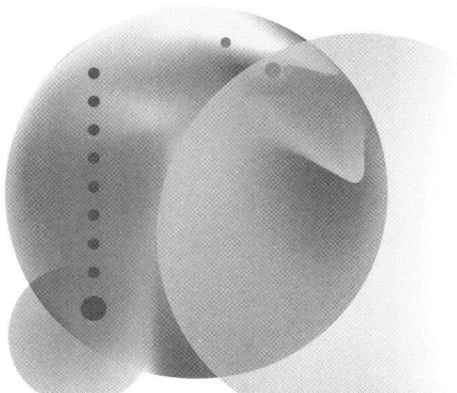

本书系广东省哲学社会科学规划2022年度后期资助项目"个性化新闻推荐算法的过滤气泡研究：基于用户的视角"（GD22HXW02）的研究成果

杨莉明　著

个性化新闻
推荐算法
过滤气泡效应
研究

中国社会科学出版社

图书在版编目(CIP)数据

个性化新闻推荐算法过滤气泡效应研究/杨莉明著. —北京：中国社会科学出版社，2023.11

ISBN 978 – 7 – 5227 – 2791 – 2

Ⅰ.①个… Ⅱ.①杨… Ⅲ.①聚类分析—分析方法—应用—新闻学—传播学—研究 Ⅳ.①G210

中国国家版本馆 CIP 数据核字(2023)第 222467 号

出 版 人	赵剑英
责任编辑	陈肖静
责任校对	刘 娟
责任印制	戴 宽

出　　版	中国社会科学出版社
社　　址	北京鼓楼西大街甲 158 号
邮　　编	100720
网　　址	http://www.csspw.cn
发 行 部	010 – 84083685
门 市 部	010 – 84029450
经　　销	新华书店及其他书店
印　　刷	北京明恒达印务有限公司
装　　订	廊坊市广阳区广增装订厂
版　　次	2023 年 11 月第 1 版
印　　次	2023 年 11 月第 1 次印刷
开　　本	710×1000　1/16
印　　张	19.25
插　　页	2
字　　数	262 千字
定　　价	109.00 元

凡购买中国社会科学出版社图书，如有质量问题请与本社营销中心联系调换

电话：010 – 84083683

版权所有　侵权必究

目　录

第一章　绪论 …………………………………………………（1）
1.1　研究背景 …………………………………………………（1）
1.2　研究问题 …………………………………………………（3）
1.3　研究意义与创新点 ………………………………………（5）
1.4　本书结构 …………………………………………………（10）

第二章　个性化推荐算法的原理、应用及影响 …………（12）
2.1　个性化推荐算法及其原理 ………………………………（12）
2.2　个性化新闻推荐与信息定制、新闻聚合的区别 ………（17）
2.3　个性化推荐算法的应用 …………………………………（20）
2.4　个性化推荐算法的影响 …………………………………（31）
2.5　本章小结 …………………………………………………（47）

第三章　过滤气泡：定义、辨析与研究进展 ……………（49）
3.1　定义：什么是过滤气泡？ ………………………………（49）
3.2　过滤气泡与信息茧房、回声室效应的异同 ……………（53）
3.3　过滤气泡存在吗？各国研究成果述评 …………………（58）
3.4　过滤气泡的争议与思考 …………………………………（69）

3.5 本章小结 ……………………………………………（75）

第四章 研究问题与研究假设 ……………………………（77）
4.1 研究问题 …………………………………………（77）
4.2 研究假设 …………………………………………（85）
4.3 本章小结 …………………………………………（96）

第五章 研究设计 ………………………………………（100）
5.1 研究方法及其实施 ………………………………（100）
5.2 问卷中各类变量的测量 …………………………（107）
5.3 本章小结 …………………………………………（125）

第六章 个性化推荐新闻使用现状 ……………………（126）
6.1 个性化新闻推荐产品的竞争概况 ………………（127）
6.2 个性化推荐新闻用户的使用情况 ………………（129）
6.3 个性化推荐新闻用户的过滤气泡 ………………（141）
6.4 个性化推荐新闻用户的人口特征 ………………（147）
6.5 不同用户群体的"算法新闻鸿沟" ………………（149）
6.6 本章小结 …………………………………………（163）

第七章 信息多样性及其影响因素分析 ………………（166）
7.1 信息多样性的多元回归分析 ……………………（166）
7.2 信息多样性的影响因素 …………………………（171）
7.3 本章小结 …………………………………………（182）

第八章 信息偶遇及其影响因素分析 …………………（187）
8.1 信息偶遇的多元回归分析 ………………………（187）
8.2 信息偶遇的影响因素 ……………………………（192）

8.3 本章小结 ·· (208)

第九章 过滤气泡的研究启示 ··· (212)
 9.1 研究结论 ··· (212)
 9.2 理论启示 ··· (222)
 9.3 研究局限 ··· (226)
 9.4 研究展望 ··· (227)
 9.5 本章小结 ··· (228)

第十章 过滤气泡的破解之道 ··· (229)
 10.1 他山之石:国外应对过滤气泡的举措 ························· (229)
 10.2 可以攻玉:基于中国互联网的过滤气泡破解之道 ········ (245)
 10.3 本章小结 ·· (269)

参考文献 ·· (271)
后记 ·· (299)

能，使得算法在掌握用户的行为模式、习惯和喜好的基础上，为不同的用户提供个性化服务。比如，购物网站能根据用户的购买记录和与之有相似品位的其他用户的行为来预测和推荐给该用户可能感兴趣的产品。在个性化推荐算法实践中最为值得关注的现象，则是以"今日头条"为代表的个性化新闻推荐算法对新闻分发模式的颠覆。

进入移动互联网时代后，受到互联网冲击而每况愈下的纸媒纷纷向内容供应商的角色转型，把原先掌握的一部分信息传播权让渡给算法，让算法根据用户的需求来分发内容。[①] 与纸媒遭遇"寒冬"形成强烈对比的是，以"今日头条"为代表的基于算法的个性化新闻推荐应用迎来了蓬勃发展的春天，迅速成为众多网民获取网络新闻资讯的主要信息来源之一。

个性化推荐算法的兴起引发了学界的关注。学者们不仅关注它所带来的传播模式的变更，更关注其产生的消极影响，有关"信息茧房""回声室效应""过滤气泡"的研究成为近年来的热点之一。本书将聚焦个性化新闻推荐算法所产生的过滤气泡效应，厘清其与"信息茧房""回声室效应"等概念的区别，通过剖析个性化推荐算法的运作原理，阐释为何个性化推荐算法将会导致这一后果，重点通过基于中国本土经验的实证研究探讨过滤气泡与哪些用户层面的因素有关，从而寻求过滤气泡的破解之道。

1.2　研究问题

鉴于个性化新闻推荐算法在移动互联网中的广泛应用，其产生的深远影响是一个非常值得深思的问题。围绕这个问题，本书将重点关注个性化推荐所产生的过滤气泡效应及其影响因素，具体而言，

---

① 张诚：《今日头条张一鸣：我眼中的未来媒体》，《中国传媒科技》2016年第1期。

本书主要对如下问题作出回答。

第一，什么是过滤气泡？它有哪些维度？是否可以测量？通过文献梳理与概念辨析，笔者将过滤气泡和与之相近的概念区分开来，归纳出过滤气泡的定义及其概念的两个维度：信息多样性和信息偶遇，即通过衡量一种数字环境中的信息传播系统能否为用户提供多样化的信息以及能否为用户提供信息偶遇，来判断用户是否处于过滤气泡中，并在参考相关文献的基础上，对过滤气泡引入可行的测量方式。

第二，个性化推荐算法是否会导致过滤气泡的产生？不同于计算机学科的研究者聚焦于通过改进算法提升用户的信息多样性和信息偶遇来打破过滤气泡，本书将从人文社科的视角出发，深入剖析个性化推荐算法的原理，描绘该算法在当前移动互联网新闻资讯传播中的应用现状，结合理论思辨与现实经验对算法的运作逻辑及其介入新闻传播所造成的价值偏向进行探讨，从技术与人文相结合的角度对这个问题作出回答，并对个性化推荐算法的技术本质进行反思。

第三，从用户与算法交互的角度来看，用户的哪些个人因素与过滤气泡有关？作者超越了将用户视为算法一击即中的"靶子"的被动角色的认知，关注到不同的用户行为与算法的交互将可能导致截然不同的结果。本书通过定量研究来探讨影响个性化推荐算法的信息多样性和信息偶遇的用户因素有哪些，从价值观、社交网络结构、兴趣、用户感知、个人性格特质、隐私保护、媒体使用时间等多个方面提出假设，找出对过滤气泡可能产生影响的因素，从而为个人抵御算法的消极影响提供更为具体的指导。

对上述问题的回答将有助于明确个性化新闻推荐算法所产生的过滤气泡及其影响，深化对个性化推荐算法的技术本质的认识，促进有关个性化推荐算法研究的跨学科对话。并且基于中国互联网的一手实证材料得出的研究结论，也可为政府、互联网企业、用户个人应对过滤气泡提出可供参考的建议。

1.3 研究意义与创新点

1.3.1 研究意义

第一，本研究有助于推动算法传播模式的研究及其理论建构。新媒体的介入为传播学研究开辟了一片可以耕耘的处女地，包括对新媒体传播理论的建构和研究方法的探索。[1] 以把关人理论（Gatekeeping Theory）为例，算法的出现改变了内容生产、分发、把关的流程，在媒介产品中发挥着需求的预测者和内容的创造者两种作用，[2] 使传统意义上的新闻把关人角色发生了变化，[3][4] 算法作为"非人类的行动者"和人类的传播活动编织在一起成了新型的"行动者网络"，[5] 形成了新的数字把关人模式。[6] 根据传播学的5W模式，个性化推荐算法在传播者、传播渠道、传播内容、受众、传播效果这五个传播要素上都带来了新的变革，与传统媒体时代的大众传播模式形成了本质上的区别。鉴于算法对旧传播模式的重构，有学者提出了"算法传播模式"：它是指以大数据为基础，经由智能媒体，依靠算法技术驱动的传播，它是在传播社会学意义上整体发生

---

[1] 杨伯溆：《新媒体传播：中国传播学的发展机遇》，《新闻记者》2014年第12期。

[2] Napoli, P. M., Automated Media: An Institutional Theory Perspective on Algorithmic Media Production and Consumption, *Communication Theory*, 2014, (24): 340–360.

[3] Thurman, N., Making "The Daily Me": Technology, economics and habit in the mainstream assimilation of personalized news, *Journalism*, 2011, 12 (4): 395–415.

[4] Thurman, N., Schifferes, S., *The Paradox of Personalization: The Social and Reflexive Turn of Adaptive News*, In E. Siapera & A. Veglis (Eds.), The Handbook of Global Online Journalism, UK, Oxford, Wiley-Blackwell, 2012, pp. 373–391.

[5] 姜红、鲁曼：《重塑"媒介"：行动者网络中的新闻"算法"》，《新闻记者》2017年第4期。

[6] 参见阮立、华勒斯、沈国芳《现代把关人理论的模式化——个体、算法和平台在数字新闻传播领域的崛起》，《当代传播》2018年第2期；刘海明、杨琦钜《位阶与底线：人工智能时代数字新闻把关人的伦理探究》，《现代传播》2021年第43卷第1期。

异变的一种传播形态，它的传播对象、传播内容、传播方式、传播效果等均被纳入可计算的框架内，形成全新的传播模式。① 本书通过对个性化推荐算法及其影响的研究，将有助于深化对这种新的传播模式的认识，特别是为算法传播效果提供新的思考，寻求知识增量。

第二，本研究有助于推动个性化推荐算法的跨学科研究。计算机和信息科学学科对个性化推荐的研究至今已逾三十载，相关成果可谓汗牛充栋，然而其研究旨趣主要体现在算法的应用层面，主要围绕如何改进算法，提升其效能，解决"冷启动"等技术问题，或是研究如何改进界面设计和信息呈现方式，使用户满意度更高。"过滤气泡"的概念提出后，计算机和信息科学学科的研究者也关注了这一假说并积极地寻求技术上的解决办法，这固然能得出较高应用价值的研究结论，但若只是从工具理性的角度去研究算法，则忽视了对算法的价值理性的思考。算法日渐渗透到人的日常生活中，价值理性的重要性也日益凸显。陈昌凤等指出，算法忽略了价值理性中那些思想意识、义务、尊严、美、规训等信念，造成价值理性的缺失，② 并且算法的结构性缺陷和输入数据的偏向决定了其在实践中的伦理缺陷难以通过技术手段弥合，而新闻产品的特殊性需要更为立体丰富的人文价值对算法价值观进行外部矫正。③ 我们需要超越对算法的工具理性的认识，通过人文社科的研究弥补价值理性的缺失，因此，在有关算法的研究中，人文社科的参与亦发挥着不可或缺的重要作用。本书正是从这个意义上去探讨个性化推荐算法造成的过滤气泡，有别于计算机学科对待这个问题的技术视角，本书侧重于从非技术的层面去探讨造成这个现象的影响因素，关注用户与

---

① 全燕：《智媒时代算法传播的形态建构与风险控制》，《南京社会科学》2020 年第 11 期。
② 陈昌凤、石泽：《技术与价值的理性交往：人工智能时代信息传播——算法推荐中工具理性与价值理性的思考》，《新闻战线》2017 年第 17 期。
③ 陈昌凤、师文：《个性化新闻推荐算法的技术解读与价值探讨》，《中国编辑》2018 年第 10 期。

算法的交互，为突破过滤气泡提供人文社科视角的解读，对算法如何体现价值理性、更好地服务用户需求进行思考，从而促进该领域研究的跨学科对话，通过技术与人文相结合的路径共同推进算法问题的解决。

第三，本书有助于深化对算法的技术本质的理解。尽管有学者认为目前算法所表现出来的问题是人与人之间的问题，并非人与机器/技术二元之间的问题，① 寄望于通过算法的不断迭代来增强其社会适应度与合法性，② 从而解决问题。然而从技术哲学的角度来看，这一典型的"技术中性论"视角忽略了工具的意向结构，即工具所包含着特定的价值取向。③ 所有的信息技术都存在对一部分内容或用户的倾向性，不存在中立的信息系统，需要对系统中的权力（偏见）加以警惕。④ 德国哲学家海德格尔明确地反对把技术视为工具的工具性观点，反对把技术当作某种中性的东西来考察。⑤ 媒介文化批评家尼尔·波兹曼亦尖锐地指出"技术是独立存在的"这一观点是一种谬论，技术对人的行为、价值和期望都具有超乎寻常的影响力。⑥ 因此，本书将立足前人的批判视角，不仅将算法视为一种新的传播技术，更将其视为一种新的权力形态，并且从这个意义上去深挖个性化推荐算法的价值取向，探索其传播偏向，关注其产生的深远影响，对这种新的传播技术进行反思和批判，增进对算法的技术本质的理解。

第四，基于中国本土的实证研究，本书探索了"过滤气泡"假

---

① 喻国明、陈艳明、普文越：《智能算法与公共性：问题的误读与解题的关键》，《中国编辑》2020年第5期。
② 喻国明、杜楠楠：《智能型算法分发的价值迭代："边界调适"与合法性的提升——以"今日头条"的四次升级迭代为例》，《新闻记者》2019年第11期。
③ 吴国盛：《技术哲学讲演录》，中国人民大学出版社2009年版，第9页。
④ ［美］维迪亚那桑：《谷歌化的反思》，苏健译，浙江人民出版社2014年版，第70页。
⑤ ［德］海德格尔：《海德格尔选集》，孙周兴编，上海三联书店1989年版，第925—926页。
⑥ ［美］波兹曼：《娱乐至死》，章艳译，广西师范大学出版社2004年版，第79页。

说的跨文化适用性。互联网对政治和社会民主的影响一直是研究的热点，近年来过滤气泡（包括信息茧房、回声室效应等相关问题）也逐渐引起学界的广泛关注。不过这些概念是基于美国的社会文化背景而提出的，国外研究成果大多围绕美国互联网展开讨论。而国内虽然也有许多学者通过研究形成了一系列思辨性成果，但基于中国互联网的实证性质的研究仍相对缺乏。基于国外的现状得到的研究结论是否具有跨文化的适用性？中国互联网中过滤气泡状况如何？是否由于所处的互联网发展阶段、文化和国情的差异而有所不同？对于这些问题，本书将基于中国本土的调研数据，通过实证研究作出回答，从而为深入理解过滤气泡和个性化推荐算法之间的关系提供实证数据的支持以及本土经验的诠释。

第五，基于中国互联网的实证研究，本书为应对过滤气泡问题提供了对策。从政府、互联网企业、从业者、传统媒体、公民这五个主体的角度分别提出了可供参考的建议：可为国家和政府制定相关法律法规、算法伦理规范提供参考，提升互联网治理效能；有助于互联网公司学习国外同行的经验，提升人工智能伦理规范意识，加强伦理规范实践，改进推荐算法，优化信息服务；有助于提升互联网从业者的算法素养、算法伦理水平和社会责任感；为传统媒体如何应对算法新闻的冲击提供了建议；在用户的层面，研究结论揭示了和过滤气泡有关的个人因素，用户可从中获得启发，增进对过滤气泡的认识并保持警惕，避免受其消极影响，提升个人的算法素养水平。

1.3.2 创新点

首先，针对相关研究中存在的概念混用的情况，本书厘清了相关概念，为后续研究打下了理论基础。本书界定了过滤气泡定义的外延与内涵，将其与信息茧房、回声室效应等相近的概念区分开来，明确了研究对象。并且，通过剖析个性化推荐算法的运作原理，提炼出它与定制（Customization）、新闻聚合（News Aggregation）等相近概念的本质区别，廓清了对个性化推荐算法的认识。

其次，对过滤气泡提出了可行的测量方式，通过定量研究补充了该领域研究的不足。关于个性化推荐算法产生的影响，国外研究者主要针对社交媒体平台和搜索引擎展开研究，而国内的研究者虽然重点关注了以"今日头条"为代表的个性化推荐新闻资讯应用，但是思辨型的论文居多，相对来说比较欠缺实证研究和数据支持，而本书正是在此方面作出补充，以一手的调研数据对个性化推荐算法产生的影响——过滤气泡效应展开了定量研究。同时，本书还提炼出了过滤气泡的两大维度及其测量方式，将外文文献中有关信息偶遇、寻求信息多样化价值观等重要概念的量表通过中英文回译的方式引入测量中，结合中国的国情对这些量表的题项作了调整，使过滤气泡得以量化，为后续研究的开展提供了参考。

再次，本书并未局限于某个平台，而是以用户为中心探讨了个人在移动互联网世界中是否遭遇过滤气泡，研究结论更具有普适性。已有的研究往往通过在某个平台上开展研究来检验过滤气泡是否存在，有部分学者质疑研究结论受限于平台以及特定的主题，未能充分考虑个人所处的媒介环境：人们可能在某个平台或某个讨论的主题上陷于过滤气泡，但并不意味着他们在其他平台或其他主题上也是如此，个人的信息来源和关注的主题并非单一的，而是丰富多样的。① 而本研究的调研数据较为全面地反映了用户个人在复杂多样的媒介环境中的状况，涉及传统媒体与新媒体接触、所处网络异质化程度、价值观、性格、人口统计学特征等多个层面的变量，在充分考虑上述因素的情况下检验个性化推荐算法产生的影响，使结论更为可靠且更具说服力。

---

① 姜婷婷、许艳闰：《窄化的信息世界：国外信息茧房、选择性接触与回音室研究进展》，《图书情报知识》2021 年第 38 卷第 5 期。

1.4　本书结构

全书共分为十章,按如下脉络展开阐述:

第一章即本章,对全书的主题做了提纲挈领式的概括。从个性化推荐算法兴起的背景入手,聚焦于算法可能导致的过滤气泡问题。围绕本书的核心概念——过滤气泡,明确提出了三方面有待回答的问题,并指出了研究意义与创新点。

第二章以"今日头条"为典型个案,阐释了个性化推荐算法的运作原理,通过与信息定制、新闻聚合进行概念辨析,明确了个性化推荐与前者的区别在于信息过滤主导权的归属。本章还描述了个性化推荐算法在当前移动互联网中的应用现状,尤其是在新闻分发中的应用,剖析了其积极影响与消极影响,梳理了国内外有关个性化推荐的研究进展,从而聚焦到个性化推荐算法所产生的影响——过滤气泡。

第三章对过滤气泡概念的来龙去脉进行了梳理,提炼出过滤气泡的三个要点与两个维度:信息多样性与信息偶遇。在此基础上,对过滤气泡提出了明确的定义。将过滤气泡与信息茧房、回声室效应作概念辨析,厘清了三者的异同,笔者认为,过滤气泡比另外两者更适用于探讨个性化推荐算法所造成的影响。在梳理国内外相关研究的基础上,指出了已有研究的不足,其中最重要的一点是研究者普遍忽视了用户个体的差异。从用户的角度对过滤气泡展开研究是很有必要的。

第四章在综合了前面两章讨论的基础上,提出本书中具体的7个研究问题和34条研究假设。这些研究问题与研究假设涉及个性化推荐系统的使用是否会导致过滤气泡、和过滤气泡有关的个人因素有哪些、两类不同的个性化新闻推荐系统的用户特征以及过滤气泡程度是否有显著差异、不同的用户群体之间是否存在"算法数字鸿沟"等。

第五章是关于研究设计的阐述。该章介绍了研究方法——问卷调查法及其实施过程，对抽样方案、样本质量控制、样本代表性等关键问题作了详细阐述，并对问卷中相关概念的操作化、变量的测量、量表的信度与效度作出了说明，为下一章的统计分析和假设检验打下基础。

第六章至第八章是本书的统计分析部分。第六章通过对调查数据进行描述性统计，对目前个性化推荐在我国互联网新闻资讯传播中的应用现状、竞争状况、用户群体的使用情况、主要特征、过滤气泡程度作了描述。根据个性化推荐系统的特点可分为应用型和模块型，笔者对比了两类个性化新闻推荐系统的用户特征、使用情况与过滤气泡程度。此外，还探讨了"算法新闻鸿沟"，分析了不同人口特征的用户群体中存在的使用沟、内容沟、感知沟、信息多样性沟、信息偶遇沟。

第七章和第八章的分析分别对应的是过滤气泡的两个维度——信息多样性与信息偶遇，通过对调查数据进行回归分析，检验了前面提出的研究假设。第七章检验了和信息多样性有关的个人因素，第八章检验了和信息偶遇有关的个人因素，并且对检验的结果作了分析与讨论。

第九章从理论的角度对全文的研究发现作了总结，并且结合中国的互联网实践对研究结论作了解读和分析，得出了理论启示，总结了本研究的不足之处，展望了未来可进一步探索的研究方向。

第十章从实践的角度为破解过滤气泡提出了可供参考的对策。本章在借鉴国外应对包括过滤气泡在内的人工智能算法产生的问题的经验的基础上，从国情出发，提出了政府、互联网公司、从业者、传统媒体、公民五个主体共同参与的治理之道，可为综合治理算法产生的消极影响提供一定的借鉴。

第二章　个性化推荐算法的原理、应用及影响

2.1　个性化推荐算法及其原理

个性化推荐技术是运用聚类、关联模式挖掘、文本挖掘、复杂网络和图论算法等算法，通过对海量的用户行为数据进行挖掘与分析，计算出物品（内容）之间或用户之间的相似性，以此来预测某个用户对新物品或新内容的偏好，从而为不同的用户推送差异化的结果。这是一个协同过滤（collaborative filtering）的过程。

通常来讲，一个推荐系统的架构主要可分为图 2.1 所示的 A、B、C 三个部分。

如图 2.1 所示，A 部分从用户行为数据库和用户属性数据库中提取用户行为，并进行行为特征的转换，从而输出用户特征向量；B 部分生成用户特征与物品的相关性矩阵，形成初始的推荐结果；C 部分则对初始推荐结果进行过滤，排除不符合要求的物品，结合实时的用户行为反馈数据和物品的新颖性、多样性等属性进行排名，生成最终的推荐结果。

个性化推荐方法中运用最广、最为基本的是基于物品的协同过滤算法（Item-based Collaborative Filtering，以下简称 ItemCF）和基于用户的协同过滤算法（User-based Collaborative Filtering，以下简称 UserCF）

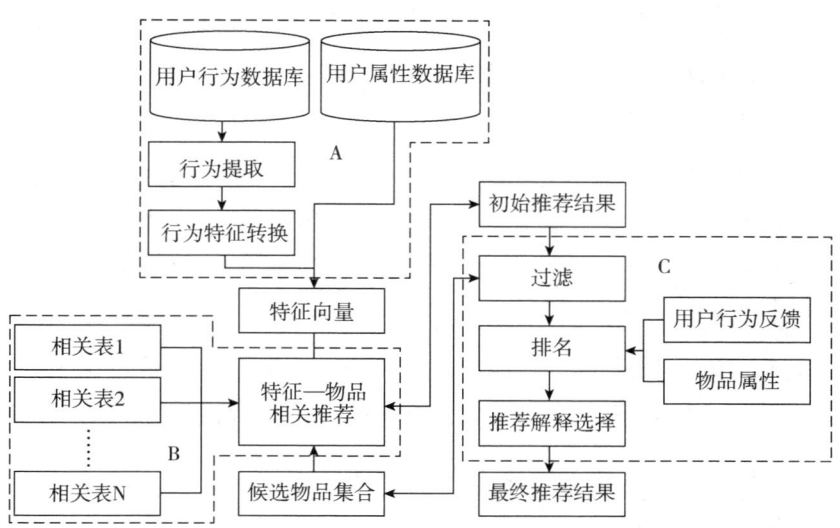

图 2.1　推荐系统架构图①

这两种算法。两者的区别主要在于 ItemCF 是根据物品之间的相似性来为用户做出推荐，即基于用户的历史兴趣来推荐用户可能感兴趣但尚未消费的物品或内容；而 UserCF 是根据用户之间的相似性来做出推荐，即根据与该用户兴趣或行为相似的小群体的热点来为用户推荐物品或内容。换句话说，ItemCF 的推荐更加个性化，反映了用户自己的兴趣传承，UserCF 的推荐更社会化，反映了用户所在的小型兴趣群体中物品的热门程度。②

　　两种算法适用于不同的应用场景。ItemCF 有助于用户发现与其兴趣相关的物品，更适用于电子商务领域和娱乐消费的推荐，而 UserCF 则适用于时效性较强，用户个性化兴趣不太明显的领域，更适用于新闻资讯的推荐。

　　ItemCF 主要应用在电子商务、视频、音乐的推荐中。虽然在购物平台上，个性化推荐的商品通常会有"购买此商品的顾客也同时

---

①　项亮：《推荐系统实践》，人民邮电出版社 2012 年版，第 172 页。
②　项亮：《推荐系统实践》，人民邮电出版社 2012 年版，第 59 页。

购买""其他人还看了""购物车抄作业"等诸如此类的提示语,但是这并不是基于用户的协同过滤算法(UserCF)所得出的结果,而是基于物品进行的协同过滤(ItemCF)。因为从技术上考虑,UserCF 需要计算用户相似度的矩阵,而一个电子商务网站或视频网站的用户规模是百万以上级别,此时需要的计算量非常大;而 ItemCF 只需要计算物品的相似度矩阵,在一般情况下,物品的数量远低于用户的数量,因此基于物品的协同过滤算法所需的计算量较少。并且,从用户兴趣上考虑,用户对物品的偏好、对视频或音乐的品味是相对固定、不易改变的,维护物品相似性矩阵所需的计算量相对较小。因此,ItemCF 在上述领域是比较适用的。

而在社交网站、新闻阅读的场景中,个性化推荐则主要通过 UserCF 来实现的。这两个领域都和信息传播有关,都追求信息的热门程度和时效性。尤其在新闻信息的传播中,时效性是非常重要的指标,对于用户而言,获取资讯是首要的目的,个人兴趣相对而言没有那么重要——用户对信息资讯的兴趣是相对比较宽泛的,没有对某类主题的内容非读不可的强烈需求,同时对不太关注的领域的资讯也并不截然排斥,加上用户所关注的领域当天不一定会有新动态,因此若要作出有效的推荐,信息的时效性和重要性显然比个人兴趣更值得参考。并且社交网站信息和新闻资讯的传播是一个实时变化的动态过程,随时都可能有新的内容出现。因而在此场景中,若以物品(信息)的相似性作为推荐的依据,计算和维护所需的计算量远大于基于用户的协同过滤(ItemCF)。另外,ItemCF 还可能导致同类信息过度推送,例如用户在点击了一则健康养生资讯之后会被推送更多同类的资讯,显然 UserCF 能更好地避免此类问题出现。

具体到新闻推荐领域,常见的推荐技术可分为四种:除了上述基于内容的协同过滤(ItemCF)和基于用户的协同过滤(UserCF),还包括基于知识(语义)的新闻推荐,以及混合新闻推荐。目前,结合内容和协同过滤的混合推荐是使用最广泛的,① 因为在具体的实践中,ItemCF 可能会导致推荐内容过度专门化,而 UserCF 则可能导致推荐结果的可扩展性较差。这两种算法的混合使用有助于互补长短。在混合推荐算法的运作下,个性化推荐系统能够高效地处理海量资讯并将其分发给不同需求的用户。

以"今日头条"为例,除了协同过滤算法外,该应用所使用的五种推荐算法还包括监督学习算法 Logistic Regression 模型(逻辑回归模型)、基于深度学习的 Factorization Machine(因子分解机)、DNN(Deep Neural Networks,即深度神经网络)、GBDT(Gradient Boosting Decision Tree,即梯度提升树)。逻辑回归模型、因子分解机和梯度提升树本质上都属于分类体系,主要作用是从原始数据中提取向量特征,对样本进行训练,从而建立预测模型。而深度神经网络则是深度学习的基础。它通过模型自动学习,可获得表达能力更优的神经网络,使推荐结果更加精准,使推荐系统运作的流程更为智能化,从文章特征的提取、文章的排序,到文章与用户的匹配都可由机器自动完成,极大地减少了人工的参与。但深度学习的缺点在于它基本是一个黑盒模型,具体输入是怎么决定输出的,输入与输出之间有何内在联系,我们对此一无所知,也很难解释清楚深度学习推荐系统为什么给用户作出如此的推荐。② 这是导致所谓的"算法黑箱"问题存在的根本原因。

在实际的运作过程中,新闻资讯的个性化推荐大致可分为三个步骤。

首先,通过与媒体、自媒体的签约合作,"今日头条"等从事个性化资讯服务的互联网公司可获得大量的信息资源。对于一则新的

---

① 孟祥武、陈诚、张玉洁:《移动新闻推荐技术及其应用研究综述》,《计算机学报》2016 年第 4 期。
② 数据与智能公众号:《深度学习在推荐系统中的应用》,https://zhuanlan.zhihu.com/p/87088352,2022－02－05。

资讯，推荐系统将通过内容分析器的特征抽取技术，把资讯内容从原始信息空间转换到目标空间中，生成关键词向量。

其次，是通过信息学习器模块收集用户数据，构建用户画像。[①] 通过机器学习等技术，推荐系统将收集到的用户基本数据和行为数据（来自用户所使用的上网设备的信息、历史浏览记录、社交平台数据等）转化为标签，再给用户的行为（如点击阅读、点赞、评论、转发、收藏等）、访问时长、衰减因子等因素设置相应的权重，从众多行为中发现用户真正的兴趣，计算出用户对某类信息的兴趣标签值，形成一组偏好。然后将偏好值转化为特征向量，可计算出该用户与其他用户的距离，从而找出有相似行为的用户集。结合数据挖掘，将已知的用户数据用于训练预测模型，再将该模型用于未知偏好的用户样本的测试，从而不断提升预测模型的准确度。

最后，经过前面两个步骤，算法已经识别出了有相似偏好的用户并且进行了相关资讯的聚类。接下来，过滤组件模块通过匹配用户特征和待推荐的文章的特征来完成推荐。文章的特征包括文章属性（创建时间、过期时间）、文本信息（关键词、主题）、动态属性（阅读数、展现类）等。[②] 该过程是基于某种相似度（如用户的偏好向量和文章关键词向量的余弦相似度）的计算，对某个用户生成一个可能感兴趣的文章排名列表，[③] 从而决定为该用户优先推送哪篇文章。

个性化新闻推荐算法正是经由上述步骤实现千人千面的个性化信息推送。算法在整个推荐的自动化流程中，在提取用户特征、资讯聚类、匹配、分发的各个环节都发挥着不可或缺的重要作用。

---

① ［美］里奇、罗卡奇、夏皮拉：《推荐系统：技术、评估及高效算法》（第2版），李艳民等译，机械工业出版社2018年版，第78页。
② 金敬亭：《今日头条推荐系统架构演进之路》，https：//mp.weixin.qq.com/s/6rZ7ZSd024gv0zJWwv－d8w，2017－06－21。
③ ［美］里奇、罗卡奇、夏皮拉：《推荐系统：技术、评估及高效算法》（第2版），李艳民等译，机械工业出版社2018年版，第78页。

2.2　个性化新闻推荐与信息定制、新闻聚合的区别

个性化推荐算法介入新闻传播领域引起了学界的关注，但在早期的一些研究成果中，个性化推荐的概念往往与"信息定制""新闻聚合"联系在一起或是被混用。虽然它们都具有为不同的用户提供个性化、差异化的信息服务的作用，但是究其原理，存在本质上的区别。

从 Web 技术的发展历程来看，信息定制、新闻聚合的功能是 Web2.0 时代的产物，而个性化推荐是 Web3.0 时代人工智能技术的结晶，并由此催生了新的算法传播模式。不同于 Web1.0 时代的互联网以内容为中心的特征，Web2.0 时代的互联网以人为中心，以 RSS（Really Simple Syndication，即简易信息聚合）订阅为代表的信息定制工具让用户掌握了一定的信息选择权，它克服了 Web1.0 时代门户网站提供的信息无法满足不同用户需求的缺点，允许用户自行选择和订阅自己要接收的信息来源以及关注的信息类别，并且将实时更新的信息及时推送给用户，以降低用户获取信息的时间成本。新闻聚合在本质上也是一种定制，聚合性应用能够根据用户自行设置的需求，对不同来源的信息进行选择性地汇总并呈现给用户。然而，无论是定制还是聚合，依然面临着信息单向输出和内容缺乏延展性的问题。

相比之下，个性化推荐的运作是基于人工智能技术，除了初期可能需要用户提供信息以克服冷启动的问题之外，整个流程几乎不依赖于用户设置，并且个性化推荐是一个智能化的、动态的系统，不需用户手动设置或更改操作，它能够根据用户不断变化的需求来及时调整，这也正是个性化推荐系统的优越性所在。随着互联网中的新信息源源不断地流入，资源集几乎时刻保持更新，同时系统还要基于及时反馈的用户交互行为而做出调整，这对推荐系统的运作提出了较高的要求。个性化推荐系统的计算速度极快，不到 1 秒即可刷新产生实时的信息推荐列表。显然，个性化推荐比定制、聚合

更为智能化，具有更强的交互性，能适应用户动态的信息需求，因而推送的内容也具有更佳的延展性。

与定制、聚合相比，个性化推荐的重要特征还体现在用户在信息推荐的过程中是否掌握信息过滤的主导权。国外的研究者对个性化推荐与定制这两个概念作了明确的区分。桑达（Sundar）等研究者指出，个性化推荐是由算法根据用户的数据自动过滤推送信息，而定制则是由用户自己设置和定义的过滤推送——前者是由系统为用户定制内容，过滤的过程是在用户不知情的情况下进行的，而后者则完全是由用户主导的。[1] 比姆（Beam）在其研究中也区分了"定制的推荐系统"和"计算机生成的推荐系统"（即个性化推荐）这两种不同的新闻推送方式，并对两种方式对用户产生的影响进行了对比。[2] 虽然也有部分学者将定制与个性化的概念混用，但是从他们的定义来看，这两种信息过滤分发的方式仍是有区别的。例如，戴尔柯（Dylko）划分了由用户驱动的定制以及由系统驱动的定制，虽然同样是"定制"，但是只有前者所指是定制，而后者实际上是指个性化推荐。[3] 又如布洛姆（Blom）将个性化定义为改变功能、界面、信息内容或是系统特征以增加与用户个人之间的相关性的过程，并且认为个性化可以由系统驱动，也可以由用户驱动。[4][5] 瑟曼（Thurman）则认为个性化是"用户和系统之间的一种互动形式，通过一系列技术特征，使传播的内容、传送和安排适应个人用户已登

---

[1] Sundar, S. S., Marathe, S. S., Personalization versus customization: The importance of agency, privacy, and power usage, *Human Communication Research*, 2010, 36 (3): 298–322.

[2] Beam, M. A., Automating the news: How personalized news recommender system design choices impact news reception, *Communication Research*, 2014, 41 (8): 1019–1041.

[3] Dylko, I. B., How Technology Encourages Political Selective Exposure, *Communication Theory*, 2016, 26 (4): 389–409.

[4] Blom, J., Personalization: a taxonomy, *Extended Abstracts of the CHI 2000 Conference on Human Factors in Computing Systems*, New York, NY: ACM, 2000, pp. 313–314.

[5] Blom, J., *A theory of personalized recommendations*, *Extended Abstracts of the CHI 2002 Conference on Human Factors in Computing Systems*, New York, NY, 2002, pp. 540–541.

记的显性偏好或（以及）确定的隐性偏好"①②。这一系列的定义实际上把定制的概念也纳入个性化推荐的范畴，把定制列为个性化推荐的一种形式：它是显性的、用户可控的过程；而在用户不知情的情况下进行的、不可控的过滤则是隐性的。按照这个逻辑，瑟曼把个性化划分为显性的（explicit）个性化和隐性的（implicit）个性化，显性的个性化就相当于上述的定制的概念，而隐性的个性化相当于上述的个性化的概念。③ 除此之外，还有类似的划分，比如同样是从用户是否掌握主动性的角度出发，将个性化推荐划分为主动个性化（active personalization）和被动个性化（passive personalization）：④ 主动个性化是由用户主导的过程，而被动个性化则是由系统主导的过程。表 2.1 归纳了国外的主要研究者对两种信息过滤推送方式所使用的概念。

表 2.1 不同的研究者对两种信息过滤推送方式所使用的概念

代表者及其研究成果	由用户主导的信息过滤推送	由系统主导的信息过滤推送
Dylko（2016）	用户驱动的定制	系统驱动的定制
Blom（2000），Blom（2002）	用户驱动的个性化	系统驱动的个性化
Sundar & Marathe（2010）	定制（Customization）	个性化（Personalization）
Thurman（2011），Thurman & Schifferes（2012）	显性的个性化	隐性的个性化
Beam（2014）	定制的推荐系统	计算机生成的推荐系统

由此可见，尽管不同的研究者对两种信息过滤推送方式所使用

---

① Thurman, N., Making "The Daily Me": Technology, economics and habit in the mainstream assimilation of personalized news, *Journalism*, 2011, 12 (4): 395 – 415.

② Thurman, N., Schifferes, S., *The Paradox of Personalization: The Social and Reflexive Turn of Adaptive News*, In E. Siapera & A. Veglis (Eds.), The Handbook of Global Online Journalism, UK, Oxford, Wiley-Blackwell, 2012, pp. 373 – 391.

③ Thurman, N., Making "The Daily Me": Technology, economics and habit in the mainstream assimilation of personalized news, *Journalism*, 2011, 12 (4): 395 – 415.

④ Thurman, N., Schifferes, S., The future of personalization at news websites: lessons from a longitudinal study, *Journalism Studies*, 2012, 13 (5 – 6): 775 – 790.

的表述不尽相同，但是从本质上说，学者们普遍认同用户在信息过滤过程中是否掌握主导权是区分个性化推荐和定制的重要依据。正是由于个性化推荐算法代替了人类在新闻信息分发过程中的主导作用，在移动端的新闻资讯传播中挑战了信息把关人的角色，用户在算法面前是比较被动的，与用户主动设置的信息定制、新闻聚合有着本质区别，在研究中应加以区分，不可将两者混为一谈。

这种区分在信息个性化传播的研究中也是很有必要的，两种信息过滤推送模式无论是对用户感知还是对用户产生的影响都是截然不同的。实验表明，总体来说，强势的用户（power users）对于由自己定制的界面的内容评价更高，而非强势用户（nonpower users）更喜欢由系统定制的个性化内容；具体来说，用户对这两种过滤模式的评价受到使用的便利性、隐私环境、掌控感等因素的影响。[1] 就对用户产生的影响而言，在用户定制的新闻推荐系统中，用户会显著地更多暴露于和其态度相反的新闻中，而个性化推荐系统则使人显著地更少暴露于与自己态度相反的新闻中，并且对于知识会产生直接的消极影响。[2]

综上所述，在进行研究的时候，必须将个性化推荐与信息定制、新闻聚合区分开来。用户是否掌握信息过滤的主导权是个性化推荐有别于信息定制和新闻聚合的本质特征，在研究中必须把握好这一点。

2.3 个性化推荐算法的应用

2.3.1 个性化推荐算法的主要应用领域

受到技术溢出效应的影响，推荐算法的应用广泛涉及电子商务、

---

[1] Sundar, S. S., Marathe, S. S., Personalization versus customization: The importance of agency, privacy, and power usage, *Human Communication Research*, 2010, 36 (3): 298–322.

[2] Beam, M. A., Automating the news: How personalized news recommender system design choices impact news reception, *Communication Research*, 2014, 41 (8): 1019–1041.

在线娱乐、社交网站、个性化广告、新闻资讯传播等多个领域，成为互联网应用中必不可少的分发机制。

个性化推荐的首要应用领域就是在电子商务领域。它能挖掘消费中的长尾，更好地满足用户的个性化需求，促成更多消费，提高销售业绩，因而在电子商务平台上，个性化推荐几乎无处不在。亚马逊（www.amazon.com）是个性化推荐系统的积极应用者和推广者。据亚马逊首席科学家透露，亚马逊有20%至30%的销售来自推荐系统。[1] 在影视音乐类的娱乐应用中，个性化推荐算法的优势也非常明显。因为用户在娱乐的时候，往往没有特别明确的目的，而个性化推荐算法的优点就是在用户需求不明确的情况下，能够帮助用户从海量的视频、音乐中快速找到可能喜欢的内容，发现并且满足用户的隐性需求。

在社交网站上，个性化推荐的应用非常广泛。其应用主要体现在三个方面：一是利用用户的社交网络信息对用户进行个性化的物品推荐，二是实现信息流中的会话推荐，三是给用户推荐未关注的好友。[2] 比如新浪微博（Sina Weibo）会根据用户所关注的账号的类型为用户推荐其他用户，根据用户的兴趣来决定在信息流中优先呈现哪些内容。

个性化推荐在社交媒体上的优势还体现在它能将用户的个人信息与第三方的广告信息相匹配，从而帮助识别目标受众群体，减少广告的盲目投放，使广告的投放更为精准。依托社交媒体平台，信息流广告迅速发展起来，成为微博、微信等社交媒体的主要盈利模式之一。除了信息流广告外，个性化广告（personalized advertising）的形式还包括上下文广告和搜索广告。

个性化推荐技术的发展还促成了个性化新闻资讯阅读的兴起。

---

[1] 项亮：《推荐系统实践》，人民邮电出版社2012年版，第7页。
[2] 项亮：《推荐系统实践》，人民邮电出版社2012年版，第12页。

由于互联网信息大爆炸带来了信息过载的问题，需要有效的信息过滤机制，而用户对于资讯的需求是相对宽泛的，只有对特定领域的关注，没有必看某篇文章的明确需求，因此个性化推荐的功能非常适合互联网环境中的新闻资讯阅读服务。此类的典型代表就是"今日头条"。下一节将对个性化推荐在移动互联网新闻资讯传播中的应用作详细介绍。

2.3.2 个性化推荐算法在新闻传播中的应用

个性化算法在英美新闻网站中的应用十分普遍，它引发了如下领域的讨论：新闻消费、内容多样性、经济语境中新闻、记者的角色和把关人的作用；编辑、读者和个性化的算法在共同过滤新闻的输出。① 研究指出，英美的新闻机构越来越多地依赖算法来预测用户对内容的偏好。② 瑟曼对英、美两国主流新闻网站上个性化推荐功能作了分类归纳，发现"隐性的个性化功能"有 4 种：聚合协同过滤（Aggregated Collaborative Filtering）、③ 上下文推荐（Contextual Recommendations）、④ 根据地理位置生成不同版本（Geo-targeted Editions）、⑤ 基于用户画像的推荐（Profile-based recommendations）；⑥ 显

---

① Thurman, N., Making "The Daily Me": Technology, economics and habit in the mainstream assimilation of personalized news, *Journalism*, 2011, 12（4）: 395 – 415.

② Thurman, N., Schifferes, S., *The Paradox of Personalization: The Social and Reflexive Turn of Adaptive News*, In E. Siapera & A. Veglis（Eds.）, The Handbook of Global Online Journalism, UK, Oxford, Wiley-Blackwell, 2012, pp. 373 – 391.

③ 聚合协同过滤：根据用户的历史信息计算用户之间的相似程度，然后用部分用户的已知偏好来预测与之相似程度较高的其他用户的潜在偏好。

④ 上下文推荐：根据部分用户的已知偏好，预测用户对上下文和不同类别的内容之间的潜在偏好，比如提供与主题相关的其他内容的链接，包括小说、博客、视频和照片等。链接可能是内部的也可能是外部的。

⑤ 根据地理位置生成不同版本：通过用户的 IP 地址或 GPS 定位，可以获取用户阅读时的位置信息，根据用户的地理位置，提供适应其阅读兴趣的内容，主要出现在主页或其他比较关键的索引页面上。

⑥ 基于用户画像的推荐：通过用户注册时留下的信息，以及对用户的行为记录，或是综合了从其他渠道获取的信息，如社交媒体上的信息来为用户推荐内容。

性的个性化推荐有 11 种：电子邮件简报（Email Newsletters）、主页定制（Homepage Customization）、主页版本（Homepage Editions）、移动版本（Mobile Editions）、个人页面（My Page）、非线性互动（Non-linear Interactives）、一对一协同过滤（One-to-one Collaborative Filtering）、其他显性功能（Other Explicit）、RSS 订阅（RSS Feeds）、短信提醒（SMS Alerts）、窗体小部件（Widgets）。① 目前大部分新闻机构网站及其客户端都嵌入了个性化推荐的功能，运用个性化推荐算法对新闻信息进行过滤、分发和推送已成为常态。可以说，我们已经进入了信息个性化时代。②③

在国内，受到移动互联网的发展、传统媒体转型的影响，个性化推荐算法迅速发展起来，成为移动互联网信息分发的主流模式。截至 2021 年 6 月，我国手机网民规模已达 10.07 亿，网民中使用手机上网的比例高达 99.6%。④ 移动端已经成为中国网民获取新闻的最主要渠道，而移动互联网发展带来的信息膨胀和阅读碎片化的趋势，催生了网民对于个性化、垂直化新闻资讯的阅读需求。在移动互联网的推动下，基于用户兴趣的算法分发逐渐成为网络新闻主要的分发方式。相比于纸媒和 PC 门户时代的编辑分发模式，算法分发利用数据技术，筛选用户感兴趣的新闻资讯，极大地提升了新闻的分发效率。⑤ 与此同时，受到互联网的冲击，传统媒体面临生存困境，寻求转型之路。

---

① Thurman, N., Making "The Daily Me": Technology, economics and habit in the mainstream assimilation of personalized news, *Journalism*, 2011, 12 (4): 395–415.

② Thurman, N., Schifferes, S., The future of personalization at news websites: lessons from a longitudinal study, *Journalism Studies*, 2012, 13 (5–6): 775–790.

③ Pariser, E., *The Filter Bubble: What the Internet Is Hiding from You*, London: Penguin, 2011, p. 15.

④ 中国互联网络信息中心：《第 48 次中国互联网络发展状况统计报告》，http://210.78.94.36/2Q2WC22056CA0B9F8AD57947B294A4575F651924D995_unknown_F8B5DA509B57B659A6A036F415CEBB801DEF7274_6/www.cnnic.net.cn/hlwfzyj/hlwxzbg/hlwtjbg/202109/P020210915523670981527.pdf，2021–09–15。

⑤ 中国互联网络信息中心：《第 38 次中国互联网络发展状况统计报告》，http://www.cnnic.net.cn/hlwfzyj/hlwxzbg/hlwtjbg/201608/P020160803367337470363.pdf，2016–08–03。

有的媒体向内容供应商的角色转型，同时，把原先掌握的信息过滤的权力让渡给算法，让算法根据用户的需求来分发内容。①

在上述背景下，基于个性化推荐算法的移动新闻资讯应用迅速成长起来。掌握个性化推荐技术的字节跳动公司在此次浪潮中率先抓住了机遇，2012年上线的"今日头条"App只用了四年的时间，就获得了累计5.8亿的激活用户，日活跃用户超过6300万，② 成功跻身为我国移动互联网新闻资讯应用的巨头。早期的"今日头条"并不生产信息，而是作为"信息搬运工"的角色，通过传统媒体获得大量优质内容，并通过个性化推荐算法将信息分发给不同的用户。这种新模式颠覆了过去"人找信息"模式，开启了"信息找人+千人千面"的基于个人兴趣的信息分发模式。

受"今日头条"的影响，个性化推荐算法主导的信息分发模式推广开来，成为移动互联网新闻资讯应用中的"标配"，类似的应用还有"一点资讯""趣头条"等。以今日头条为例（如图2.2所示），其个性化推荐功能主要体现在如下方面。

添加关注的用户：在首页顶部导航栏的"关注"下，系统将为用户推荐"今日头条"上的大V、自媒体和媒体账号所发布的信息，用户选择自己感兴趣的账号添加关注后，刷新即可获得该账号发布的最新资讯，用户可分享（包括分享到本平台和其他平台）、评论、点赞、收藏。其功能类似于新浪微博。这部分社交数据为协同过滤算法的运作提供了基础。

信息流推送：在"推荐"栏下，除了置顶的重要新闻以外，呈现的信息多为个性化推荐的结果。系统通过用户画像、上下文推荐、聚合协同过滤，挖掘信息和用户的相关性，为不同的用户推送他们可能感兴趣的资讯。信息流中不仅有官方媒体采编的新闻，也有自

---

① 张诚：《今日头条张一鸣：我眼中的未来媒体》，《中国传媒科技》2016年第1期。
② 今日头条：《关于我们》，http://www.toutiao.com/about/，2017-02-13。

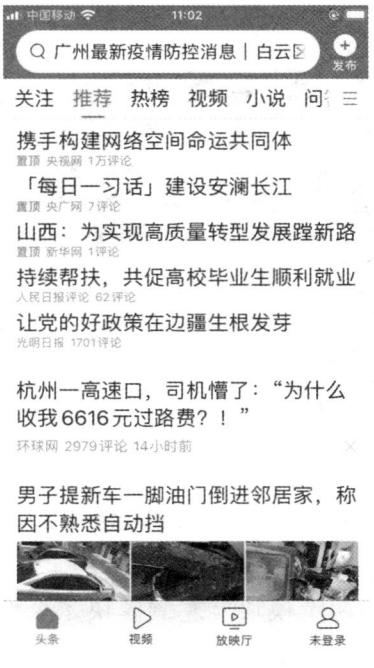

图 2.2 "今日头条" App 的个性化推荐页面

媒体资讯、问答、视频等内容,甚至还包括基于个性化推荐机制所推送的信息流广告。用户同样可以通过上述转发、评论等方式对内容做出及时的反馈。

城市版本:与前文所述的"根据地理位置生成不同版本"(Geo-targeted Editions)的个性化推荐功能一样,"城市版本"是通过 GPS 定位,生成用户所在地的信息资讯推荐列表,还包括实时天气、当地疫情,以及当地兴趣小组等推荐。

个人页面定制:在"我的频道"一栏,用户可以定制自己想要关注的信息类别,如"科技""股票""精品课"等。增加了新关注的"频道"后,它将出现在顶部导航栏,该栏所呈现的内容也是个性化推荐的结果。

除了开发专门的移动端应用以外,"今日头条"还开发了适用于

PC 端的网页版，如图 2.3 所示。

图 2.3 "今日头条"网页版主页

网页版主要分为两个模块，左侧模块是个性化推荐模块，栏目包括关注（用户关注的作者发布的资讯）、推荐、热点、广州（用户所在地的资讯）、西瓜视频（字节跳动公司旗下的视频应用），以及财经、科技、游戏等众多类别的资讯。显示的内容除了置顶的重要新闻以外，其余则是根据用户的浏览偏好推送的资讯。点击其中一条资讯，可查看其内容详情、点赞和评论情况、发布者的其他作品（如图 2.4 所示），并且和 App 上的操作一样，可以对内容点赞、评论、收藏、分享。

右侧的"头条热榜"区显示的是实时热榜新闻资讯，是根据"今日头条"用户阅读量作出的动态排名。点击其中一条热榜，可查看事件详情，以及"今日头条"平台上发布的与该话题相关的内容及其点赞、评论情况（如图 2.5 所示）。"今日头条"诞生于移动互联网快速发展的时期，却反其道而行之去开发运营 PC 端的网页版，据笔者观察推测，这可能有两方面的原因，一方面是为了吸引尚未下载安装"今日头条"App 的用户，通过相对"低成本、低门槛"的网页浏览方式，给用户带来初步的使用体验，继而引导用户下载

第二章　个性化推荐算法的原理、应用及影响

图 2.4　"今日头条"网页版推荐内容详情页面

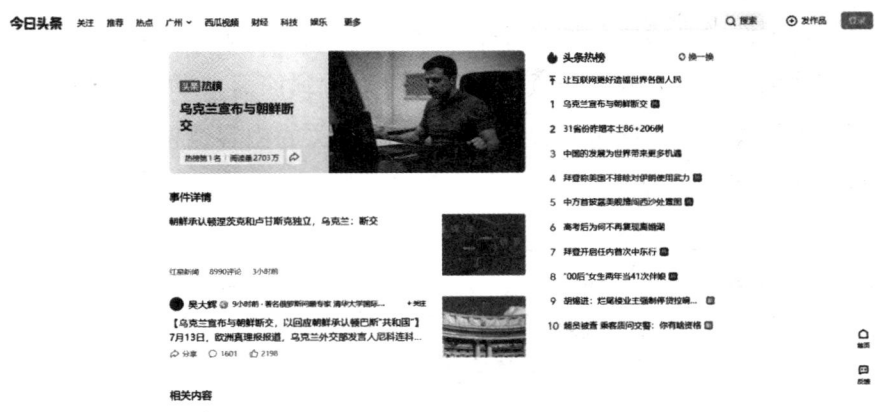

图 2.5　"今日头条"网页版热榜词条详情页面

安装移动端应用；另一方面是为了满足一部分不方便通过移动端来浏览资讯的用户。都市白领普遍都有上班时间"摸鱼"的习惯，浏览与工作无关的新闻资讯也是"摸鱼"的一种方式，通过 PC 端来浏览比通过手机浏览隐蔽性更强，更易于伪装出正在工作的状态，因而网页版能更好地满足用户上班时间的娱乐需求。

受"今日头条"的影响，个性化推荐算法主导的信息分发模式成为行业风向标，不仅传统媒体新闻客户端加入了个性化推荐的功

— 27 —

能，连浏览器和搜索引擎也做起了个性化内容推荐，形成了"平台+个性化推荐模块"的新模式，这也是目前国内个性化新闻推荐的另一种发展模式。

  作为上网的一个重要入口，浏览器在网民中有较高的使用率。UC 浏览器、QQ 浏览器以及各品牌手机自带的浏览器都搭载了个性化新闻推荐的功能，从而将已有的用户群体转化为个性化新闻资讯用户群体。而国内使用率最高的搜索引擎百度自 2016 年起也在其搜索主页上搭载了个性化新闻推荐的模块（如图 2.6 所示）。该模块可以分为两个部分，左侧的部分是选项卡区，有"我的关注"和"推荐"。在"我的关注"下，用户可主动定制添加网站网址、股票、小说等，以便经常访问；而"推荐"则呈现的是根据用户的兴趣推送的个性化资讯。点开某条资讯，除了可以看到该篇文章或该条视频，页面还呈现了作者的最新文章/视频以及相关的内容链接，以供延展阅读（如图 2.7 所示）。推荐模块右侧的部分是实时热点资讯，它根据百度实时的搜索指数进行排名，点击后可看到该词条在百度搜索中的相关搜索结果（如图 2.8 所示）。百度通过提供个性化推荐这种

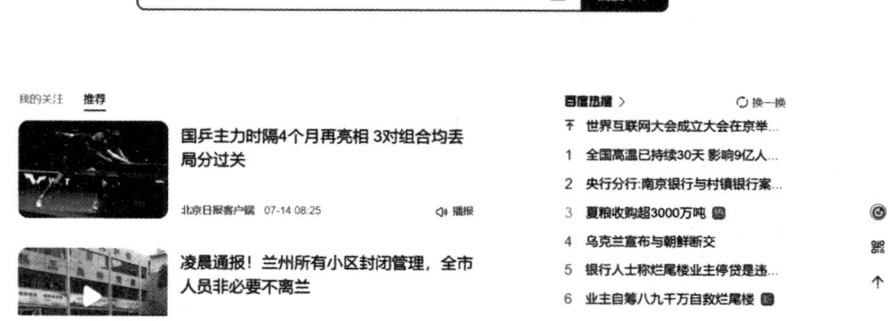

图 2.6 百度首页的个性化新闻推荐模块

第二章 个性化推荐算法的原理、应用及影响

图 2.7 百度个性化推荐的文章页面

图 2.8 百度热搜词条详情页面

信息增值服务，可以起到增强用户黏性的作用，从而获得更多广告收益。因此，个性化新闻资讯服务依托搜索引擎和浏览器等平台的

传播优势普及开来。

放眼全球，随着近年来移动互联网和人工智能技术的快速发展，个性化推荐算法的应用表现出如下三个特征。

一是个性化推荐算法已经成为移动互联网应用运作的核心，其应用越来越普及，不仅存在于新闻资讯应用中，还广泛存在于社交、影视、音乐、游戏、购物消费、线上阅读等各种日常生活场景中，几乎成为每个移动互联网应用的"标配"，成为遍布移动互联网周身的"血管"，用户在移动互联网世界中接触到的几乎所有内容都经过了个性化推荐算法的过滤与引导。

二是算法的个性化推荐功能设置得越来越隐蔽。以前个性化推荐的区域会显示"猜你喜欢""大家都在看"或"买了同样东西的人还买了"之类的提示语，向用户提示该部分信息的来源。而现在的推荐区域倾向于不作提示或弱化这种提示，算法的推荐从显性走向隐性。当然，这在一定程度上也是推荐算法应用越来越普遍的结果。但若用户缺乏足够的算法素养，可能未必意识到哪些信息来源于算法推荐。在越来越隐蔽的算法世界中，用户也更加无从得知是基于哪些数据作出的推荐，不利于维护自身的数据权利。

三是有赖于机器学习技术的长足进步，个性化推荐算法的性能也越来越强大，其结果甚至可能超出编程者的理解与控制。现代的算法不再一味遵循预先编写好的指令，而是能够接受数据，从中学习全新的步骤，自行升级为更为复杂的版本。[1] 比如"今日头条"的个性化推荐所依赖的五个核心算法之一就有深度神经网络（Deep Neural Networks）。[2] 基于神经网络的深度学习算法自适应、自学习的

---

[1] ［印］霍桑纳格：《算法时代》，蔡瑜译，文汇出版社2020年版，第Ⅳ页。
[2] 36Kr：《资深架构师曹欢欢首次公开揭秘今日头条用到的五种推荐算法和四个推荐特征》，https://36kr.com/newsflashes/3278408007681，2018–01–12。

特性以及算法结构中存在的隐层,可能使输出结果变得不可控。该算法对策略和行为的学习就算是编制算法的程序员自己都无法预测、无法解释,有时甚至无法理解。①

由于算法的广泛应用及其不可控性、不可预测性,其运作对个人和社会造成的深远影响值得我们警惕。

2.4 个性化推荐算法的影响

2.4.1 积极影响

以"今日头条"为代表的个性化推荐新闻应用的成功之处在于它实现了用户、内容提供方、网络广告商的"三边共赢",让三者都可从中获益。

第一,对于用户而言,个性化推荐过滤了信息传播中的噪声,使人能更有效地获取与自己相关的信息。在过去的大众传播模式下,不同受众所接收到的来自同个媒介的信息是统一的,尽管有选择看或不看、选择不同媒介的权利,但是在单向式的传播模式中,受众仍要为自己不需要的信息花费时间。在如今信息过载的媒介环境中,人们更加需要一种过滤机制来帮助自己管理和获取信息,因此,以"今日头条"为代表的个性化推荐新闻应用应运而生。其实早在20世纪90年代,麻省理工学院学者、科技专家尼葛洛庞帝(Nicholas Negroponte)就在其著作《数字化生存》(*Being Digital*)一书中预言未来将出现"我的日报"(the Daily Me)。他想象未来将出现界面代理人的角色,为个人阅读地球上每一种报纸、每一家通讯社的消息,掌握所有广播电视的内容,然后把与之有关的信息组合成个人化的摘要,即"我的日报"。个人不必再阅读别人心目中的新闻和别人认为值得占据版面的消息,个人的兴趣将在新闻选择中扮演更重要的

---

① [印]霍桑纳格:《算法时代》,蔡瑜译,文汇出版社2020年版,第Ⅸ—Ⅹ页。

角色。① 这一预言已成为现实。个性化推荐算法实现了以个人为中心的信息过滤与推送。

并且，个性化推荐还赋予了用户更多自由选择的权利，提升了信息接收者在信息传播中的地位。互联网赋权使普通受众具有影响社会议题的权利，传统的专家和信息守门人的地位可能被根本地改变。② 定制功能的出现打破了大众传播模式下受众在传播过程中被动的局面，掌握了一定的选择权，而在个性化的时代，个人的选择和偏好进一步成为传播的关键，信息以用户个人为核心来进行有差异的分发推送，由用户而非传者来决定什么是重要的信息，赋予了信息接收者前所未有的主动权，使其由被动语境下的受众变为主动语境下的用户，颠覆了传者的中心地位。研究表明，高度互动的个性化的网络传播能增加市民的政治参与，③ 有利于调动用户参与的主动性。

第二，对于内容提供方而言，个性化推荐有助于提高信息的分发效率，为内容找到有阅读需求的用户，实现内容与用户之间的匹配，充分利用了"长尾"部分的信息的价值。个性化推荐有助于提高平台的信息分发效率。首先，算法的自动过滤在一定程度上可以帮助提升编辑的把关效率，其次，算法能够挖掘和适应读者的潜在需求，提高用户的满意度，增加用户黏性，培养用户对信息平台的忠诚度。以往在海量的信息中，往往只有小部分热门文章能得到广泛阅读，大部分内容欠缺关注。从长尾理论④的观点来看，个性化推荐有助于发掘信息中的"长尾"，引导用户去阅读和消费更多的信

---

① ［美］尼葛洛庞帝：《数字化生存》，胡泳、范海燕译，海南出版社1997年版，第181—183页。

② Rainy, L., Wellman, B., *Networked: The New Social Operating System*. Cambridge, MA: MIT Press, 2012, p.12.

③ Kruikemeier, S., Van Noort, G., Vliegenthart, R., et al., Getting closer: The effects of personalized and interactive online political communication, *European Journal of Communication*, 2013, 28（1）：53–66.

④ ［美］安德森：《长尾理论：为什么商业的未来是小众市场》，乔江涛、史晓燕译，中信出版社2015年版。

息，使得内容的长尾部分能够被充分利用起来，推送给需要它的小众群体，从而使得相对冷门的内容获得更广的传播面，最大限度发挥信息的价值。对用户而言，这种根据过去的数据以及类似的用户行为的推荐模式可以在一定程度上减轻信息过载，同时小众群体的个性化需求也能得到满足。

第三，对于网络广告商而言，平台所掌握的海量用户数据能为广告商提供用户画像，有助于广告的精准化投放。在掌握用户偏好和行为的基础上，信息分发平台能够将用户特征与广告营销信息进行匹配，从而帮助网络广告商进行广告营销信息的定向投放。站在广告商的角度来看，个性化广告有助于比较精准地把握目标用户群体，减少广告资源盲目投放造成的浪费，提升网络营销的转化率。

2.4.2 消极影响

相较于积极影响，个性化推荐算法带来的消极影响更为值得深思：这种原本被设计成帮助我们更好地控制生活的技术，现在正控制着我们的生活，[1] 而我们往往一无所知。个性化推荐算法可对个人、媒体和社会产生潜在的危害，其消极影响表现如下。

2.4.2.1 对个人的消极影响

在个人层面，首先，个性化推荐新闻资讯往往信息质量不高，可能传播谣言或误导用户。聂静虹与宋甲子对"今日头条"的健康信息传播进行了研究，发现算法的低可见性导致用户需要最大化主观能动性才能获得健康信息，这与算法所标榜的自动化是自相矛盾的，并且算法难以满足用户的个性化健康需求，可见的健康信息可信度偏低，会误导公众。[2]

---

[1] Pariser, E., *The Filter Bubble: What the Internet Is Hiding from You*, London: Penguin, 2011, pp. 218-219.

[2] 聂静虹、宋甲子:《泛化与偏见：算法推荐与健康知识环境的构建研究——以今日头条为例》,《新闻与传播研究》2020 年第 27 卷第 9 期。

其次，个性化推荐使人容易沉浸在迎合自我偏好的信息流中，造成另一种形式的信息过载。虽然运用个性化推荐对信息进行过滤的出发点是使人避免信息过载，但是在实际应用中这个问题并没有得到真正的解决。个性化推荐建立在用户数据的基础上，用户点击某类内容的行为会促使同类内容的推送权重提升，导致同类内容更容易被推送到用户的信息流中，甚至产生重复推荐或冗余推荐，强化了用户对于某类信息的阅读偏好，使用户处于被个人偏好包围的信息环境中，不利于广泛地接收多样化的信息。从这个意义上讲，个性化推荐技术并不是把人从过载的信息环境中解放出来的灵丹妙药，反而可能使人陷于一种恶性循环：接触的信息越多，越需要个性化推荐；越依赖个性化推荐，接收到的迎合个人喜好的同类信息也就越多，容易使人沉溺，无形中消磨时间，反而不利于高效地获取信息。

再次，个性化推荐可能导致阅读浅薄化，不利于理性思考和逻辑思维的形成。正如波兹曼在批判电视的消极影响时指出："在科技发达的时代，毁掉我们的不是我们憎恨的东西，而是我们所热爱的东西。"① 同理，在个性化推荐的技术逻辑中，信息只是供人打发时间的快速消费品，只为取悦用户，不为发人深省，更遑论一则新闻信息背后的社会意义。个性化推荐所呈现的信息流中，缺乏真正有价值的深度新闻报道，多为五花八门的网络资讯。这些资讯往往篇幅不长，内容肤浅，追求娱乐性，缺乏逻辑性和引人思考的深度，从而弱化了用户进行理性思考的能力。加上过滤算法运作之无形，并且具有不断增强用户黏性的机制，使得移动互联网时代"娱乐至死"的情况更为严重且更为隐蔽。

从次，阻碍人对未知的探索，有碍学习和创新。研究表明，个性化推荐会对知识产生直接的负面影响。② 约翰·密尔（John Mill）

---

① [美]波兹曼：《娱乐至死》，章艳译，广西师范大学出版社2004年版，第2页。
② Beam, M. A., Automating the news: How personalized news recommender system design choices impact news reception, *Communication Research*, 2014, 41 (8): 1019–1041.

阐述道："在人类追求进步的现阶段，跟不同于自身的人接触，以及跟不熟悉的不同思想模式接触，这是再怎么强调都不为过的价值⋯⋯这样的沟通一直是我们进步的主要来源之一。"① 创意通常是在不同学科和文化的碰撞中激发出来的，而过滤机制根据我们偏爱的、已有的、已知的、已涉猎的范围来决定推送什么内容给我们，减少了意外事件偶遇、开放的心态和创意萌发的可能，而从已熟知的范围中建立起来的世界是一个无事可学的世界。这可能导致"信息决定论"：过去你所点击的信息决定了你未来将要看到的信息，你注定要重复你的历史浏览记录。② 个性化会使人囿于自我选择的过滤气泡中，降低了探索未知世界的可能性，进步和创新也就无从谈起。更令人不安的是，这个过程仿佛消除了人的认知盲点，把可知的未知变成了不可知的未知，③ 使人们无法意识到自己未知的领域的存在，若长期以自我偏好作为信息重要性的筛选标准和价值评判标准，无异于坐井观天，故步自封。

又次，个性化推荐算法不断消解用户的主动性。网络用户身上兼有主动性和被动性。④ 虽然个性化推荐能根据用户偏好选择性地呈现信息，看似一切以用户为中心，但实质上是在培养用户被动地接受信息的行为模式。如前文所述，个性化推荐所具有的迎合用户个人偏好的特性很容易导致用户沉迷，长期使用将强化用户的行为模式，养成依赖个性化推荐的习惯，助长了用户在信息获取和信息消费中的被动性，使用户被算法驯化为可以预测和操纵的被动的受众。即使用户在使用过程中发挥了主动性，可能依然是徒劳的，推送结

---

① Mill, J. S., 3 principles of Political Economy, 1848, p. 594. 转引自［美］桑斯坦《网络共和国：网络社会中的民主问题》，黄维明译，上海人民出版社2003年版，第135页。
② Pariser, E., *The Filter Bubble: What the Internet Is Hiding from You*, London: Penguin, 2011, pp. 15–16.
③ Pariser, E., *The Filter Bubble: What the Internet Is Hiding from You*, London: Penguin, 2011, p. 106.
④ 彭兰：《网络传播概论》（第四版），人民出版社2017年版，第174—175页。

果并不会因此发生改变。例如，当用户认为推送的信息不符合自己的需求时，可能会点击"不感兴趣"的选项或者采取类似的反馈性操作，但是这并不意味着不感兴趣的内容就此从用户的信息流中消失。在商业利益的主导下，算法被设计成不断消耗用户使用时间、强化用户被动使用习惯的工具，培养起一批被动接受算法的信息喂养的新媒体受众，逐渐剥夺用户的主动性。人面临被算法异化的风险。

最后，个性化推荐还存在侵犯用户隐私的隐患。早在个性化推荐大规模应用之前，就有研究者指出了其与用户隐私之间的矛盾。① 随着个性化推荐的普及，用户的个人信息不可避免地会越来越多地暴露于网络世界中。个性化程度越高，个人在网络上就越透明。尽管用户愿意牺牲隐私以获取便利，但这依然存在传播伦理上的问题，并且如何在个性化推荐和网络监视之间划清界限仍有待解决。② 在用户并不清楚知道自己哪些信息被记录和跟踪的情况下，不透明的信息过滤算法打着"懂你"的旗号，推送与用户兴趣无关的商业信息，无异于设置了一个诱导用户的陷阱。2018 年 3 月，央视财经频道《经济半小时》节目披露了"今日头条"存在引导用户点击并且二次跳转到虚假广告页面的违法行为：为了规避一线城市相对严密的广告审查监督，"今日头条"根据用户的地理位置，选择性地向二、三线城市等管理比较宽松的地区的用户投放了违法广告。尽管"今日头条"迅速对此事做出了回应且采取了整改措施，但是作为一家以个性化推荐技术为本的互联网公司，"今日头条"不仅没有事先从技术上对涉嫌违法的广告进行筛选把关，反而利用技术之便来钻监管的漏洞，这反映出的不仅是互联网公司的管理问题，更是企业价

---

① Awad, N. F., Krishnan, M. S., The personalization privacy paradox: An empirical evaluation of information transparency and the willingness to be profiled online for personalization, *MIS Quarterly*, 2006, 30 (1): 13 – 28.

② Garcia-Rivadulla, S., Personalization vs. privacy: An inevitable trade-off?, *IFLA journal*, 2016, 42 (3): 227 – 238.

值观的问题。在个性化推荐的世界里，用户处于弱势的地位，不仅无法保护自己的隐私，而且合法权益也可能受到侵害。

2.4.2.2 对媒体的消极影响

个性化推荐算法的崛起使掌握信息分发权的互联网公司挑战了新闻媒体的角色，对传统媒体与新闻行业造成了如下消极影响。

第一，算法的介入使新闻生产的流程发生了变革，尤其是使传统媒体在互联网中进一步失去话语权，日益被边缘化。尽管在媒体转型的压力下，传统新闻媒体不得不将一部分信息分发权让渡给算法，但是他们忽略了非常致命的一点：算法推荐会加剧传统主流媒体影响力被边缘化的风险。[1] 个性化推荐算法成为新的把关人，在一定程度上割裂了传统媒体与用户之间的直接接触，更为重要的是，从此互联网公司掌握了网络信息过滤分发中的话语权，这种权力的转移是以挤压传统媒体的生存空间为代价的，导致传统媒体的处境愈发被动。

第二，算法使新闻工作者的角色发生了改变，尤其是新闻编辑的角色被架空，把关的功能被弱化。算法使传统意义上的新闻把关人角色发生了变化，[2][3] 形成了新的数字把关人模式。[4] 但是，算法并没有真正承担起把关人的责任，并未发挥应有的把关作用。早期的"今日头条"强调自身不需要编辑，其官网介绍："'今日头条'是一款基于数据挖掘的推荐引擎产品。它没有采编人员，不生产内容，运转核心是一套由代码搭建而成的算法。'今日头条'搭建的算

---

[1] 张志安、汤敏：《论算法推荐对主流意识形态传播的影响》，《社会科学战线》2018 年第 10 期。

[2] Thurman, N., Making "The Daily Me": Technology, economics and habit in the mainstream assimilation of personalized news, *Journalism*, 2011, 12 (4): 395–415.

[3] Thurman, N., Schifferes, S., *The Paradox of Personalization: The Social and Reflexive Turn of Adaptive News*, In E. Siapera & A. Veglis (Eds.), The Handbook of Global Online Journalism, UK, Oxford, Wiley-Blackwell, 2012, pp. 373–391.

[4] 参见阮立、华勒斯、沈国芳《现代把关人理论的模式化——个体、算法和平台在数字新闻传播领域的崛起》，《当代传播》2018 年第 2 期；刘海明、杨琦钜《位阶与底线：人工智能时代数字新闻把关人的伦理探究》，《现代传播》2021 年第 43 卷第 1 期。

法模型会记录用户在今日头条上的每一次行为，基于此计算出用户的喜好，推送用户可能感兴趣的内容。"[①] 后因内容低俗、侵权等问题招致社会和主流媒体的强烈批评，"今日头条"采取了人工编辑与智能算法共同协作的个性化推荐模式，这也是目前国内智能算法分发的主流趋势。然而，算法分发平台的编辑的工作性质与传统新闻业中的编辑工作大相迥异。毛湛文与孙曌闻的田野调查发现，新闻分发平台的编辑的劳动成果在算法的环境下被简化为数据，每天的工作内容重复性极强，损害了他们的自主性和创造力，为了追求绩效而无暇考虑职业新闻理念的透明性原则，并且审核把关的标准也经常发生变动且含糊不清。[②] 可见，个性化推荐新闻资讯平台虽然设立了编辑的角色，但是平台编辑"工具人"的性质决定了其很难发挥真正意义上的把关人的作用，传统新闻媒体编辑对专业主义的坚持、对报道内容的社会影响、舆论引导等方面的考量在平台编辑身上并未得到体现，这种新把关模式能在多大程度上发挥把关的作用值得质疑。

第三，在算法的运作逻辑下，新闻资讯的价值判断标准发生了改变，新闻价值让位于流量规则，社会公共利益让位于个人兴趣。新闻价值受到的冲击来源于两个方面：一是受到算法的影响，传统主流媒体在价值引领方面的功能被弱化；二是算法"流量至上"的游戏规则导致社会公共利益旁落。算法以个人兴趣为推送依据，导致信息传播庸俗化、同质化，并且传播的内容充斥着伪公共性，运用"你可能感兴趣""大家都在搜""其他人还看了"等看似建立在广泛的民主逻辑之上的话语掩盖信息推送中夹带的商业利益，为非公共信息的推送建构起合法性，也为互联网公司逃避社会责任提供了保护伞。

[①] 今日头条：《关于我们》，http://www.toutiao.com/about/，2017-02-13。
[②] 毛湛文、孙曌闻：《从"算法神话"到"算法调节"：新闻透明性原则在算法分发平台的实践限度研究》，《国际新闻界》2020年第7期。

第四，掌握信息分发算法的平台改变了内容生产的逻辑，将其"驯化"为平台的商业逻辑。"今日头条"等新闻资讯平台除了与媒体合作外，还为内容生产者提供了诸如"头条号"等自媒体创作平台，极大地丰富了算法分发平台上的内容资讯的数量与类别。然而，在内容生产过程中，自媒体创作者无不受到平台指标的无形制约，不得不让渡自身的主体性和创造性，在创作中刻意迎合平台的商业导向和注意力经济逻辑，重点考虑如何强化用户的兴趣，将平台对绩效的追求内化为对自我创作的要求，自觉地或非批判地认同平台的商业逻辑，使平台目标内化为自身的行为准则和价值追求。① 算法规则成为自媒体生产网络的权力中心。② 从这个意义上讲，平台所孕育的自媒体繁荣景象，并非自由表达、百家争鸣，而是在平台的"潜规则"下创造出了商业价值的繁荣。越来越多无关紧要的"软资讯"占据了用户视野，取代了有关社会公共事务的"硬新闻"应有的空间，并且运用流量规则对新闻的生产逻辑进行"驯化"，最终实现了这一过程的自我合理化。

第五，算法的伪客观性和伪中立性对新闻的形态与合法化基础产生冲击。恰如吉莱斯皮（Gillespie）所述："记者和算法的客观性绝不相同。新闻客观性依赖于尽职调查的制度化的保证，并且通过一系列从训练和工作中学到的规范来建构与传递。记者的选择代表着一种谨慎的专业技能，背后是一种深刻的、哲学的和专业的承诺，即摒弃自己的偏见和政治信仰。而算法的承诺更少地依赖于制度规范和训练有素的专业知识，更多地依赖于受到技术影响的'机械中立'。"③ 算法并不是纯粹的技术制造物，它在被设计之时就已融入

---

① 翟秀凤：《创意劳动抑或算法规训？——探析智能化传播对网络内容生产者的影响》，《新闻记者》2019 年第 10 期。
② 黄淼、黄佩：《算法驯化：个性化推荐平台的自媒体内容生产网络及其运作》，《新闻大学》2020 年第 1 期。
③ Gillespie, T., *The Relevance of Algorithms*, In: Gillespie T., Boczkowski P. and Foot K. (eds), *Media Technologies*, Cambridge, MA: MIT Press, 2014, pp. 167–194.

了异质要素，平台的商业考量、内容建设等都写入了算法规则中。①在技术赋权下，以工具理性为引领、以计算机科技面貌出现的算法，自我加冕了其在新闻分发领域的合法性，从其运行逻辑上看，算法并非价值中立。② 以技术为主导的把关方式存在内容不知情的非完全真实性、商业算法的倾向性以及技术运用的伦理责任等问题，这是其伪中立性的表现。③ 所谓的"算法中立"不过是人们对数据和技术的乌托邦想象，政治内嵌与资本介入、社会结构性偏见的循环、量化计算对有机世界的遮蔽，必将导致算法的内生性偏见。④ 用算法判断取代人类判断，提出了一个根本性的挑战，它基于两个信念，即人类的主观性本质上是受到怀疑的、需要被代替的，而算法本质上是客观的、需要执行的，因此算法对新闻的形态及其合法化话语都有重大影响。⑤

第六，个性化推荐算法使互联网公司介入新闻传播领域，引发传播伦理问题。如前文所述，从事信息传播的互联网公司从媒体处获得了一部分传播权力，但作为纯商业机构，它们并不具备专业的新闻素养，出于商业利益最大化的追求，它们对于自身在信息传播中所应承担的责任往往采取回避的态度。"今日头条"早期的自我定位是"我们不生产信息，我们是信息的搬运工"，其侵权行为引发了媒体的维权热潮。尽管后来通过与传统媒体建立起合作机制来解决知识产权的纠纷，但创始人张一鸣认为，"今日头条"不是一家媒体

---

① 徐笛：《算法实践中的多义与转义：以新闻推荐算法为例》，《新闻大学》2019 年第 12 期。
② 罗昶：《技术赋权与多元共治：公众视角下的算法分发新闻》，《新闻与写作》2018 年第 9 期。
③ 朱鸿军、周逵：《伪中立性：资讯聚合平台把关机制与社会责任的考察》，《南昌大学学报》（人文社会科学版）2017 年第 48 卷第 5 期。
④ 郭小平、秦艺轩：《解构智能传播的数据神话：算法偏见的成因与风险治理路径》，《现代传播》（中国传媒大学学报）2019 年第 41 卷第 9 期。
⑤ Carlson, M., Automating judgment? Algorithmic judgment, news knowledge, and journalistic professionalism, *New media & society*, 2018, 20 (5): 1755 – 1772.

公司，而是一家科技公司。① 可见，互联网公司要么对于自身的定位和作为传播主体所应承担的社会责任并不明确，要么试图通过将算法表述为一种中立的技术手段来回避指控以及作为媒体应当承担起的传播责任，然而这样的辩解是站不住脚的。迫于外界压力以及公司业务拓展的需求，"今日头条"将口号改为"信息创造价值"，然而这一口号仍是以追求信息传播产生的利益为导向。个性化推荐算法的广泛应用，使互联网公司日渐成为信息传播中不可或缺的重要角色，然而互联网公司并没有承担起与其所掌握的信息传播权力相对等的责任和义务，反而利用算法打法律的"擦边球"、游走于"灰色地带"来谋利。鉴于此，2017年7月，《人民日报》发表文章《新闻莫被算法"绑架"》，剑指"今日头条"，随后，"人民网"先后发表三篇评论文章，批评了算法推送存在格调低俗、内容侵权等问题。虽然面对官媒火力十足的批判，"今日头条"作出了整改，但是只要不明确互联网公司在信息传播中所担当的角色及其承担的社会责任，算法所引发的传播伦理问题就不能得到彻底的解决。

2.4.2.3 对社会的消极影响

首先，"今日头条"之恶在于低俗信息经过个性化推荐更容易得到传播，个性化推荐算法所营造的是一个迎合个人低俗欲望的信息环境。骇人听闻、猎奇、媚俗的资讯往往更容易吸引眼球，在网络传播中获得更多流量。而个性化推荐算法扩大了这一影响，因为它能精准地把握人性的弱点，迎合用户的信息偏好，一再推送类似的内容以满足用户的低级趣味，使人处于劣质的信息环境中，使低俗信息获得较高的推送权重，或将导致"劣币驱逐良币"的后果。尽管针对上述批评，"今日头条"声称对其把关机制做出了改进，但是

---

① 吴丽：《张一鸣说：今日头条不是一家媒体公司，而是一家技术公司》，http://www.qdaily.com/articles/9019.html，2019-05-15。

研究表明，这种算法把关机制存在伪中立性，①②③ 即使在缺乏初始数据的前提下，低俗信息仍更可能被推送到用户的信息流中。个性化推荐算法隐含的低俗信息传播偏向不可忽视。

其次，个性化推荐使网络分割成一个个以个人为中心的小世界，削弱了互联网成为公共领域的可能性。公共领域原则上向所有人开放，在这个领域中人们就普遍利益问题自由地表达和公开意见。④ 但是正如"今日头条"之前的宣传口号所言："你关心的，才是头条"，算法的推荐是以个人偏好为出发点的，而不是以社会公共利益为导向，因此，它可能使用户只关注自己的世界，对社会公共事务缺乏必要的关注。研究也证明，个性化推荐会增加用户的选择性曝光。⑤⑥ 民主要运转，人们就必须要跳出自我利益的圈子去思考，需要接触其他人的生活、需求和期望。个性化推荐的过滤机制容易使人自我感觉良好，把狭隘的自我利益当成一切。⑦ 桑斯坦指出，一个表达自由的完善机制必须符合两个不同的要件：第一，人们应该置身于任何信息下，而不应事先被筛选；第二，大部分公民应该拥有一定程度的共同经验。共同经验，特别是由媒体所塑造的共同经验，提供了某种社会黏性，⑧ 而个性化推荐的过滤模式恰是把人分隔在由个人行

---

① Bozdag, E., Timmermans, J., *Values in the filter bubble Ethics of Personalization Algorithms in Cloud Computing*, In Proceedings of 1st International Workshop on Values in Design-Building Bridges between RE, HCI and Ethics, 2011, p. 296.

② 朱鸿军、周逵：《伪中立性：资讯聚合平台把关机制与社会责任的考察》，《南昌大学学报》（人文社会科学版）2017 年第 5 期。

③ 李林容：《网络智能推荐算法的"伪中立性"解析》，《现代传播》2018 年第 8 期。

④ ［德］哈贝马斯：《公共领域》，《文化与公共性》，汪晖、陈燕谷译，上海三联书店 1998 年版，第 125 页。

⑤ Dylko, I. B., How Technology Encourages Political Selective Exposure, *Communication Theory*, 2016, 26 (4): 389–409.

⑥ Beam, M. A., Automating the news: How personalized news recommender system design choices impact news reception, *Communication Research*, 2014, 41 (8): 1019–1041.

⑦ Pariser, E., *The Filter Bubble: What the Internet Is Hiding from You*, London: Penguin, 2011, p. 164.

⑧ ［美］桑斯坦：《网络共和国：网络社会中的民主问题》，黄维明译，上海人民出版社 2003 年版，第 5 页。

为偏好所构成的小世界中。传播系统所授予个人的无限过滤的力量，将导致极度的分裂，① 使公民之间缺乏共同经验。这恰如桑斯坦所忧虑的，如果由无数版本的"我的日报"来主宰市场，将不利于自治的推动。② 并且，过滤算法还限制了社会互动，③ 个性化可能会破坏整个城市都阅读相同报道所带来的团结一致、集体行动和充分讨论的机会，④ 从而使得公共话题难以得到充分的讨论，社会共识难以形成，无助于公共决策和社会问题的解决。

再次，个性化推荐可能造成舆论极化，加剧社群区隔与价值观分化。⑤ 以基于个性化算法的搜索服务以例，它会进一步增强原有的联系、兴趣、观点和偏见，过滤机制在将结果"个性化"的同时，也阻止了个人与其对立面的根本接触。⑥ 个性化威胁到了搜索结果的客观性。⑦ 而在社交媒体上，个性化推荐算法更容易向个人推送与自己有某种联系或共同点的用户及其信息，从而形成意见的共鸣箱。⑧ 鉴于此，舆论的极化更加成为可能，志同道合的人们把自己归入舒适宜人的虚拟的共同体，结果不是好的信息聚合，而是坏的极化，⑨

---

① ［美］桑斯坦：《网络共和国：网络社会中的民主问题》，黄维明译，上海人民出版社2003年版，第140页。
② ［美］桑斯坦：《网络共和国：网络社会中的民主问题》，黄维明译，上海人民出版社2003年版，第136页。
③ Rader, E., Examining user surprise as a symptom of algorithmic filtering, *International Journal of Human-Computer Studies*, 2017, 98: 72–88.
④ ［白俄］莫罗佐夫：《技术至死：数字化生存的阴暗面》，张行舟、闾佳译，电子工业出版社2014年版，第173页。
⑤ 张志安、汤敏：《论算法推荐对主流意识形态传播的影响》，《社会科学战线》2018年第10期。
⑥ ［美］维迪亚那桑：《谷歌化的反思》，苏健译，浙江人民出版社2014年版，第188—189页。
⑦ Simpson, T. W., Evaluating Google as an epistemic tool, *Metaphilosophy*, 2012, 43 (4): 426–445.
⑧ ［美］雷尼、威尔曼：《超越孤独：移动互联时代的生存之道》，杨伯溆、高崇等译，中国传媒大学出版社2015年版，第237页。
⑨ ［美］桑斯坦：《信息乌托邦：众人如何生产知识》，毕竞悦译，法律出版社2008年版，第105页。

因此不利于不同的社会群体之间的沟通交流，在舆论危机事件中更容易导致网络舆情极化。

又次，个性化推荐算法的非中立性或将导致隐形的社会歧视。研究表明，与传统大众媒体建构的现实相比，算法建构的现实倾向于增强个性化、商业化、不平等性和不确定性，并降低透明度、可控性和可预测性。① 个性化算法中的偏见或歧视会给人们的社会资源与社会位置带来限制，并且在幸福的名义下对人们进行无形的操纵。② 2019 年脸书（Facebook）因为允许广告商有意地通过种族、性别和宗教来推送定向广告而被起诉，后来尽管脸书宣布禁止了这种行为，也调整了算法，但是有研究表明，其算法仍会导致潜在的歧视性广告投放，尤其是当广告与就业或房地产有关时，对用户性别和种族的歧视就更为明显。③ 算法是人为的产物，它不可避免带有人的偏见和歧视，其非中立性的特质加上互联网公司有意识的操控，可能会导致部分社会群体的利益受损，加剧社会不公。对于互联网世界来说，代码就是法律，④ 然而"立法"和"执法"的过程并没有受到社会的监督。当今社会越来越依赖算法来辅助决策和做出判断，这种新的"法律"是否能够体现社会的公平正义尚未得到充分的讨论。算法的非中立性所导致的社会歧视应当引起足够的警惕。

最后，个性化推荐算法的不透明性使得隐形的社会控制成为可能。正如"过滤气泡"的提出者帕理泽（Pariser）所言，这种原本被设计成帮助我们更好地控制生活的技术，现在正控制着我们

---

① Just, N., Latzer, M., Governance by algorithms: reality construction by algorithmic selection on the Internet, *Media, Culture & Society*, 2016, doi: 10.1177/0163443716643157.
② 彭兰:《假象、算法囚徒与权利让渡：数据与算法时代的新风险》，《西北师大学报》（社会科学版）2018 年第 5 期。
③ Ali, M., Sapiezynski, P., Bogen, M., et al., *Discrimination through optimization: How Facebook's ad delivery can lead to skewed outcomes*, arXiv preprint arXiv:1904.02095, 2019.
④ ［美］莱斯格:《代码：塑造网络空间的法律》，中信出版社 1999 年版，第 7 页。

的生活。① 信息过滤技术被少数几家科技寡头所控制,这恰与网络最初表现出来的"去中心化"的特征相悖——这是一个集中化的过程。② 掌握个性化推荐技术的互联网公司掌握了海量的用户数据,从而具备了对个人进行操控、对社会进行大规模的、无形的监视的条件。英国思想家边沁(Jeremy Bentham)曾提出"圆形监狱"的设计,这种建筑设计使一个居于圆心位置的中央塔楼的监视者能够监视塔楼四周环形囚室中所有的犯人,而被囚禁者却无法得知他们是否处在监视中,因此不得不自我约束,不敢轻举妄动。法国思想家米歇尔·福柯(Michel Foucault)基于边沁的"圆形监狱"提出了"全景敞视主义",指出像"圆形监狱"这种机制会在被囚禁者身上造成一种有意识的和持续可见的状态,③ 迫使每个人都进行自我规训,最终实现全社会的自我监禁。以"圆形监狱"为代表的社会控制理论经常被学者们引用,论述技术对社会的影响。不过有一些学者却认为"圆形监狱"的比喻已不足以描述当下的状况,在新技术的介入下,监视的手段已发生改变。美国弗吉尼亚大学教授维迪亚那桑论道:"和边沁的监狱囚犯不同,我们从头到尾并不知道自己被什么东西监视或者记录——我们只知道自己被监督着。"④ 算法已经成为一种隐形的权力,默默地记录用户信息与数据,形成了一种全景敞视主义的大规模社会监视,并且能够通过信息过滤操纵网民的情绪和政治参与。2012 年 1 月,脸书的研究团队开展了一项关于社交媒体算法推送能否影响用户情绪的研究。他们将 68 万用户随机分配到两组实验中,运用实验的算法对其中一组用户减少消极内容的

---

① Pariser, E., *The Filter Bubble: What the Internet Is Hiding from You*, London: Penguin, 2011, pp. 218–219.
② Pariser, E., *The Filter Bubble: What the Internet Is Hiding from You*, London: Penguin, 2011, p. 141.
③ [法]福柯:《规训与惩罚:监狱的诞生》,刘北成、杨远婴译,生活·读书·新知三联书店 1999 年版,第 226 页。
④ [美]维迪亚那桑:《谷歌化的反思》,苏健译,浙江人民出版社 2014 年版,第 128 页。

推送，对另一组用户则减少积极内容的推送。结果发现，接触到更少消极内容的用户会发布更多积极的内容，而接触到更少积极内容的用户也会发布更为消极的内容，算法确实能够影响用户的情绪。不仅如此，互联网公司还可能通过算法影响民意。同样是在2012年美国选举年，脸书的研究团队在一次实验中修改了新闻推送算法，给其中一些用户推送更多"硬新闻"并且减少"软新闻"的推送，实验发现，与新闻推送算法未被修改的用户群体相比，算法被修改的这群用户中投票人数增长了3%。3%看似不多，但事实上美国总统选举的结果往往被更小的数字左右。① 鉴于此，学者们纷纷呼吁要对个性化过滤算法进行密切监视和评估，增加算法的透明度，② 对算法的隐形权力进行约束。

总而言之，过滤气泡的种种威胁都源自推荐算法的不可见性以及对人的隐形操控。帕里泽指出，内嵌于网络的过滤机制将改变互联网甚至全世界，而最糟糕的地方恰恰在于这种基于个人化的过滤系统在很大程度上是不可见的，因为它脱离了我们的控制。③ 同样基于推荐算法的搜索引擎，也在引导我们通过某种特定的视角来看世界。④ 正如弗吉尼亚大学教授维迪亚那桑批判道："谷歌正越来越多地充当起我们观察世界的眼镜。那些我们以为真实和重要的事物，更多的是由谷歌折射给我们，而非直接反射过来的。在数字化的信息世界中，我们的疑问和探索都经过了它的过滤和引导。我们已经

---

① ［印］霍桑纳格：《算法时代》，蔡瑜译，文汇出版社2020年版，第13页。
② 参见 Pariser, E., *The Filter Bubble*：*What the Internet Is Hiding from You*, London：Penguin, 2011。［美］维迪亚那桑《谷歌化的反思》，苏健译，浙江人民出版社2014年版。Willson, M., The politics of social filtering, *Convergence*, 2014, 20 (2)：218 – 232. Napoli, P. M., Social media and the public interest：Governance of news platforms in the realm of individual and algorithmic gatekeepers, *Telecommunications Policy*, 2015, 39 (9)：751 – 760.
③ Pariser, E., *The Filter Bubble*：*What the Internet Is Hiding from You*, London：Penguin, 2011, p. 218.
④ Madsen, A. K., Beyond the Bubble：Three empirical reasons for re-conceptualizing online visibility, *MedieKultur*：*Journal of media and communication research*, 2016, 31 (59)：6 – 27.

任由谷歌决定在网络世界乃至现实世界中，一切事物的重要性、相关性和真实性。"① 对此，媒体专栏作家莫罗佐夫痛陈道："我们再也不能认为，由新数字媒介推动的新过滤器和算法实践，毫无问题，无比客观，自然优于之前的过滤器和实践。这些新过滤器可能会更快、更廉价和更有效率，但速度、成本和效率，与这些过滤器和算法在我们生活中扮演的公民角色只有浅表的联系。"②

2.5 本章小结

本章以"今日头条"为例，阐释了个性化推荐算法的系统架构与运作原理，介绍了个性化推荐算法分发内容的运作流程。其中重点阐释了 ItemCF 和 UserCF 这两种最为基础的协同过滤算法的原理。在新闻推荐领域常用的推荐技术，除了上述两种算法，还包括基于知识（语义）的新闻推荐和混合新闻推荐。除了协同过滤算法以外，"今日头条"还使用了监督学习算法 Logistic Regression 模型、基于深度学习的 Factorization Machine、DNN、GBDT 来建立和训练预测模型。深度神经网络是推荐算法的基础，通过模型的自适应、自学习，可获得表达能力更优的神经网络，使推荐过程更为智能化、精准化。但缺点在于它是一个黑盒模型，算法结构中存在的隐层使得输出结果不可预测，可能连编写算法的程序员也难以解释，无法理解。

鉴于个性化推荐在研究中常与信息定制、新闻聚合的概念混用，作者通过概念辨析指出个性化推荐与两者有着本质上的区别——用户是否掌握信息过滤的主导权。在研究中必须把握好它们之间的区别，不可混为一谈。

---

① ［美］维迪亚那桑：《谷歌化的反思》，苏健译，浙江人民出版社 2014 年版，第 7 页。
② ［白俄］莫罗佐夫：《技术至死：数字化生存的阴暗面》，张行舟、闻佳译，电子工业出版社 2014 年版，第 158 页。

本章还描述了个性化推荐算法在当前互联网中的应用现状，着重描述了在互联网新闻传播中的应用，剖析了个性化推荐算法的积极影响与消极影响——其积极影响在于成功地实现了用户、内容提供方、网络广告商之间的"三赢"，而消极影响则是多维度的，可表现在个人层面、媒体层面、社会层面。个人层面的消极影响包括：信息质量不高，误导用户；冗余推荐造成信息过载；阅读浅薄化；阻碍学习与创新；消解主动性；侵犯用户隐私。媒体层面的消极影响包括：使传统媒体边缘化；架空编辑角色，使把关功能弱化；改变了新闻价值判断标准；改变了内容生产的逻辑；冲击了新闻的形态及其合法化基础；引发传播伦理问题。社会层面的消极影响包括：塑造了低俗的信息环境；削弱了互联网成为公共领域的基础；加剧社群区隔与价值观分化；导致隐形的社会歧视；存在隐形的社会控制的风险。面对消极影响，学界对算法在信息过滤中扮演的角色以及互联网公司的责任伦理进行了深切反思，指出算法危害的根源在于其不可见性以及对人的隐形操控，呼吁对算法进行密切的检视、评估与约束。

个性化推荐算法破坏了正常的信息传播生态系统，以用户个人为核心而非以社会公共利益为核心进行大规模的信息过滤，从而建构起了一种新的信息传播模式。在这种模式中，个人在互联网中接触到的信息在很大程度上依赖于其历史数据和社会属性，而个人的点击浏览又进一步强化了其固有的特征，从而使个人囿于自己所关注的小世界，形成了"过滤气泡"。在下一章，笔者将重点阐述什么是过滤气泡，以及为何个性化推荐算法可能导致过滤气泡的产生。

第三章 过滤气泡：定义、辨析与研究进展

3.1 定义：什么是过滤气泡？

过滤气泡（Filter Bubble）的概念出自美国左翼政治家、互联网创业者伊莱·帕里泽于2011年出版的著作《过滤气泡》（*The Filter Bubble: What the Internet is Hiding from You?*）。该著作以搜索引擎（谷歌）和社交媒体（脸书）的过滤算法为批判对象，系统地探讨了信息的个性化推荐对个人、社会、文化所造成的隐形的负面影响。帕里泽用"过滤气泡"形象地比喻个性化推荐算法对信息的过滤及其后果，即算法根据用户数据来过滤并且向用户个人推送差异化的信息，这一过程对用户来说是隐形的、不透明的、不可控的，过滤推送主要基于互联网公司的商业利益而非基于用户自己的主动选择，过滤后的信息又进一步强化了其个人特征，如此循环，将使个体困于过滤器所营造的封闭信息气泡中，使人的思想和行为都受到算法的隐形操控。通过潜移默化地影响个人，算法将逐渐改变互联网乃至整个世界。

由上可知，过滤气泡的内涵应包括三个要点：第一，它是推荐算法主导的信息过滤所导致的消极后果；第二，它建立在用户行为数据及其偏好的基础上，通过算法进行信息的过滤与推荐，不断强化用户的已知范畴和已有行为，从而形成将个体与客观世界相隔绝

的"气泡";第三,这个过程是用户被动的、不可见的运作过程,并非用户主动选择的结果。

尽管帕里泽在其著作中主要批判的对象是搜索引擎和社交平台,但是个性化推荐算法已经广泛地、无形地渗透进了互联网的世界中,过滤气泡现象并不仅仅表现在上述两类平台的互联网实践中,因此过滤气泡这个概念的外延应涵盖所有运用个性化推荐算法进行信息过滤与推送的平台,适合于探讨不同平台的个性化推荐算法所造成的消极影响,具有跨平台的适用性。

根据帕里泽的阐述,过滤气泡主要表现在如下两个维度。

第一个维度是降低用户接触到的信息的多样性。由于推荐算法是基于用户的历史行为以及与之有着相似的行为偏好的用户群体的数据作出的推荐,用户长期被动地接受算法的信息推送,有可能造成视野局限于其已知的、已涉猎的、已关注的范围内,降低了所接触的信息多样性。正如美国皮尤研究中心研究员李·雷尼(Lee Rainie)和加拿大社会学学者巴里·威尔曼(Barry Wellman)所指出的,算法主导的信息过滤机制将使人陷于和自己相似的人和类似的观点所形成的"共鸣箱"的包围,可能使人们很难碰到不符合自己个人喜好的人和信息,而且会加剧文化之间的分化,减少与新鲜且多种多样的人物和媒体碰面的机会。[①] 另外,也有研究证实,个性化推荐系统会使人更少暴露于与自己态度相反的新闻中。[②] 基于YouTube 的多项研究表明,YouTube 算法有推荐偏差的强烈迹象,[③]

[①] [美]雷尼、威尔曼:《超越孤独:移动互联时代的生存之道》,杨伯溆、高崇等译,中国传媒大学出版社 2015 年版,第 237 页。

[②] Beam, M. A., Automating the news: How personalized news recommender system design choices impact news reception, *Communication Research*, 2014, 41 (8): 1019 – 1041.

[③] Kirdemir, B., Agarwal, N., Exploring Bias and Information Bubbles in YouTube's Video Recommendation Networks, In: Benito, R. M., et al (eds), Complex Networks & Their Applications X. COMPLEX NETWORKS 2021. Studies in Computational Intelligence, 2022, Vol. 1016. Springer, Cham. https://doi.org/10.1007/978 – 3 – 030 – 93413 – 2_ 15.

导致用户信息获取和交流变得狭窄。[1]

第二个维度是减少用户的信息偶遇。过滤气泡除了可能使人接触到的信息多样性降低，还存在另一个潜在威胁：使人被已有的兴趣和知识所囿，不断重复过去的历史，减少了意外和偶然接触发生的可能，因此降低了用户信息偶遇发生的可能性。信息偶遇（Information encountering）的概念源于美国密苏里大学教授俄德勒兹（Sanda Erdelez），她指出了存在于信息寻求行为中的偶然性，首次将信息偶遇作为一种信息获取行为来研究，并且提出了信息偶遇模型。[2] 信息偶遇之所以重要，是因为对于个人来说，偶然的发现能促进创意的萌发，是别出心裁的创意产生的源泉。[3] 偶遇的信息能增加社交媒体用户活动和社会交往的层次，从而对用户产生积极的影响。[4] 有研究表明，偶遇式的推荐能使用户对信息推荐系统的评价更高。[5] 有研究者认为，偶然性和易用性、新闻的数量以及质量、传统新闻与在线新闻的区别应当并列为在线新闻的四大属性。[6] 针对如何评价不同的数字环境所能提供给使用者的信息偶遇，麦凯皮特（McCay-Peet）等研究者近年来开展过多项研究，形成了一套测量数字环

---

[1] Kim, D., Lee, W., Kim, D., et al., An Empirical Study on Filter Bubbles in the YouTube Comments Network: Using Social Network Analysis, *International Journal of Software Innovation*, 2021, 9 (3): 52-65.

[2] Erdelez, S., Information encountering: An exploration beyond information seeking, Ph. D. dissertation, Syracuse University, 1995.

[3] Pariser, E., *The Filter Bubble: What the Internet Is Hiding from You*, London: Penguin, 2011, p. 93.

[4] Sun, T., Zhang, M., Mei, Q., Unexpected Relevance: An Empirical Study of Serendipity in Retweets, Proceedings of the Seventh International AAAI Conference on Weblogs and Social Media, 2013.

[5] Matt, C., Benlian, A., Hess, T., et al., Escaping from the Filter Bubble? The Effects of Novelty and Serendipity on Users' Evaluations of Online Recommendations, *Publications of Darmstadt Technical University Institute for Business Studies*, 2014, 21 (3): 1-19.

[6] Salwen, M., Garrison, B., Driscoll, P., *The baseline survey projects: exploring questions*, In Salwen, M., et al (Eds.), Online News and Public, Mahwah, NJ: Lawrence Erlbaum, 2005, pp. 121-145.

境中的信息偶遇行为的量表,并且不断加以改进。①②③④⑤ 还有研究者探讨了促进数字环境中信息偶遇行为发生的个人因素。⑥⑦

信息偶遇与社会民主也有一定的关联。民主要具备两个条件:一是一定程度的共享经验;二是能接触到一些未预期的、事先不经过选择的多元的话题和想法。为使民主更好地运作,至少在某些时间里,人们应拥有一个共同的参考框架,公民们应能接触到一些他们事先没有特意挑选的话题和观点。⑧ 有关数字环境中信息偶遇的研究也证明了用户获得的偶遇的新闻曝光与其线下、线上政治参与之间有显著的积极关联。⑨

目前该领域的有关文献中,部分研究者采用的关键词是"Information encountering",也有研究者采用的关键词是"serendipity"。从单词的含义上说,前者有与信息偶然相遇之意,后者则强调意外的

---

① McCay-Peet, L., Toms, E. G., *The serendipity quotient*, Proceedings of the American Society for Information Science and Technology, 2011, 48 (1): 1–4.

② McCay-Peet, L., Toms, E. G., Measuring the dimensions of serendipity in digital environments, *Information Research: An International Electronic Journal*, 2011, 16 (3): n3.

③ McCay-Peet, L., Toms, E. G., Kelloway, E. K., Development and assessment of the content validity of a scale to measure how well a digital environment facilitates serendipity, *Information Research*, 2014, 19 (3): 630.

④ McCay-Peet, L., Toms, E. G., Kelloway, E. K., Examination of relationships among serendipity, the environment, and individual differences, *Information Processing & Management*, 2015, 51 (4): 391–412.

⑤ McCay-Peet, L., Quan-Haase, A., The Influence of Features and Demographics on the Perception of Twitter as a Serendipitous Environment, In *Proceedings of the 27th ACM Conference on Hypertext and Social Media*, ACM, 2016, pp. 333–335.

⑥ 杜雪、刘春茂:《网络信息偶遇影响因素个性特征的调查实验研究》,《图书情报工作》2015 年第 11 期。

⑦ McCay-Peet, L., Quan-Haase, A., The Influence of Features and Demographics on the Perception of Twitter as a Serendipitous Environment, In *Proceedings of the 27th ACM Conference on Hypertext and Social Media*, ACM, 2016, pp. 333–335.

⑧ [美]桑斯坦:《网络共和国:网络社会中的民主问题》,黄维明译,上海人民出版社 2003 年版,第 146 页。

⑨ Kim, Y., Chen, H. T., de Zúñiga, H. G., Stumbling upon news on the Internet: Effects of incidental news exposure and relative entertainment use on political engagement, *Computers in human behavior*, 2013, 29 (6): 2607–2614.

发现，结合个性化推荐的研究主题，笔者认为采用"serendipity"更合适，更适用于探讨个性化推荐算法是否能够给用户带来意料之外的收获和启发。

根据上述三个要点和两个维度，我们可以给过滤气泡下一个定义：

过滤气泡是在推荐算法主导的信息过滤分发过程中对用户产生的消极影响，由于算法根据用户的行为偏好进行信息推送，会不断强化用户的已知范畴和已有行为，从而形成将个体与客观世界相隔绝的"气泡"，造成降低用户接触到的信息多样性和信息偶遇的后果。

3.2 过滤气泡与信息茧房、回声室效应的异同

过滤气泡往往与信息茧房、回声室效应联系在一起，在一些中外文献中甚至存在将三者混用的情况，它们之间有共同之处，然而也有各自的侧重点，需要加以辨别。

"信息茧房"的概念最早由哈佛大学教授凯斯·桑斯坦提出。桑斯坦在《信息乌托邦：众人如何生产知识》（Infotopia: How Many Minds Produce Knowledge）中引用了尼葛洛庞帝关于"我的日报"的预言，指出这既是机会，也是风险，有时会给商业和民主带来不幸的后果。其核心问题涉及"信息茧房"：我们只听我们选择的东西和愉悦我们的东西的通信领域。[①] "茧房"一词形象地比喻了如果人们只选择或只关注自己感兴趣或需要的信息，长久浸淫在自我选择的信息世界中，将导致作茧自缚的后果。正如桑斯坦所言："生活在茧房里，公司就不可能兴隆，因为自己的决定不会得到内部的充分挑战；政治组织的成员或国家领导人就不可能考虑周全，因为他们自

---

① [美] 桑斯坦：《信息乌托邦：众人如何生产知识》，毕竞悦译，法律出版社 2008 年版，第 8 页。

己的先入之见将逐渐根深蒂固。对于私人和公共机构而言，茧房可能变成可怕的梦魇。"① "茧房"将使人失去对环境的完整判断，如果所有人都被这样的"茧房"所束缚时，公共信息的传播、社会意见的整合，也会变得日益困难。②

虽然桑斯坦提出了信息茧房的比喻，但他志不在于研究信息茧房对个人和社会的负面影响，也并未对信息茧房作出明确的定义和进行系统的研究，《信息乌托邦》一书旨在警示人们注意基于信息聚合的知识生产过程中潜在的危险。而在他的另一本著作《网络共和国》（Republic.com）中，桑斯坦分析了网络上的信息过滤对社会民主的危害。他写道："当个人都忽略公共媒体，而对观点及话题自我设限时……愈来愈多的人只听到他们自己的回音，这样的情形比分裂来得更糟糕。"③ 这一阐述被后来的研究者概括为回声室效应。回声室效应是指在一个网络空间里，如果听到的都是对自己意见的相类回响，个人会认为自己的看法代表主流，从而扭曲个人对一般共识的认识。而此一效应的存在常常同信息选择密切相关：个人总是倾向于接受协调性的信息而避免那些会带来不协调认知的信息。④

桑斯坦的观点引起了学界的讨论，由此派生出了类似的概念，如"信息窄化"。"信息窄化"见于国内学者魏武挥于 2010 年在其个人博客上发表的一篇博文《警惕信息窄化》。魏武挥从桑斯坦在《网络共和国》中的表述"人们可能因此眼界窄小，或只沉溺于固有的品位"中引出"信息窄化"的概念，并用于描述类似于 RSS 订阅模式的社交网络会使人获得趋同的意见、信息，不断强化自己已有的立场，导致群体越来越"小团体思考"的现象。他指出，"天下

---

① ［美］桑斯坦：《信息乌托邦：众人如何生产知识》，毕竞悦译，法律出版社 2008 年版，第 8 页。
② 彭兰：《新媒体用户：更主动还是更被动》，《当代传播》2015 年第 5 期。
③ ［美］桑斯坦：《网络共和国：网络社会中的民主问题》，黄维明译，上海人民出版社 2003 年版，第 10 页。
④ 胡泳：《新词探讨：回声室效应》，《新闻与传播研究》2015 年第 6 期。

所有的原教旨主义群体和激进主义者群体，都来源于这种思想结构。信息窄化的极度深化，将破坏一个社会的基本共识，普世价值观也将会荡然无存。"①"信息窄化"一说意在警醒时人注意当时在国内正日渐兴起的社交网络对社会的潜在威胁。此外，类似的说法还有"赛博空间巴尔干化"（cyberbalkanization）②和"信息割据"③等，都是喻指网络信息趋同会对社会民主造成威胁。但是这些概念很少被后来的研究者采纳，未能形成学术影响力。随着算法在互联网中的普及，受到广泛关注和讨论的主要是信息茧房、回声室效应、过滤气泡这三个概念。

"信息茧房""回声室效应""过滤气泡"三者的共同点在于都是对单一的信息环境所造成的影响的一种比喻，都强调了其负面影响：如果个人长期处于由自我选择构成的信息世界中，将导致视野狭窄，失去对客观世界的判断，导致社会群体区隔，难以形成一般共识，有碍社会民主。三个概念的实质都可以归结于"网络信息同质化"，但侧重点有所不同："信息茧房"强调的是个体主动的选择行为导致的信息同质化；"回声室效应"强调的是群体压力导致的个体意见强化和群体意见极化带来的观点同质化；"过滤气泡"是指算法推荐让个体在不知情的情况下被动地接收了同质化信息。三个概念的理论视角是不一样的："信息茧房"是基于用户的选择性心理的视角，"回声室效应"则是基于圈子效应的视角，"过滤气泡"则是基于技术的视角。④笔者认为，在对算法的影响的研究中应采用"过滤气泡"，而不采用另外两个概念，主要基于如下考虑：

---

① 魏武挥：《警惕信息窄化》，http://weiwuhui.com/3262.html，2010-04-26。
② Van Alstyne, M., Brynjolfsson, E., *Electronic Communities: Global Villages or Cyberbalkanization? Proceedings of the 17th International Conference on Information Systems*, 1996.
③ 钱弘道、姜斌：《"信息割据"下的沟通失效与公共论坛重建》，《浙江大学学报》（人文社会科学版）2013年第43卷第1期。
④ 刘强、赵茜：《算法中选择的同化与异化——国外回音室效应研究20年述评与展望》，《新闻界》2021年第6期。

一是"过滤气泡"是基于个人层面提出的概念,符合个性化推荐算法以个人为核心的特征。正如姜婷婷与许艳闰指出,从桑斯坦对两个概念的原始定义来看,"信息茧房"的核心是仅获取想要的信息,"回声室"的核心是仅与志同道合的人交流;信息茧房和回声室是窄化信息世界的不同形式,分别位于信息选择的个人层和社会层,分别强调个体态度和群体封闭的作用。[①] 而过滤气泡是针对个人形成的,处于个体的层面。个性化推荐算法正是基于用户个人的数据,为个人作出的个性化信息过滤与推送,整个过程都是围绕着用户个人来进行的。从这个意义上讲,立足个人层面的过滤气泡和信息茧房比较适用于研究个性化推荐算法,而立足社会层面的回声室效应则不太适合。

二是三者的消极影响虽然都涉及用户接触的信息多样性的降低,但过滤气泡的后果不止于此,如上一节所述,其表现还包括降低了信息偶遇发生的可能性,有碍用户对新事物的学习,降低了创意萌生的可能,因此"过滤气泡"的内涵比"信息茧房"和"回声室效应"更为丰富。

三是"过滤气泡"更贴切地反映出用户在算法中的被动地位,而"信息茧房"与"回声室效应"更多是用户主动选择的结果。正如帕里泽在书中将信息过滤算法描述为"不可见的、被动的、脱离用户控制的",[②] 过滤气泡并不是用户自我主动选择的结果,而是算法运作导致的结果,用户被动地受到算法的隐形操控,而这正是算法危害性的重要表现之一。而"信息茧房"和"回声室效应"在更多意义上是个人对信息的选择性接触(selective exposure)所招致的恶果,正如桑斯坦提及"信息茧房"时提到"我们只听我们选择的

---

① 姜婷婷、许艳闰:《窄化的信息世界:国外信息茧房、选择性接触与回音室研究进展》,《图书情报知识》2021年第38卷第5期。
② Pariser, E., *The Filter Bubble*: *What the Internet Is Hiding from You*, London: Penguin, 2011, p.218.

东西和愉悦我们的东西",它侧重于强调个人对自身的信息环境设限,主动接近支持自身观念或态度的信息、回避有违自身观念或态度的信息,但是它并未明确地说明究竟是何种因素在起作用。格施克(Geschke)的研究表明,即使没有任何社交媒体或过滤技术,在通过集中化的信息宣传渠道触达大多数人的条件下,作为一种认知机制,回声室效应也是会出现的。① 过滤气泡和回声室之间的区别在于它们是由算法还是由人创造——与回声室不同的是,算法的运作过程几乎不需要人的主动参与,算法根据我们的行为数据选择给我们推送什么样的内容。在算法的世界中,个人所接触到的信息在多数情况下并不是主动选择的结果,而是被动地接受过滤算法的信息"喂养"。个人在浏览器中所做的每一个动作都被用来决定接下来要看的是什么。② 考虑到个性化推荐算法运作的隐蔽性以及用户在其中所扮演的角色,笔者认为,过滤气泡的概念更能体现用户的被动地位。

四是使用"过滤气泡"的概念能凸显技术与社会因素共同作用所产生的影响,明确算法的角色与责任。与另外两个概念不同的是,"过滤气泡"反映了技术决定视角。③ 如前文所述,过滤气泡是由于信息过滤技术介入新闻传播所导致的后果,"过滤气泡"强调的是算法或社交关系人为提供一个过滤后的单色调信息环境,属于社会、技术因素导致的视野窄化,"回声室"强调意见同质性造成的信息窄化,"信息茧房"仅仅营造出了"束缚"的感觉,而未指明究竟是何种因素造成了信息接收窄化。④ 因此,使用"过滤气泡"这一概

---

① Geschke, D., Lorenz, J., Holtz, P., The triple-filter bubble: Using agent-based modelling to test a meta-theoretical framework for the emergence of filter bubbles and echo chambers, *British Journal of Social Psychology*, 2019, 58 (1): 129-149.

② [瑞典]萨普特:《被算法操控的生活:重新定义精准广告、大数据和AI》,易文波译,湖南科技出版社2020年版,第128—129页。

③ 刘强、赵茜:《算法中选择的同化与异化——国外回音室效应研究20年述评与展望》,《新闻界》2021年第6期。

④ 丁汉青、武沛颖:《"信息茧房"学术场域偏倚的合理性考察》,《新闻与传播研究》2020年第27卷第7期。

念，凸显了算法是造成消极影响的主要因素，强调了算法在这一过程中所起的主导作用，研究指向更加清晰，进一步明确了算法在这个过程中的角色与责任。

五是使用"过滤气泡"这一概念比另外两者更能促进相关领域的学术对话。姜婷婷与许艳闰通过大量的文献梳理发现，虽然国内不乏有关"信息茧房"的研究成果，但是国外却很少关于"信息茧房"（information cocoon）的研究，他们通常采用"选择性接触"（selective exposure）这一传播学术语来探讨"信息茧房"所指代的现象，而国外关于过滤气泡的研究成果则丰富许多。[①] 除此之外，丁汉青与武沛颖、刘强与赵茜等研究者也发现在这三个概念的使用上存在中外研究不一致的现象，即西方学者很少研究"信息茧房"，他们更多地关注"过滤气泡""回声室效应"。对此，丁汉青与武沛颖指出，"信息茧房"效应只是假说，而非理论，学术场域应将研究重心转至"回声室""过滤气泡"这两个更具有明确指向性的概念上来。[②] 信息过滤算法产生的影响是全球共同面临的问题，若使用不同的概念或对概念不能达成共识，则有碍研究的共同推进，因此加强有关中国本土实践经验中的过滤气泡的研究是很有必要的，迫切需要在此领域建立起有效的中外学术对话。

综上所述，笔者认为，"过滤气泡"比"信息茧房"和"回声室效应"更适用于探讨个性化推荐算法所造成的影响，也更适用于本书的研究情境，因此将围绕"过滤气泡"展开研究。

3.3　过滤气泡存在吗?各国研究成果述评

"过滤气泡"的概念自2011年提出就引起了学界的关注，国内

[①] 姜婷婷、许艳闰：《窄化的信息世界：国外信息茧房、选择性接触与回音室研究进展》，《图书情报知识》2021年第38卷第5期。

[②] 丁汉青、武沛颖：《"信息茧房"学术场域偏倚的合理性考察》，《新闻与传播研究》2020年第27卷第7期。

外众多研究者围绕过滤气泡是否存在这一问题进行研究。关于过滤气泡的讨论主要在社交媒体、搜索引擎的新闻推送、新闻推荐系统这三类信息传播平台上展开，同时也有一些研究综合考虑了多个平台。以下将对各类信息传播平台上的过滤气泡研究成果进行综述。

3.3.1 社交媒体中的过滤气泡

有部分研究者认为社交媒体中不存在过滤气泡。脸书的研究团队指出，社交媒体上大部分信息并非来源于经常接触的联系，因此社交媒体信息实则更为多样化。① 不过这项研究成果出自脸书的研究团队，有为脸书开脱指责之嫌。另一项研究表明，尽管社交媒体表现出思想同质性，但是意见的分歧依然存在。② 来自丹麦的研究发现脸书用户的新闻链接来源中相同的只有不到10%，对内容的语义分析表明有27.8%的用户处于过滤气泡中，表明社交媒体中的过滤气泡是比较有限的。③ 而针对过滤气泡会降低人偶遇新事物的可能，使人囿于已知范围的说法，还有研究者通过对推特网（Twitter）和新浪微博用户的大量行为分析，得出了不同的研究结论：推特网和微博上大约有25%的转发属于偶然信息，转发中偶然信息的存在令人惊讶。④

相比之下，更多的研究表明社交媒体使人降低了接触到的信息的多样化程度，从而使人陷于过滤气泡。美国皮尤研究中心的调查

---

① Bakshy, E., Rethinking Information Diversity in Networks, https://www.facebook.com/notes/facebook-data-team/rethinking-information-diversity-in-networks/10150503498918859, 2012-1-17.

② Vaccari, C., Valeriani, A., Barberá, P., et al., Of Echo Chambers and Contrarian Clubs: Exposure to Political Disagreement Among German and Italian Users of Twitter, *Social Media + Society*, July 2016. doi: 10.1177/2056305116664221.

③ Bechmann, A., Nielbo, K. L., Are We Exposed to the Same "News" in the News Feed? An empirical analysis of filter bubbles as information similarity for Danish Facebook users, *Digital Journalism*, 2018, 6 (8): 990-1002.

④ Sun, T., Zhang, M., Mei, Q., Unexpected Relevance: An Empirical Study of Serendipity in Retweets, *Proceedings of the Seventh International AAAI Conference on Weblogs and Social Media*, 2013.

发现，大部分用户倾向于认为社交媒体上的政治讨论表现出更多愤怒、不敬和不文明现象，更不可能促成解决方案；59%的人对与不同政见的人互动感到紧张沮丧，64%的人称在网上遇到政见不同的人常常使他们感到彼此之间的共同点比想象的还要少。① 还有研究者发现对社交媒体新闻的依赖加剧了对媒体偏见的感知。② 这些研究结果表明，社交媒体表现出的舆论环境是比较分化的，甚至呈现出一定的极化的倾向，这无疑将影响用户接触到的信息的多样化程度。针对中国互联网的模拟仿真实验利用社交机器人发布特定主题的内容并对它们的社交网络进行分析，验证了过滤气泡的存在。通过分析机器人接收到的文本及其社交网络中的主题，闵（Min）等人发现过滤气泡不仅聚集了具有相同偏好的用户群体，而且呈现出内生的、单向的星形结构，这种结构可以自发地排除非优先信息，并导致极化。③ 闵等人在后续研究中还发现社交媒体平台上的过滤气泡可以自发地抵制具有相对较低传递率的信息的传播。④ 而另一项通过观点动力学模型的研究也表明，过滤算法可能是调节社交网络上意见动态的有力工具，研究者发现过滤气泡效应在具有拓扑和空间相关性的网络中得到了加强，出现了回声室和极化的现象。⑤

有研究指出，尽管社交媒体中的弱连接能使人接触到不同的意

---

① Pew Research Center, The Political Environment on Social Media, http://www.pewinternet.org/2016/10/25/the-political-environment-on-social-media/, 2016 - 10 - 25.
② Rojas, H., Barnidge, M., Abril, E. P., Egocentric publics and corrective action, *Communication and the Public*, 2016, 1 (1): 27 - 38.
③ Min, Y., Jiang, T., Jin, C., Li, Q., Jin, X., Endogenetic structure of filter bubble in social networks, *Royal Society Open Science*, 2019, 6: 190868. http://dx.doi.org/10.1098/rsos.190868.
④ Min, Y., Zhou, Y., Liu, Y., et al., The role of degree correlation in shaping filter bubbles in social networks, *Physica A: Statistical Mechanics and its Applications*, 2021, 584: 126366.
⑤ Perra, N., Rocha, L. E. C., Modelling opinion dynamics in the age of algorithmic personalisation, *Scientific Reports*, 2019, 9 (1): 1 - 11.

见，但是这些由弱连接所构成的关系是很容易消解的。① 基于大数据的研究也发现，通过社交媒体来寻求新闻和信息的人，他们所接触的信息的范围比通过搜索引擎来寻求信息的人的信息范围更窄。② 通过推特网的链接观看右翼的 YouTube 视频的用户，有很大的可能性被推荐观看更为右翼的内容。③ 支持不同党派的脸书用户所使用的共同的信息来源很少，因党派的不同而出现了社群的分化。④ 瑞典学者萨普特（David Sumpter）的实验发现，即便是一开始没有表现出任何政治立场和兴趣偏好的用户，在脸书的推荐算法中最终也不可避免身陷过滤气泡，而对于本来就有政治倾向、首次使用脸书的那些人来说，这种影响更为突出，过滤算法会捕捉到微小的初始偏好，并将它们放大，直到与其对立的一方完全销声匿迹。⑤

此外，还有一些研究者得出了折中的研究结论。万恩（Wohn）等研究者认为，社交媒体网络的构成方式影响了人们对新闻的接触和态度，人在社交媒体网络中的特点将促成如回声室效应、沉默的螺旋等负面影响，但是与此同时，社交媒体也发挥着小型议程设置者的作用，能够对传统媒体没有覆盖到的话题开启新的视角，开创新的意识。⑥ 而弗拉克斯曼（Flaxman）等人通过对五万名美国微软

---

① John, N. A., Dvir-Gvirsman, S., "I Don't Like You Any More": Facebook Unfriending by Israelis During the Israel-Gaza Conflict of 2014, *Journal of Communication*, 2015, 65 (6): 953 - 974.

② Nikolov, D., Oliveira, D. F. M., Flammini, A., et al., Measuring online social bubbles, *PeerJ Computer Science*, 2015, 1: e38. https://doi.org/10.7717/peerj-cs.38.

③ O'Callaghan, D., Greene, D., Conway, M., et al., The extreme right filter bubble, *Computer Science*, 2013, https://doi.org/10.48550/arXiv.1308.6149.

④ Jacobson, S., Myung, E., Johnson, S. L., Open media or echo chamber: the use of links in audience discussions on the Facebook pages of partisan news organizations, *Information, Communication & Society*, 2016, 19 (7): 875 - 891.

⑤ ［瑞典］萨普特：《被算法操控的生活：重新定义精准广告、大数据和 AI》，易文波译，湖南科技出版社 2020 年版，第 128—129 页。

⑥ Wohn, D. Y., Bowe, B. J., Micro Agenda Setters: The Effect of Social Media on Young Adults' Exposure to and Attitude Toward News, *Social Media + Society*, 2016, 2 (1), doi: 10.1177/2056305115626750.

用户的历史浏览记录进行研究，发现比起直接访问新闻网站的人，那些通过社交媒体和搜索引擎来看新闻的人表现出了更强的意识形态分离，不过，与此同时，这些渠道也使人更多地暴露在对立的观点中。① 这说明社交媒体同时兼具了促进过滤气泡（pro-）和反抗过滤气泡（anti-）的特质。还有研究者通过计算模型的研究发现，推荐算法不足以导致社区的隔离，过滤气泡的形成取决于用户的演变，并且强烈依赖于早期的用户交互。②

研究者的结论可能因平台而异。基陈斯（Kitchens）等人的研究表明，脸书的使用与信息来源多样性的增长有关，也与新闻消费向党派网站转变有关；红迪网（Reddit）的使用增加了信息多样性，并使用户向态度更温和的信息来源转移；而推特的使用对信息多样性和信源的转移几乎没有影响。③ 研究表明，这可能和社交网络平台中的社会网络结构属性有关。李卫东与彭静从社会网络分析的视角，采用多主体仿真研究方法进行了探索，研究发现，个体网络中心性与个体回声室效应有显著相关关系；整体网络的度分布特征、平均社会距离、平均聚集系数与群体回声室效应有显著相关关系；整体网络的枢纽节点的存在对于回声室效应也有明显影响，多中心网络更利于意见交换，不易形成意见强化现象。④ 另外，结论也可能因国家或地区而异。一项针对三个欧洲国家（爱尔兰、比利时和意大利）和日本的推特用户的研究表明，爱尔兰和日本的推特用户的社会分

---

① Flaxman, S., Goel, S., Rao, J., Filter bubbles, echo chambers, and online news consumption, *The Public Opinion Quarterly*, 2016, 80 (Special Issue: Party Polarization): 298 – 320.

② Bagnoli, F., de Bonfioli Cavalcabo, G., Casu, B., et al., Community Formation as a Byproduct of a Recommendation System: A Simulation Model for Bubble Formation in Social Media, *Future Internet*, 2021, 13 (11): 296.

③ Kitchens, B., Johnson, S. L., Gray, P., Understanding Echo Chambers and Filter Bubbles: The Impact of Social Media on Diversification and Partisan Shifts in News Consumption, *MIS Quarterly*, 2020, 44 (4): 1619 – 1649.

④ 李卫东、彭静：《社交网络平台信息传播的回声室效应仿真实验分析》，《现代传播——中国传媒大学学报》2019 年第 41 卷第 4 期。

化程度普遍较低,而意大利和比利时的社会分化程度较高。①

尽管有关过滤气泡的研究较多都是针对社交媒体展开的,但是用户之间的社交媒体网络是在血缘、地缘、业缘、趣缘的基础上建立起来的,所谓"物以类聚,人以群分",互相关注的社交媒体用户无论线下是否互相认识,他们所关注的内容和讨论的话题之间自然会具有比较强的同质性,这使得研究更容易得出支持过滤气泡的结论,因此研究者应当考虑到这个因素,并将研究扩展到除社交媒体以外的其他平台上,在非同个圈子的用户群体中去检验过滤气泡,以排除社会网络的内生性影响。

3.3.2 搜索引擎中的过滤气泡

有关搜索引擎中的过滤气泡的研究主要围绕谷歌搜索以及谷歌新闻(Google News)来展开。

部分学者的研究虽然证实了过滤气泡,但是效应比较微弱,或者同时发现了支持和反对过滤气泡的证据。汉纳克(Hannak)等研究者提出了一种测量网络搜索结果个性化的方法,运用这种方法,他们观察到了显著的个性化:平均而言,11.7% 的谷歌网页搜索结果和 15.8% 的必应(Bing)搜索结果显示出个性化带来的差异,与政治问题、新闻和当地企业相关的搜索结果表现出更强的个性化,然而在另一个搜索引擎 DuckDuckGo 上没有观察到任何明显的个性化。② 哈伊姆(Haim)分别测试了内隐个性化③和外显个性化④对谷歌新闻内容和来源多样性的影响,除了内隐个性化对内容多样性会

---

① Fahey, R. A., Camatarri, S., *From Filter Bubble to Social Divide: Social Polarisation in Europe and Japan*, 2020 APSA Annual Meeting, 2020.
② Hannak, A., Sapiezynski, P., Kakhki, A. M., et al., Measuring personalization of web search//*Proceedings of the 22nd International Conference on World Wide Web*, New York: ACM Press, 2013: 527-538.
③ 笔者注:即 personalization,指个性化推荐。
④ 笔者注:即 customization,指信息定制。

产生较小的影响以外,他们没有发现对"过滤气泡"假说的支持。然而,这项研究也发现谷歌新闻过度代表了某些新闻媒体,而未能代表其他高频率的新闻媒体。① 内库斯塔(Nechushtai)等人通过实验法研究了谷歌新闻报道,发现存在高度的同质性和集中性:平均而言,最受推荐的五家新闻机构占所有推荐的69%,仅5家新闻机构就占收集到的推荐总数的49%。不过,他们也指出,在14家主导推荐的新闻组织中,仅3家是数字化的,因此他们认为,基于谷歌新闻构建的新闻议程复制了传统的行业结构,而不是对其造成破坏。② 另一部分学者则主张过滤气泡并不存在,认为过滤气泡效应可能被夸大了。库尔图瓦(Courtois)等人分析了谷歌用户在一组标准化的社会政治主题上的搜索结果,发现研究结论并不支持谷歌搜索结果中存在过滤气泡的结论。③ 克拉夫特(Krafft)等人在2017年德国大选期间,分析了超过4000人提供的与德国竞选活动相关的关键字的搜索结果,发现个性化搜索结果的空间非常小,据此他们认为,过滤气泡的存在并不明显。④ 普什曼(Puschmann)的研究也对谷歌搜索和谷歌新闻中的过滤气泡表示质疑。⑤ 弗莱彻(Fletcher)等学者的研究结论更是与过滤气泡的假说截然相反,他们认为使用搜索引擎搜索新闻与更多样化、更平衡的新闻消费有关,因为搜索推动

---

① Haim, M., Graefe, A., Brosius, H-B., Burst of the Filter Bubble? Effects of personalization on the diversity of Google News, *Digital Journalism*, 2018, 6 (3): 330 – 343, DOI: 10.1080/21670811.2017.1338145.

② Nechushtai, E., Lewis, S. C., What kind of news gatekeepers do we want machines to be? Filter bubbles, fragmentation, and the normative dimensions of algorithmic recommendations, *Computers in Human Behavior*, 2019, 90: 298 – 307.

③ Courtois, C., Slechten, L., Coenen, L., Challenging Google Search filter bubbles in social and political information: Disconforming evidence from a digital methods case study, *Telematics and Informatics*, 2018, 35 (7): 2006 – 2015.

④ Krafft, T. D., Gamer, M., Zweig, K. A., What did you see? A study to measure personalization in Google's search engine, *EPJ Data Science*, 2019, 8 (1), doi: 10.1140/epjds/s13688 – 019 – 0217 – 5.

⑤ Puschmann, C., Beyond the Bubble: Assessing the Diversity of Political Search Results, *Digital Journalism*, 2019, 7 (6): 824 – 843.

了意外发现,并引导人们找到他们本不会使用的资源。他们通过四个国家(英国、美国、德国、西班牙)的调查数据发现,通过搜索引擎查找新闻的人平均使用更多的在线新闻来源,更可能同时使用左倾和右倾的在线新闻来源,拥有更平衡的新闻信息来源,因而该研究结论并不支持使用搜索引擎会产生过滤气泡的观点。[1]

可见,在针对搜索引擎及其新闻推荐的研究中,大多数研究得出的结论倾向于反对过滤气泡的假定,即使发现存在过滤气泡效应,也是相对比较微弱的。然而多数成果都是对谷歌展开研究,较少涉及其他的搜索引擎,研究结论未必能推广,存在代表性不足的问题。

3.3.3 推荐系统中的过滤气泡

针对个性化推荐算法是否会降低用户接触到的信息或观点的多样性这个问题,部分研究得出了乐观的结论。瑟曼(Thurman)等人在对英、美两国主流新闻网站的个性化功能的研究中发现这些新闻网站提供的主要还是专业编辑人员所选择的信息,这些选择包含了为用户提供偶然发现的多种可能性,并且他们发现,有少量证据表明,即使是像"上下文感知推荐"这种被动的个性化推荐机制,也能促进主流新闻网站信息来源多样性的增长。[2] 随着个性化推荐的普及,一方面有研究者发现,过滤气泡会对个人接触到的内容多样性产生影响,个性化推荐会使用户暴露在轻微窄化的信息环境中,不过在另一方面,那些实际阅读了推荐给他们的内容的用户受到信息窄化的影响较低,并且对那些条目的评价也更积极。[3] 来自荷兰的研

---

[1] Fletcher, R., Nielsen, R. K., Automated Serendipity: The effect of using search engines on news repertoire balance and diversity, *Digital journalism*, 2018, 6 (8): 976–989.

[2] Thurman, N., Schifferes, S., The future of personalization at news websites: lessons from a longitudinal study, *Journalism Studies*, 2012, 13 (5–6): 775–790.

[3] Nguyen, T. T., Hui, P. M., Harper, F. M., et al., Exploring the filter bubble: the effect of using recommender systems on content diversity, *Proceedings of the 23rd international conference on World Wide Web*, ACM, 2014, pp. 677–686.

究则发现，新闻推荐系统的所有推荐逻辑与人类编辑的逻辑比较一致，并且基于用户历史的推荐还可以增加主题的多样性。①

随着研究的推进与研究方法的日益丰富，有关推荐系统的研究越来越多得出了支持过滤气泡的结论。比姆（Beam）的研究发现个性化推荐系统会使人更少暴露于与自己态度相反的新闻中。② 博兹达格（Bozdag）指出个性化推荐算法并不价值中立，其运行脱离了用户的控制与所知，导致过滤气泡产生。③ 迪尔科（Dylko）等人发现了个性化推荐技术与政治选择性曝光、政治态度极化之间的关系。④ 新媒体传播技术对选择性曝光有重大意义，⑤ 其中个性化新闻推荐系统对选择性曝光有促进作用，⑥⑦ 而选择性曝光则与过滤气泡有关。⑧ 格罗塞蒂（Grossetti）等人研究了不同的推荐系统对用户信息消费的影响，发现过滤气泡涉及多达10%的用户。⑨

基于YouTube的多项研究表明，YouTube算法有推荐偏差的强

---

① Möller, J., Trilling, D., Helberger, N., et al., Do not blame it on the algorithm: An empirical assessment of multiple recommender systems and their impact on content diversity, *Information, communication & society*, 2018, 21（7）: 959–977.

② Beam, M. A., Automating the news: How personalized news recommender system design choices impact news reception, *Communication Research*, 2014, 41（8）: 1019–1041.

③ Bozdag, E., Timmermans, J., Values in the filter bubble: ethics of personalization algorithms in cloud computing//Proceedings of the 1st International Workshop on Values in Design-Building Bridges between RE, HCI and Ethics, 2011.

④ Dylko, I., Dolgov, I., Hoffman, W., et al., Impact of Customizability Technology on Political Polarization, *Journal of information technology & politics*, 2018, 15（1）: 19–33.

⑤ Bennett, W. L., Iyengar, S., A new era of minimal effects? The changing foundations of political communication, *Journal of Communication*, 2008, 58（4）: 707–731.

⑥ Beam, M. A., Automating the news: How personalized news recommender system design choices impact news reception, *Communication Research*, 2014, 41（8）: 1019–1041.

⑦ Dylko, I. B., How Technology Encourages Political Selective Exposure, *Communication Theory*, 2016, 26（4）: 389–409.

⑧ Liao, Q. V., Fu, W. T., Beyond the filter bubble: Interactive effects of perceived threat and topic involvement on selective exposure to informationx, In *Proceedings of the SIGCHI conference on human factors in computing systems*, ACM, 2013, pp. 2359–2368.

⑨ Grossetti, Q., du Mouza, C., Travers, N., et al., Reducing the filter bubble effect on Twitter by considering communities for recommendations, *International Journal of Web Information Systems*, 2021, 17（6）: 728–752.

烈迹象，这导致了紧密联系和受限内容社区的形成，① YouTube 算法对右倾政治视频有强烈的偏差，包括极右社区表达的种族主义观点。虽然该算法似乎只是为了让用户保持观看视频的循环而将用户推向另类右翼视频内容，但最终结果使 YouTube 成为新纳粹和另类右翼的强大招募工具，由此产生的过滤气泡效应将用户推入一个循环，从而强化了激进主义。② 此外，YouTube 产生的过滤气泡还导致了用户信息获取和交流狭窄的现象。③

国内学者对推荐系统的过滤气泡研究较多集中于"今日头条"，既有支持过滤气泡的结论，也有不支持的结论。聂静虹与宋甲子的实证研究发现"今日头条"算法的相关性存在偏见和不可见性。④ 徐翔与王雨晨运用计算传播学方法，分析了"今日头条"的信息趋同与其媒介逻辑，他们发现，社会回声室中的优势路径使得原本去中心化的网络信息再中心化，要重视从局部"回声室"朝向"社会回声室"的聚焦及其社会文化挖掘，充分审视从网络局部"巴尔干化"到网络整体"巴尔干化"的信息异化风险。⑤ 不支持过滤气泡的研究得出了相反的结论，即算法推荐反而增加了信息的多样性。例如，周葆华的调查发现，在控制其他变量后，算法推荐的新闻资讯类 App（如今日头条、天天快报等）与新闻信息渠道多样性、用

---

① Kirdemir, B., Agarwal, N., *Exploring Bias and Information Bubbles in YouTube's Video Recommendation Networks*, In: Benito, R. M., et al (eds), Complex Networks & Their Applications X., COMPLEX NETWORKS 2021, Studies in Computational Intelligence, 2022, Vol. 1016, Springer, Cham, https://doi.org/10.1007/978-3-030-93413-2_15.

② Bryant, L. V., The YouTube Algorithm and the Alt-Right Filter Bubble, *Open Information Science*, 2020, 4 (1): 85-90.

③ Kim, D., Lee, W., Kim, D., et al., An Empirical Study on Filter Bubbles in the YouTube Comments Network: Using Social Network Analysis, *International Journal of Software Innovation*, 2021, 9 (3): 52-65.

④ 聂静虹、宋甲子：《泛化与偏见：算法推荐与健康知识环境的构建研究——以今日头条为例》，《新闻与传播研究》2020 年第 27 卷第 9 期。

⑤ 徐翔、王雨晨：《社会回音室：网络传播中的信息趋同及其媒介逻辑——基于"今日头条"样本的计算传播学分析》，《国际新闻界》2021 年第 7 期。

户对新闻信息的积极处理存在正向关系。① 潘旭伟与王瑞奇借助三分图和 LDA 算法探究了真实新闻平台下用户视野的变化，发现不仅未受到窄化，反而出现了扩展的趋势。②

3.3.4 复合媒体环境中的过滤气泡

考虑到用户并非只使用单一的信息来源平台，一部分学者对由搜索引擎和社交媒体等（多种媒体）所构成的复合环境中的过滤气泡进行了研究。

卡德纳尔（Cardenal）研究了直接导航和脸书、谷歌对选择性曝光的影响，发现直接导航会增加选择性曝光，而谷歌会减少选择性曝光。研究还发现新闻来源和选择性曝光之间的关系受到意识形态的强烈调节作用，这表明搜索引擎和社交媒体并非内容中立，③ 从而说明过滤气泡效应是有限的。然而还有一些研究不支持过滤气泡假说。布伦斯（Bruns）认为搜索引擎和社交媒体用户通常会遇到一种高度中间派的媒体"饮食"，甚至比非用户的信息"饮食"更加多样化。④ 达顿（Dutton）等人的研究团队调查了七个国家的网民如何使用搜索、社交媒体和其他媒体获取政治信息，研究结论认为互联网用户不会被困在单一平台的过滤气泡中，他们发现，大多数对政治感兴趣的人都会搜索并反复检查有问题的政治信息，并接触到各种各样的观点。他们认为，过滤气泡不仅高估了技术决定因素，而且低估了互联网、社交媒体和搜索的社会塑造作用，还低估了国家

---

① 周葆华：《算法推荐类 APP 的使用及其影响——基于全国受众调查的实证分析》，《新闻记者》2019 年第 12 期。

② 潘旭伟、王瑞奇：《个性化新闻推荐系统中的"过滤气泡"研究》，《新媒体研究》2021 年第 7 卷第 5 期。

③ Cardenal, A. S., Aguilar-Paredes, C., Galais, C., et al. Digital Technologies and Selective Exposure: How Choice and Filter Bubbles Shape News Media Exposure, *The International Journal of Press/Politics*, 2019, 24 (4): 465–486.

④ Bruns, A., Filter bubble, *Internet Policy Review*, 2019, 8 (4), DOI: 10.14763/2019.4.1426.

媒体文化和体系在塑造搜索实践、政治取向和互联网取向的个体差异方面发挥的重要作用。①

3.4 过滤气泡的争议与思考

综上所述，针对"过滤气泡"现象是否存在，多个国家和地区的研究者对不同的平台展开了研究，包括社交媒体平台、搜索引擎、新闻网站、视频平台、移动端新闻资讯应用等多种平台以及复合的媒体环境（搜索引擎、社交媒体、其他媒体），相关的成果日益增多，可见学界越来越重视过滤气泡效应。学者们对过滤气泡进行了测量，结合可视化研究的结果来看，过滤气泡被证明了是可以测量和描述的。② 他们运用的方法也越来越丰富，不仅有传统的调查法、社会网络分析法，还有比较前沿的大数据、网页追踪、仿真实验等方法。然而依然莫衷一是，难以形成比较统一的结论。造成这种现状的原因主要有三个：

一是一些研究并没有明确地定义什么是过滤气泡，有些研究者将其等同于个人接触的信息多样性，有些研究者则将其定义为不同用户接触到的信息相似性，有些研究者则将其视为个人信息网络的异质化程度，有些研究者则通过测量社交网络中不同政治派别用户的极化程度来反映过滤气泡……即使同样是定义为信息多样性，有的研究者研究的是主题的多样性，而有的研究者研究的是观点的多样性，不一而足。

二是不同国家或地区的互联网文化与互联网实践大相径庭，根

---

① Dutton, W. H., Reisdorf, B. C., Dubois, E., et al., Social Shaping of the Politics of Internet Search and Networking: Moving Beyond Filter Bubbles, Echo Chambers, and Fake News, *SSRN Electronic Journal*, 2017, doi: 10.2139/ssrn.2944191.

② Dillahunt, T. R., Brooks, C. A., Gulati, S., Detecting and visualizing filter bubbles in Google and Bing, *Proceedings of the 33rd Annual ACM Conference Extended Abstracts on Human Factors in Computing Systems*, ACM, 2015, pp. 1851–1856.

据一国的数据得出的研究结论无法解释另一个国家或地区的情况。正如前文提到的针对三个欧洲国家和日本的推特用户的研究发现不同国家的社会分化程度不一致,① 这是受到了一系列复杂的社会、文化和历史的影响的结果。欧洲学者马克霍里奇(Makhortykh)提出,当媒体不独立或不被视为独立时,许多关于新闻个性化对公共领域的影响的担忧就没有了意义,并且,在媒体自由有限且缺乏多样性的情况下,用户对算法推荐系统的评价是不同的,因此需要通过实证研究来确定算法推荐在半自由和非自由媒体系统中的效果。② 相对来说,国内关于"过滤气泡"的研究相对缺乏,尤其是在实证研究上,与国外的研究进展形成了鲜明的差距,现今迫切地需要补充有关中国互联网的过滤气泡的研究。

三是因为平台算法的架构与运作机制的不同而导致研究结论不一致。正如拉泽(Lazer)指出,尽管社交媒体的代码总是导致过滤气泡,但是每个系统的规则和每个过滤程序都有不同的动态和规范意义。③ 有研究指出,全球四大社交媒体使用的最新算法模式各具特点:脸书以强参与模式为主,鼓励互动性高的内容;YouTube采用频道权威性模式:鼓励原创,通过一系列指标来衡量频道的权威性指数,包括观看时长、分享次数、重复观看等指标;Instagram采用用户兴趣度模式,"用户对内容感兴趣的可能性"是影响推荐的最重要指标;而推特则采用新近性模式,更看重对新鲜资讯的优先排序,即时发布的内容会得到着重推荐。④ 方师师对谷

---

① Fahey, R. A., Camatarri, S., *From Filter Bubble to Social Divide: Social Polarisation in Europe and Japan*// 2020 APSA Annual Meeting, 2020.
② Makhortykh, M., Wijermars, M., Can Filter Bubbles Protect Information Freedom? Discussions of Algorithmic News Recommenders in Eastern Europe, *Digital Journalism*, 2021, doi: 10.1080/21670811.2021.1970601.
③ Lazer, D., The rise of the social algorithm, *Science*, 2015, 348 (6239): 1090–1091.
④ CTR洞察/央视市场观察官方公众平台:《算法正在重构传播价值观》,《青年记者》2021年第19期。

歌和脸书的算法机制进行了研究，发现谷歌注重客观要素并试图建立技术性的网络秩序，而脸书则更多地强调以社交为基础的人与人之间的关系构成。① 尼科洛夫（Nikolov）等人指出要对比不同搜索平台和社交平台的信息多样性的差异，这有可能导致研究结果有差异。② 研究者需要注意隐藏在算法内部的系统性与结构性偏向。国外的研究大多聚焦于谷歌和脸书这两个平台，而我们的研究需要更多地观照在中国互联网中有重要影响的平台，基于中国互联网实践探讨个性化新闻推荐系统中是否存在过滤气泡的现象。

除此之外，上述研究成果还存在以下三个方面的不足：

第一，许多研究者将用户置于单一的信息环境中去测量过滤气泡，忽视了用户媒体使用行为的复杂多样性。前面所述的研究往往只是在某个平台上开展，结论也只能证明某个平台是否存在过滤气泡，然而在现实生活中，用户并不仅使用某一个平台或某一个应用，用户的媒体使用行为是复杂的，所处的信息传播环境也是多样化的，在某个平台受限的视野有可能通过其他信息平台得到补充和扩展，而上述研究结论并不能证明他们在其他平台上同样置身于过滤气泡中，更不能说明用户所处的整体的网络环境构成了过滤气泡。部分国外的研究者虽然考虑到了复合的传播环境，但研究中所涉及的平台也仅仅两三个，未能充分反映用户所处的真实的、复杂的网络环境。

第二，已有研究集中于探讨政治主题下的过滤气泡，尤其是美国的政治，而其他主题的信息传播则很少被研究。互联网用户对信息的兴趣同样是丰富多样的，并不仅局限于政治信息，因此要从用户的日常使用行为出发，去综合地审视、具体地探讨他们在移动互联网的信息环境中，在跨平台的、多主题的信息接触中，是否受到

---

① 方师师：《双强寡头平台新闻推荐算法机制研究》，《传播与社会学刊》（香港）2018年第43卷。
② Nikolov, D., Oliveira, D. F. M., Flammini, A., et al., Measuring online social bubbles, *PeerJ Computer Science*, 2015, 1: e38. https：//doi.org/10.7717/peerj-cs.38.

了过滤气泡的影响。

第三，最重要的是，研究者普遍忽视了用户个体的差异。个体的媒介行为和媒介素养的不同可能会导致受到的消极影响程度不一，这就需要考虑个人因素的影响。"过滤气泡"不是单纯的技术问题，它是技术、人性、社会结构共同作用的结果。[①] 格施克（Geschke）认为，信息过滤的过程发生在个人、社会和技术这三个层面，共同形成了"三重过滤气泡"：第一重是个人的认知和心理因素；第二重是社会过滤，主要指社交网络对个人的影响，人总是倾向于与具有相似的行为和人口特征的人建立社交网络；第三重是在技术层面由算法主导的信息过滤。[②] 在这"三重过滤气泡"中，个人因素是最底层也是最基本的因素，但目前尚未有足够的文献去充分地探讨用户个人微观层面的因素与过滤气泡的关系。为了理解和解释算法的决策及其导致的后果，学者霍桑纳格（Hosanagar）提出了一个框架（参见图3.1），把算法系统解构为三个基础组件：用于训练算法的基础数据、算法本身的逻辑、用户和算法交互的方式，即算法系统运行的结果可归因为基础数据、数学逻辑、人与系统所做的决策和建议的交互方式，这三个组件一起决定了算法系统所有有意和无意的结果。[③] 举个例子，社交媒体的回声室也是算法的先天和后天因素的复杂混合物以及用户与之交互的方式所共同产生的结果。数据、算法、用户，每一部分在决定算法系统的产物时都起到了重要作用，但它们的总和往往大于它们的简单累加，因为这些部分之间复杂的相互作用起到了最为重大的影响。[④] 因此，在解释推荐系统的算法是

---

① 郭小安、甘馨月：《"戳掉你的泡泡"——算法推荐时代"过滤气泡"的形成及消解》，《全球传媒学刊》2018年第5卷第2期。
② Geschke, D., Lorenz, J., Holtz, P., The triple-filter bubble: Using agent-based modelling to test a meta-theoretical framework for the emergence of filter bubbles and echo chambers, *British Journal of Social Psychology*, 2019, 58（1）: 129–149.
③ [印] 霍桑纳格：《算法时代》，蔡瑜译，文汇出版社2020年版，第84页。
④ [印] 霍桑纳格：《算法时代》，蔡瑜译，文汇出版社2020年版，第90页。

否会导致过滤气泡的时候,我们同样需要考虑用户与系统的交互方式,而非只考虑平台的规则、算法的机制。若只考虑平台和算法而忽视了人的作用,那么研究视角则无异于算法传播时代的"新魔弹论",即机械地认为个人在平台和算法面前毫无拒绝和反抗之力,只能被动接受算法的信息灌输。而有关研究表明,新媒体用户身上兼具主动性和被动性,① 在个性化推送广告面前,用户也表现出了主动性和被动性并存的一面。② 因而在研究中,必须突破研究思维的僵化,既要理解平台和算法的"游戏规则"、透析技术的价值导向,又要把握用户在使用过程中与算法的互动,解读新技术下的用户行为模式,探索哪些个人因素可能与过滤气泡有关,在此基础上,我们才能够更为充分地还原推荐算法运作下的社会生活图景,更为深入地理解技术对个人和社会产生的影响。

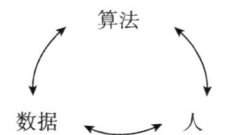

图 3.1 解释算法决策行为的框架

在国内,除了计算机与信息学科的研究者外,人文社科的研究者对本研究领域的参与也日益增多。众多新闻传播学学者都对以"今日头条"为代表的新闻资讯应用产生的影响进行了密切关注,然而正如前文所述,国内外学术场域所研究的概念有所不同,造成无法进行学术对话。国内学者较少关注"过滤气泡",而是围绕着"信息茧房"形成了研究热潮,他们大多采取技术批判的视角,揭示了推荐算法运作机制,批判了推荐算法的伪中立性和伪客观性,探讨

---

① 彭兰:《新媒体用户:更主动还是更被动》,《当代传播》2015 年第 5 期。
② 倪宁、徐智、杨莉明:《复杂的用户:社交媒体用户参与广告行为研究》,《国际新闻界》2016 年第 10 期。

了算法对信息传播模式带来的变革及其产生的伦理问题，提出了相应的对策或治理路径。然而，未充分检验就把"信息茧房"这个假说当作理论来使用，造成了理论偏倚。[①] 在已有的研究成果中，也以思辨性论文居多，实证性研究较少，研究方法相对国外而言也比较局限。笔者认为，应当将目光从"信息茧房"转向"过滤气泡"，运用实证研究的方法对中国互联网环境下个性化推荐算法与过滤气泡之间的关系作出回答。

从中国互联网的发展现状来看，个性化推荐算法与过滤气泡之间有一定的必然联系。移动互联网的发展带来的信息膨胀问题不得不寻求个性化推荐算法的信息过滤解决方案，而用户每天使用的移动设备所产生的海量数据又为算法运作提供了源源不断的"原材料"，从而建立起一套新的信息生产—分发—流通的运作逻辑，可以说，信息过滤在当前时代有其历史必然性。

从个性化推荐技术的性质来看，它是通过建立用户与信息产品之间的二元关系，利用已有的选择过程或相似性关系挖掘每个用户潜在感兴趣的对象，进而进行个性化推荐，其本质就是信息过滤。[②] 在这种以个人的偏好为出发点的信息过滤系统中，每个人接触到的是围绕着个人的历史、兴趣，或与自己有相似行为的用户群体所构成的同质化的信息环境，这便形成了帕里泽所说的"过滤气泡"。

结合算法具体实践来看，个性化推荐算法的运作机制也是一个可能滋生过滤气泡的过程。以"今日头条"为例，有四类最重要的用户特征将会输入给算法，影响到推荐算法的工作：第一类是相关性特征，就是评估内容的属性和用户是否匹配，包括关键词匹配、分类匹配、来源匹配、主题匹配等；第二类是环境特征，包括地理

---

① 丁汉青、武沛颖：《"信息茧房"学术场域偏倚的合理性考察》，《新闻与传播研究》2020 年第 27 卷第 7 期。

② 刘建国、周涛、汪秉宏：《个性化推荐系统的研究进展》，《自然科学进展》2009 年第 1 期。

位置、时间;第三类是热度特征,包括全局热度、分类热度、主题热度,以及关键词热度等;第四类是协同特征,它通过用户行为来分析不同用户间的相似性,比如点击相似、兴趣分类相似、兴趣主题相似、兴趣词相似,甚至向量相似,从而扩展模型的探索能力。① 基于用户的相关性特征的推荐迎合的是用户自身的兴趣与偏好;基于地理位置等环境特征的推荐,使人只关注自己身边的世界,使事件的相关性凌驾于社会的整体价值之上;基于热度特征的推荐能够对互联网中的实时热点迅速响应,遵循的是"流量法则",或将导致迎合人的低层次需求的劣质信息得到更多关注;协同过滤则使用户处于与己相似的群体中,其兴趣、态度、观点不断被强化,并与其他群体形成区隔。可见,影响算法运作的这四类用户特征都是以个人为核心的,其作用就是使信息传播环境越来越个人化,从而形成将个人与客观世界隔绝开来的"气泡"。从这个意义上讲,个性化推荐算法与过滤气泡之间也可能存在某种必然的联系,本书将基于中国互联网实践,通过开展实证研究对这个问题作出回答。

3.5 本章小结

本章对过滤气泡概念的来龙去脉进行了梳理,指出过滤气泡的内涵包括三个要点:由推荐算法所主导、建立在用户的行为偏好的基础上、用户在不可见的算法的运作下处于被动的地位。并且,提炼出过滤气泡的两个维度:信息多样性与信息偶遇。在此基础上,提出了过滤气泡的定义:过滤气泡是在推荐算法主导的信息过滤分发过程中对用户产生的消极影响,由于算法根据用户的行为偏好进行信息推送,会不断强化用户的已知范畴和已有行为,形成将个体

---

① 曹欢欢:《今日头条算法原理》(全文),https://zhuanlan.zhihu.com/p/32989795,2022-01-18。

与客观世界相隔绝的"气泡",造成降低用户接触到的信息多样性和信息偶遇的后果。

通过将"过滤气泡"与"信息茧房""回声室效应"作概念辨析与比较,笔者提出,"过滤气泡"比另外两者更适用于探讨个性化推荐算法所造成的影响,因为"过滤气泡"是基于个人层面提出的概念,符合个性化推荐算法以个人为核心的特征;其内涵更丰富;充分反映出算法用户的被动地位;凸显技术与社会因素共同作用所产生的重要影响;有利于促进中外研究对话。

国内外众多研究者探讨了过滤气泡是否存在,相关研究围绕社交媒体、搜索引擎、新闻推荐系统这三类信息传播平台以及复合媒体环境展开,运用的方法不仅有传统的调查法、社会网络分析法,还有比较前沿的大数据、网页追踪、仿真实验等方法。然而难以形成比较统一的结论,一是一些研究未定义何为过滤气泡,以及众人的研究存在定义不统一的情况;二是因为不同国家或地区的互联网文化与互联网实践大相径庭;三是因为平台算法深层的架构与运作机制不同。已有的研究存在以下不足:第一,集中于探讨政治主题下的过滤气泡,尤其是美国的政治,而其他主题的信息则很少被研究;第二,将用户置于单一的信息环境中去测量过滤气泡,忽视了用户媒介使用行为与所处的媒介环境的复杂多样性;第三,即最重要的一点,研究者们普遍忽视了用户的个体差异。

笔者认为,无论从理论上推导还是从实践情况来看,个性化推荐算法与过滤气泡之间都可能存在某种必然的联系。后续章节将基于中国互联网实践,侧重于从用户的角度开展实证研究,对这个问题进行探讨。

第四章　研究问题与研究假设

4.1　研究问题

前人的众多研究成果为我们提供了一种认识过滤气泡的宏观视角，运用大数据、网页追踪、模拟实验等方法去检验不同的平台是否存在过滤气泡，这些宏观层面的研究为我们理解个性化推荐算法产生的影响提供了参考，然而它们往往聚焦于平台、算法、数据集，忽视了微观层面上用户与算法的互动。因而，本书将从用户的角度，探讨个性化新闻推荐系统的使用是否导致过滤气泡，以及影响过滤气泡的个人因素有哪些。故有如下研究问题：

RQ1：个性化推荐系统的使用是否导致过滤气泡？

要回答上述问题，首先要将过滤气泡的概念操作化。在上一章，笔者已给出了过滤气泡的定义，并将其划分为两个维度：信息多样性和信息偶遇。因此可将 RQ1 具体划分为以下两个研究问题：

RQ1-1：个性化推荐系统的使用是否降低用户接触到的信息多样性？

RQ1-2：个性化推荐系统的使用是否减少了用户的信息偶遇？

从个性化推荐系统的运作原理来看，它的设计初衷是以用户兴趣和需求作为信息筛选的标准，以减少不相关的信息的干扰。同时，个性化推荐算法在一定程度上遵循的是"流量规则",越受欢迎的信息就会得到越多的关注。研究表明,这能带来积极的反馈,但同时也以牺牲新奇和意外为代价。[①][②] 提供多样化的内容和信息偶遇,似乎和个性化推荐系统所追求的推荐准确性自相矛盾,然而笔者认为,实际上并不矛盾。正因为有了多样化和偶遇的信息,用户才不至于一直重复接触已知的范畴,个性化推荐系统也能从更多方面去挖掘用户需求。在实践中,个性化推荐系统给用户"打标签"也是一个动态的过程,这意味着随着用户标签的变化,提供的信息也不断在变,内容种类也随之丰富起来。因此提供内容多样化,和个性化推荐系统推送的准确度并不冲突。而提供信息偶遇,并不是指任意推送信息,有研究者区分了信息中的偶遇和新颖性、多样性这三个概念的区别,指出有用性是偶遇的一个重要指标,如果信息是无用的,那么偶遇则变成了干扰,因此偶遇的定义里面实际上融合了出乎意料和有用之意。[③] 所以偶遇的要求实际上意味着所提供的信息并不是完全随机的,它对于用户来说必须是有价值的,只有对用户来说有价值的信息方能称之为信息偶遇,否则就只是垃圾信息。因此,要提供对用户有用的信息,但是这种需求却暂时不能从已知的偏好里反映出来,这其实是对个性化推荐系统提出了更高的要求:要求它能够发现用户潜在的兴趣,预测用户兴趣的变化。所以说,提供的内容多样化,并确保一定程度的信息偶遇,对个性化推荐系统来说不仅是合理的要求,而且还应当成为评价的标准,因为它们同样会影响到用户的满意

---

① Fleder, D. M., Hosanagar, K., Recommender systems and their impact on sales diversity, *Proceedings of the 8th ACM conference on Electronic commerce*, ACM, 2007, pp. 192 – 199.

② Loeb, S., Panagos, E., Information filtering and personalization: Context, serendipity and group profile effects, *Consumer Communications and Networking Conference (CCNC), 2011 IEEE*, IEEE, 2011, pp. 393 – 398.

③ Sun, T., Zhang, M., Mei, Q., Unexpected Relevance: An Empirical Study of Serendipity in Retweets, Proceedings of the Seventh International AAAI Conference on Weblogs and Social Media, 2013.

度。研究表明,对于信息推荐系统来说,内容多样性能提高用户对系统的满意程度,① 偶遇式推荐能使用户对信息推荐系统的评价更高,② 还有研究者认为应当探讨用户在和数字工具的互动中是否真的体验到了偶然性,③ 因此,去研究个性化推荐系统是否能为用户提供了多样化的内容以及一定程度的信息偶遇是非常有必要的。

前人的研究比较忽略的是用户个人层面的因素。在同样关注技术带来的负面影响的研究中,有学者发现移动传播技术与政治参与之间有积极的正相关,但是这一关系会受到个人网络的规模和异质性的调节作用的影响。④ 作为行为主体,用户在个人信息消费、群体意见交流过程中的选择性心理以及从众心理成为"信息茧房"生成的决定性因素。⑤ 巴克什(Bakshy)等人通过一千多万美国脸书用户分享的新闻链接的研究表明,和算法的排名推荐所起的作用相比,用户是否暴露在交叉的内容中,个人的选择发挥着更大的作用。⑥ 瑞斯尼克(Resnick)等人的研究表明,是否受到过滤气泡的影响跟个人差异有关:有人对于挑战已有观念的信息是厌恶的,而有人更喜欢包含了不同观念的信息。⑦ 廖(Liao)与傅(Fu)的实验证明,除了个性

---

① Nguyen, T. T., Hui, P. M., Harper, F. M., et al., Exploring the filter bubble: the effect of using recommender systems on content diversity, *Proceedings of the 23rd international conference on World Wide Web*, ACM, 2014, pp. 677 – 686.

② Matt, C., Benlian, A., Hess, T., et al., Escaping from the Filter Bubble? The Effects of Novelty and Serendipity on Users' Evaluations of Online Recommendations, *Publications of Darmstadt Technical University Institute for Business Studies*, 2014, 21 (3): 1 – 19.

③ Makri, S., Blandford, A., Woods, M., et al., "Making my own luck": Serendipity strategies and how to support them in digital information environments, *Journal of the Association for Information Science and Technology*, 2014, 65 (11): 2179 – 2194.

④ Campbell, S. W., Kwak, N., Political involvement in "mobilized" society: The interactive relationships among mobile communication, network characteristics, and political participation, *Journal of Communication*, 2011, 61 (6): 1005 – 1024.

⑤ 杨慧:《微博的"信息茧房"效应研究》,硕士学位论文,湖南师范大学,2014 年。

⑥ Bakshy, E., Messing, S., Adamic, L. A., Exposure to ideologically diverse news and opinion on Facebook, *Science*, 2015, 348 (6239): 1130 – 1132.

⑦ Resnick, P., Garrett, R. K., Kriplean, T., et al., Bursting your (filter) bubble: strategies for promoting diverse exposure, In *Proceedings of the 2013 conference on Computer supported cooperative work companion*, ACM, 2013, pp. 95 – 100.

化推荐算法之外，过滤气泡在多种因素的相互作用下也会出现，其中情境因素和个人因素都有影响。① 尽管个性化推荐系统有可能削弱用户接触到的信息的多样性，不过，那些实际阅读了推荐给他们的内容的用户受到信息窄化的影响较低，并且对那些条目的评价也更积极。② 而有关信息偶遇的研究也表明，个人因素如性别、专业、学历、职业会对网络信息偶遇发生的概率、个人行为及认知造成影响。③ 用户自身的特点也和获得的信息偶遇有关：推特用户的年龄及其在使用中表现出来的特点与他们是否认为推特是一个具有信息偶遇的数字环境有较强的相关性。④ 因此，在探讨过滤气泡的时候，不仅要考虑个性化推荐系统算法带来的影响，同时还需考虑用户的个人因素。前人的研究也指出了这个问题，即要去研究用户对个性化推荐抱着何种态度，影响他们态度、行为的因素有哪些。⑤⑥⑦⑧⑨⑩ 个人因素可能对过滤气泡起到调节的作用。因此提出：

---

① Liao, Q. V., Fu, W. T., Beyond the filter bubble: Interactive effects of perceived threat and topic involvement on selective exposure to information, In *Proceedings of the SIGCHI conference on human factors in computing systems*, ACM, 2013, pp. 2359 – 2368.

② Nguyen, T. T., Hui, P. M., Harper, F. M., et al., Exploring the filter bubble: the effect of using recommender systems on content diversity, *Proceedings of the 23rd international conference on World Wide Web*, ACM, 2014, pp. 677 – 686.

③ 杜雪、刘春茂：《网络信息偶遇影响因素个性特征的调查实验研究》，《图书情报工作》2015 年第 11 期。

④ McCay-Peet, L., Quan-Haase, A., The Influence of Features and Demographics on the Perception of Twitter as a Serendipitous Environment, In *Proceedings of the 27th ACM Conference on Hypertext and Social Media*, ACM, 2016, pp. 333 – 335.

⑤ Kalyanaraman, S., Sundar, S. S., The psychological appeal of personalized content in web portals: does customization affect attitudes and behavior? *Journal of Communication*, 2006, 56 (1): 110 – 132.

⑥ Hill, R. S., Troshani, I., Factors influencing the adoption of personalisation mobile services: empirical evidence from young Australians, *International Journal of Mobile Communications*, 2010, 8 (2): 150 – 168.

⑦ Sundar, S. S., Marathe, S. S., Personalization versus customization: The importance of agency, privacy, and power usage, *Human Communication Research*, 2010, 36 (3): 298 – 322.

⑧ Kormelink, T. G., Meijer, I. C., Tailor-Made News: Meeting the demands of news users on mobile and social media, *Journalism Studies*, 2014, 15 (5): 632 – 641.

（转下页）

RQ2：对于个性化新闻推荐系统的用户而言，与过滤气泡有关的个人因素有哪些？

根据过滤气泡的两个维度，该问题可进一步分为：

RQ2－1：影响个性化新闻推荐系统用户信息多样性的个人因素有哪些？

RQ2－2：影响个性化新闻推荐系统用户信息偶遇的个人因素有哪些？

前人的研究成果也表明，个人的信息多样性、信息偶遇或与人口统计特征有关。一项针对"今日头条"用户的调查发现，传统意义上的信息弱势群体（女性、农村人、年龄大、受教育程度低）与信息优势群体（即男性、城市人、年轻、受教育程度高）相比，两者之间存在算法新闻的使用差异和可见内容差异。①周葆华对算法推荐类 App 使用情况的调查发现，年龄、受教育程度对算法推荐类 App 的使用具有显著影响，特定的职业群体（如工人）在使用算法推荐类 App 方面相对其他职业群体存在显著滞后；就地区而言，与"北上广深"相比，地级市与县级及以下地区在使用算法推荐类 App（尤其是天天快报、趣头条、快手与抖音）方面反而程度更高。②年龄（正向）、性别（男性）与所接触的新闻来源的数量有关，因而更易受到过滤气泡的影响。③ 在信息

（接上页）

⑨ Kobsa, A., Cho, H., Knijnenburg, B. P., The effect of personalization provider characteristics on privacy attitudes and behaviors: An Elaboration Likelihood Model approach, *Journal of the Association for Information Science and Technology*, 2016. doi: 10.1002/asi.23629.

⑩ Sela, M., Lavie, T., Inbar, O., et al., Personalizing news content: An experimental study, *Journal of the Association for Information Science and Technology*, 2015, 66 (1): 1–12.

① 杨洸、佘佳玲：《算法新闻用户的数字鸿沟：表现及影响》，《现代传播——中国传媒大学学报》2020 年第 42 卷第 4 期。

② 周葆华：《算法推荐类 APP 的使用及其影响——基于全国受众调查的实证分析》，《新闻记者》2019 年第 12 期。

③ Sindermann, C., Elhai, J. D., Moshagen, M., et al., Age, gender, personality, ideological attitudes and individual differences in a person's news spectrum: how many and who might be prone to "filter bubbles" and "echo chambers" online? *Heliyon*, 2020, 6 (1): e3214.

偶遇方面，研究发现理科类专业、在职人员更容易发生信息偶遇；男性、大专学历人员更偏向于关注偶遇的信息并且选择分享、保存、使用；理科专业用户在网络浏览中或者在网络交流中更易发生信息偶遇。① 这表明不同人口统计特征的用户在个性化新闻推荐系统的使用上可能存在一定的差异，使用上的差异或将导致他们在过滤气泡上的差异，以及可能由此形成由推荐算法所导致的"算法新闻鸿沟"，故提出：

RQ3：不同人口统计特征的个性化新闻推荐系统用户群体是否存在"算法新闻鸿沟"？

"算法新闻鸿沟"源于数字鸿沟（Digital Divide）。在互联网发展进程中，数字鸿沟问题受到了全球研究者的关注。数字鸿沟是指在信息时代因地域、收入、教育水平和种族等原因而形成的在数字化技术掌握和运用方面的差异，以及由此导致的不同群体在社会中面临的不平等现象。② 数字鸿沟可分为第一道数字鸿沟（接触沟）、第二道数字鸿沟（使用沟）以及第三道数字鸿沟（即由于对数字技术的接触与使用上的差异而所造成的不平等现象）。随着移动互联网的普及，国外的学者将研究视角转向移动设备，提出了有别于数字鸿沟的"移动数字鸿沟"。闫慧、张钰浩与韩蕾倩梳理了国外关于移动数字鸿沟的研究进展，归纳出移动数字鸿沟的四个维度，分别是接入鸿沟、技能鸿沟、采纳鸿沟和使用效果鸿沟，与过去数字鸿沟研究有所不同的是，移动数字鸿沟的重点在于采纳与使用质量方面的差异；她们还归纳出八类移动数字鸿沟的影响因素，其中人口统计因素受到国外学者的关注最多，具体包括：性别、年龄、职业、居住区、婚姻状况、家庭结构、种族、国家。③ 而算法作为移动互联

---

① 杜雪、刘春茂：《网络信息偶遇影响因素个性特征的调查实验研究》，《图书情报工作》2015 年第 11 期。
② 彭兰：《网络传播概论》（第四版），中国人民大学出版社 2017 年版，第 343 页。
③ 闫慧、张钰浩、韩蕾倩：《移动数字鸿沟研究进展》，《图书情报工作》2021 年第 22 期。

网信息传播中的隐形主导机制，重要性日益凸显，其千人千面的信息推送方式有可能导致不同社会群体的信息接触和使用形成差异，进而造成不平等的后果。杨洸与佘佳玲发现中国算法新闻用户群体中存在"使用沟"与"内容沟""使用沟"与"内容沟"存在于传统意义上的信息弱势群体（即女性、农村人、年龄大、受教育程度低）与信息优势群体之间，尤其是性别和年龄；在使用上，中壮年用户表现出最高的算法新闻使用热情，高于中老年用户和青年用户；在"内容沟"上，社会经济地位影响较大；对算法新闻获益感知不同的群体呈现出"使用沟"。[①] 然而，算法新闻用户群体中是否存在过滤气泡程度上的差异，即接触到的信息多样性和信息偶遇是否存在鸿沟，这在上述研究中未曾进行探讨。因此，作者根据中国社会典型的人口统计特征（性别、年龄、受教育程度、收入、职业）对推荐算法新闻用户群体进行划分，探讨不同人口特征的用户群体中是否存在算法新闻鸿沟现象。结合研究主题，笔者认为个性化新闻推荐算法所造成的鸿沟可能表现在使用沟（使用时间的长短）、内容沟（接触到的内容差异）、感知沟（用户对个性化推荐新闻的感知）、信息多样性、信息偶遇这五个变量上。故将 RQ3 进一步分为以下五个研究问题：

RQ3-1：不同人口统计特征的个性化新闻推荐系统用户群体的使用时间是否存在显著差异？

RQ3-2：不同人口统计特征的个性化新闻推荐系统用户群体接触的内容是否存在显著差异？

RQ3-3：不同人口统计特征的个性化新闻推荐系统用户群体对个性化推荐新闻的感知是否存在显著差异？

RQ3-4：不同人口统计特征的个性化新闻推荐系统用户群体的

---

① 杨洸、佘佳玲：《算法新闻用户的数字鸿沟：表现及影响》，《现代传播——中国传媒大学学报》2020 年第 42 卷第 4 期。

信息多样性是否存在显著差异？

RQ3-5：不同人口统计特征的个性化新闻推荐系统用户群体的信息偶遇是否存在显著差异？

另外，如上一章所述，不同的研究结论或许是因平台而异，需结合中国互联网的具体实践来展开研究。国内目前个性化新闻推荐平台以"今日头条""天天快报"等移动端个性化推荐新闻资讯应用程序为主，它们的特征是需要用户下载安装应用程序才能使用，因而用户对于使用与否掌握主动权。除此之外，还有一些互联网公司在旗下的浏览器或搜索引擎中加载了个性化新闻推荐的模块，例如百度搜索、UC 浏览器、QQ 浏览器，等等。其特点就是完全依托于浏览器和搜索页面，是作为浏览器和搜索页面的附加服务而存在的，不需要用户主动下载安装，只要用户使用浏览器或搜索页面，就会接触到这种个性化信息推送服务，用户在使用过程中有一定的被动性。尽管该模块中显示的内容也往往来自同家公司推出的新闻资讯类产品，例如 UC 浏览器推荐的内容来源于"UC 头条"，QQ 浏览器推荐的内容来自"腾讯新闻"，百度搜索下的新闻资讯来自"百度新闻"等，但两者的用户使用模式是不同的。笔者分别将这两种类型的个性化推荐命名为应用型和模块型。前者是一个独立的移动端 App，相对封闭，有利于延长用户浏览时间，维系用户黏性；而后者则是加载到搜索引擎或浏览器中的模块，作为一种附加的功能或服务，它往往不是用户浏览的主要目标，并且浏览过程中用户的注意力也比较涣散，比较难以吸引用户持续的、高度的关注。可以推测，应用型可能比模块型更容易使用户陷于过滤气泡，因而笔者提出以下研究问题：

RQ4：两类个性化新闻推荐系统产生的过滤气泡是否有显著差异？

具体而言，可分为：

RQ4-1：两类个性化新闻推荐系统的信息多样性是否有显著差异？

RQ4-2：两类个性化新闻推荐系统的信息偶遇是否有显著差异？

4.2 研究假设

为了回答 RQ2，即哪些个人因素可能与过滤气泡有关，笔者根据已有的研究成果归纳出如下各类因素，并提出相应的假设。

4.2.1 用户对个性化新闻推荐系统的使用与感知

上一章已列举了大量研究表明个性化推荐算法可能会导致过滤气泡，参见 Bozdag（2011）、Beam（2014）、Nguyen et al.，（2014）、Dylko（2016）、Dylko et al.，（2018）、Bryant（2020）、Grossetti（2021）、Kim et al.，（2021）、Kirdemir & Agarwal（2022）等人的研究，第三章 3.3.3 中已有文献综述，此处不再赘述。还有国内的研究表明，每天使用"今日头条"时间越长的用户，越容易接收到同一主题的内容推荐，且"今日头条"上的新闻观点越与自身观点一致。[①] 因此可根据过滤气泡的两个维度，提出如下假设：

H1：个性化新闻推荐系统的使用时间与用户的信息多样性负相关。

H2：个性化新闻推荐系统的使用时间与用户的信息偶遇负相关。

用户感知会对个性化推荐系统的使用产生影响。感知的愉悦感和有用性是预测用户是否会使用个性化推荐的两个最重要因素。[②] 感知算法新闻真实性、重要性、趣味性和接近性比较高的用户，会更频繁地使用平台上的新闻浏览、在线社交和内容生产功能。[③] 所以，

[①] 杨洸、佘佳玲：《新闻算法推荐的信息可见性、用户主动性与信息茧房效应：算法与用户互动的视角》，《新闻大学》2020 年第 2 期。

[②] Hill, R. S., Troshani I. Factors influencing the adoption of personalisation mobile services: empirical evidence from young Australians, *International Journal of Mobile Communications*, 2010, 8 (2): 150-168.

[③] 杨洸、佘佳玲：《算法新闻用户的数字鸿沟：表现及影响》，《现代传播——中国传媒大学学报》2020 年第 42 卷第 4 期。

如果用户认为来自个性化推荐的信息是重要的、可信的、能获得满足感,那么可能会对该信源投入更多时间,减少从其他信源获取信息,这意味着可能对于接触到的信息多样性和信息偶遇会带来消极的影响;反之,则用户越可能会寻求其他信源的信息补充,因而提出假设:

H3:用户感知的信息重要性与信息多样性负相关。

H4:用户感知的信息重要性与信息偶遇负相关。

H5:用户感知的信息可信度与信息多样性负相关。

H6:用户感知的信息可信度与信息偶遇负相关。

H7:用户的满足感与信息多样性负相关。

H8:用户的满足感与信息偶遇负相关。

4.2.2 其他信源的接触与使用

用户获取新闻的模式与过滤气泡有关。[①] 互联网用户生活在一个极其丰富的信息传播环境中,通过多种来源获取信息。卡斯特认为,在网络社会中,人际传播、大众传播和大众自我传播这三种传播形式是共同存在、互相作用、互为补充的,而非互为替代的。[②] 韦伯斯特(Webster)等人通过对尼尔森电视和网络使用数据的研究发现,在 236 个媒体中,受众有相当高的重叠度,公众注意力是重叠交错的模式,而不是由忠诚的受众组成的分离的群体。[③] 在皮尤研究中心的调查中,59% 的受访者同时通过线上和线下的信息源来获取新闻。[④] 国内有研究表明,新闻资讯类 App(如今日头条、天天快报)

[①] Lee, J. K., Choi, J., Kim, C., et al., Social media, network heterogeneity, and opinion polarization, *Journal of Communication*, 2014, 64(4): 702-722.

[②] Castells, M., *Communication power*, OUP Oxford, 2013, p.55.

[③] Webster, J. G., Ksiazek, T. B., The dynamics of audience fragmentation: Public attention in an age of digital media, *Journal of communication*, 2012, 62(1): 39-56.

[④] Pew Research Center, Understanding the participatory news consumer, http://www.pewinternet.org/2010/03/01/understanding-the-participatory-news-consumer/, 2010-03-01.

的使用与新闻信息渠道多样性存在正向关系。① 这说明在互联网传播无孔不入的时代，传统的大众传播方式依然发挥着重要的作用，传统媒体上的内容相对于个性化推荐系统来说，呈现的内容种类更为丰富，题材更为广泛，受众通过传统媒体接触到的信息种类也更为随机，也许传统媒体可以作为一种补充性的信息来源，对过滤气泡起到调节作用。正如桑斯坦所阐述的，民主要求一定程度的共享经验，从这个意义上说，因特网是有害于民主的，因为它减少了人们的共享经验，使人们由此生活在他们自己意图的回声室中。② 相比之下，报纸能为几百万人提供一个共享的参考框架。在一个多样化的社会中，共同的经验起着一些有价值的功能，它提供了一种社会黏性。③ 相对而言，传统媒体对新闻价值的判断更多是以公共利益为出发点，而个性化推荐系统的筛选标准则是以个人喜好为重。因而可以推测，如果个性化推荐系统的用户能更多地参考来自传统媒体的信息，应有助于克服过滤气泡的消极影响，因而提出假设：

H9：用户的报纸杂志使用时间与信息多样性正相关。

H10：用户的报纸杂志使用时间与信息偶遇正相关。

H11：用户的广播电视使用时间与信息多样性正相关。

H12：用户的广播电视使用时间与信息偶遇正相关。

就目前国内的信息传播现状而言，除了个性化新闻推荐系统之外，网民还可能会通过综合性新闻网站及其客户端（如人民网、新华网、腾讯新闻、网易新闻、凤凰新闻、澎湃新闻等）、社交媒体（新浪微博、微信朋友圈和订阅的公众号）来获知每天发生的新闻。中国互联网络信息中心（CNNIC）于 2017 年 1 月发布的《2016 年中

---

① 周葆华：《算法推荐类 APP 的使用及其影响——基于全国受众调查的实证分析》，《新闻记者》2019 年第 12 期。

② ［美］桑斯坦：《网络共和国：网络社会中的民主问题》，黄维明译，上海人民出版社 2003 年版，第 146 页。

③ ［美］桑斯坦：《网络共和国：网络社会中的民主问题》，黄维明译，上海人民出版社 2003 年版，第 148 页。

国互联网新闻市场研究报告》指出，通过手机上网浏览新闻的网民占比达到 90.7%，在这些手机网民中，有 74.6% 的人以微信作为浏览新闻的入口，有 35.6% 的人是通过微博，35.2% 的人是通过新闻客户端。① 这说明对于中国网民来说，上述三种平台是获取网络新闻的重要入口。这三种平台各有特点，综合性新闻网站及其客户端是专业性较强的媒体平台；社交媒体平台依赖于用户之间的互动，特点是以用户为核心，用户把关、用户策展是社交媒体平台资讯的特点；个性化新闻推荐系统则是由互联网公司在综合了多个信源的资讯的基础上为用户提供的信息聚合分发服务。相对于个性化新闻推荐服务来说，综合性新闻网站及其客户端提供了来自更多媒体、题材更为综合和全面的信息，或将作为有益补充，使人不至于局限在自我的"气泡"之内，因此可提出如下假设：

H13：用户的综合性新闻网站及其客户端的使用时间与信息多样性正相关。

H14：用户的综合性新闻网站及其客户端的使用时间与信息偶遇正相关。

微博和微信的资讯虽然也可作为信源上的补充，但是考虑到微博呈现出一定的信息茧房效应，② 而微信是一种相对封闭的新媒体，用户获知的信息或是来自主动订阅的公众号，或是经过与自身有某种共同性的好友用户的转发分享，容易形成回声室效应。因此，这两种社交媒体都可能增强个性化推荐中的过滤气泡，故假设：

H15：用户的新浪微博使用时间与信息多样性负相关。

H16：用户的新浪微博使用时间与信息偶遇负相关。

---

① 中国互联网络信息中心：《2016 年中国互联网新闻市场研究报告》，http：//www.cnnic.cn/hlwfzyj/hlwxzbg/mtbg/201701/P020170112309068736023.pdf，2017 - 01 - 11。

② 参见彭晓晓《信息时代下的认知茧房》，硕士学位论文，浙江大学，2014 年；杨慧《微博的"信息茧房"效应研究》，硕士学位论文，湖南师范大学，2014 年。

H17：用户的微信朋友圈及公众号使用时间与信息多样性负相关。

H18：用户的微信朋友圈及公众号使用时间与信息偶遇负相关。

4.2.3 个人所处的网络异质化/同质化程度

研究表明，个人所处的社交网络的结构将会影响过滤气泡。比如佩拉（Perra）等人通过观点动力学模型的研究个性化推荐算法，发现过滤气泡效应在具有拓扑和空间相关性的网络中得到了加强，出现了回声室和极化的现象，而连接模式中的异质性将会降低这种趋势。① 李卫东与彭静从社会网络分析的视角进行研究，发现个体网络和整体网络的结构与回声室效应有显著的相关关系，多中心网络更利于意见交换，不易形成意见强化现象。② 移动传播技术与政治参与之间的关系会受到个人网络的规模和个人网络异质性的调节作用的影响。③ 如果个人处在思想同质化的保守主义媒体下，态度会变得更加极端，而在保守主义和自由主义混合的条件下，被试没有显著的态度改变。④ 加勒特（Garrett）等人通过实验发现，用户对与自身态度一致或相反的信息的行为倾向因党派而异——比起其他党派的人，共和党人显著地更多地回避与自身态度相反的信息。⑤ 科莱奥尼（Colleoni）等人进一步研究了这种党派差异，他们通过推特的用户数据发现，共和党人和民主党人的政治同质化结构不一样：总体上民主党人政治同质化程度较高，但是关注了共和党官方账号的共和

---

① Perra, N., Rocha, L. E. C., Modelling opinion dynamics in the age of algorithmic personalisation, *Scientific Reports*, 2019, 9（1）：1–11.

② 李卫东、彭静：《社交网络平台信息传播的回声室效应仿真实验分析》，《现代传播——中国传媒大学学报》2019年第41卷第4期。

③ Campbell, S. W., Kwak, N., Political involvement in "mobilized" society: The interactive relationships among mobile communication, network characteristics, and political participation, *Journal of Communication*, 2011, 61（6）：1005–1024.

④ Warner, B. R., Segmenting the electorate: The effects of exposure to political extremism online, *Communication Studies*, 2010, 61（4）：430–444.

⑤ Garrett, R. K., Stroud, N. J., Partisan paths to exposure diversity: Differences in pro- and counterattitudinal news consumption, *Journal of Communication*, 2014, 64（4）：680–701.

党人表现出了更强的同质化程度。① 固然，西方社会的党派之争并不适用于中国，但这些研究反映出值得注意的一点：个人所处圈子的观念同质化/异质化程度会对个人的信息接触产生影响。

研究发现，在线政治讨论和在线新闻接触对网上政治讨论网络的异质性有着微小却显著的影响。② 政治讨论频率是寻求异质讨论网络的关键因素，可打破过滤气泡。③ 社交媒体上支持性的、反对性的、综合性的信息的曝光都能被用户所处的线下网络结构及其社交媒体上的政治讨论的强度所解释。④ 这表明在研究个人所处网络的时候，应该同时考虑个人的线上、线下社交网络。

值得注意的是，有的研究者所采用的测量方式是将与观点一致的人讨论的频率进行反向编码，再将其和与观点不同的人讨论的频率相加，作为受访者所处的讨论网络的异质化程度的指标。⑤ 但是在现实生活中，与观点一致的人讨论的频率，和与观点不同的人讨论的频率，两者之间并不必然就是此消彼长的关系。有必要去研究，与观点一致的人讨论，和与观点不同的人讨论，这两类不同的讨论对于个人接触到的信息有何影响。可以推测，若与观点不同的人经常讨论，或能接触到更为多样化的信息或观点，也会有较大可能获

---

① Colleoni, E., Rozza, A., Arvidsson, A., Echo chamber or public sphere? Predicting political orientation and measuring political homophily in Twitter using big data, *Journal of Communication*, 2014, 64 (2): 317-332.

② Brundidge, J., Encountering "difference" in the contemporary public sphere: The contribution of the Internet to the heterogeneity of political discussion networks, *Journal of Communication*, 2010, 60 (4): 680-700.

③ Strauβ, N., Alonso-Muñoz, L., de Zúñiga, H. G., Bursting the filter bubble: the mediating effect of discussion frequency on network heterogeneity, *Online Information Review*, 2020, 44 (6): 1161-1181.

④ Vaccari, C., Valeriani, A., Barberá, P., et al., Of Echo Chambers and Contrarian Clubs: Exposure to Political Disagreement Among German and Italian Users of Twitter, *Social Media + Society*, 2016, doi: 10.1177/2056305116664221.

⑤ Kim, Y., Hsu, S. H., de Zúñiga, H. G., Influence of social media use on discussion network heterogeneity and civic engagement: The moderating role of personality traits, *Journal of Communication*, 2013, 63 (3): 498-516.

得信息偶遇；而总是与观点一致的人讨论，接触到的信息或观点的多样化程度也会相对比较有限，获得信息偶遇的可能性也会比较低。与观点不同的人讨论可反映个人所处网络的异质化程度，而与观点一致的人讨论可反映个人所处网络的同质化程度，故提出：

H19：用户所处网络异质化程度与信息多样性正相关。

H20：用户所处网络异质化程度与信息偶遇正相关。

H21：用户所处网络同质化程度与信息多样性负相关。

H22：用户所处网络同质化程度与信息偶遇负相关。

4.2.4 寻求信息多样化的价值观

前人研究指出，大多数反过滤气泡工具都致力于使人"倾听另一边的声音"，[1] 用户是否能够暴露在与已有观念或立场相反的信息环境中是决定过滤气泡的一大条件。而能否暴露在这种具有挑战性的信息环境中，用户自身的选择发挥着较大的作用。正如研究发现，有人对于挑战已有观念的信息是厌恶的，而有人更喜欢包含了不同观念的信息。[2][3] 尽管相对于和自己态度立场不一致的信息，人们会更喜欢和自己态度立场一致的信息；[4] 在实验中，即使是在网页的两边呈现相反的信息，人们依然会优先选择增强他们已有态度的信息，[5] 但是

---

[1] Bozdag, E., van den Hoven, J., Breaking the filter bubble: democracy and design, *Ethics and Information Technology*, 2015, 17 (4): 249 – 265.

[2] Resnick, P., Garrett, R. K., Kriplean, T., et al., Bursting your (filter) bubble: strategies for promoting diverse exposure, In *Proceedings of the 2013 conference on Computer supported cooperative work companion*, ACM, 2013, pp. 95 – 100.

[3] Munson, S. A., Resnick, P., Presenting diverse political opinions: How and how much, In *Proceedings of the SIGCHI conference on human factors in computing systems*, ACM, 2010, pp. 1457 – 1466.

[4] Winter, S., Metzger, M. J., Flanagin, A. J., Selective Use of News Cues: A Multiple-Motive Perspective on Information Selection in Social Media Environments, *Journal of Communication*, 2016, 66 (4): 669 – 693.

[5] Liao, Q. V., Fu, W. T., Beyond the filter bubble: Interactive effects of perceived threat and topic involvement on selective exposure to information, In *Proceedings of the SIGCHI conference on human factors in computing systems*, ACM, 2013: 2359 – 2368.

人们这种对于顺应自己的态度立场的信息的偏好，不等同于对反对自己的态度立场的信息的厌恶，两者是有所区别的。① 寻求相似来源的新闻也并不需要回避相反的来源，增加与其观念一致的信息的曝光，并不是以牺牲与其他观点的接触为前提。② 没有证据表明人们会因为新闻中含有与他们态度立场不同的信息而放弃阅读。③ 有关研究表明，并不是每一个新闻消费者都严格按照自己的立场态度来获取信息。④⑤ 个人对于增强已有观念和挑战已有观念的信息的态度会导致不同的结果：寻求增强已有观念的信息对于个人线上政治信息的曝光扮演着非常重要的角色，加勒特通过追踪网上的行为，发现增强已有观念的信息促进了对新内容的曝光，而与观念相冲突的信息带来的曝光只有轻微的可能性，⑥ 这在无形中造成了信息窄化。但是，如果用户决定去阅读一则挑战已有观念的信息，对该则信息的厌恶感反而会消失。⑦ 而具体到用户个人身上，曼森等研究者指出，有些人寻求意见的多样性，而有些人对于挑战自己已有观念的信息是感到厌恶的，这两类不同的读者对于增强已有观念的信息的反应是不一样的。⑧ 金

---

① Garrett, R. K., Stroud, N. J., Partisan paths to exposure diversity: Differences in pro-and counterattitudinal news consumption, *Journal of Communication*, 2014, 64 (4): 680 – 701.

② Garrett, R. K., Politically motivated reinforcement seeking: Reframing the selective exposure debate, *Journal of Communication*, 2009, 59 (4): 676 – 699.

③ Garrett, R. K., Echo chambers online: Politically motivated selective exposure among Internet news users, *Journal of Computer-Mediated Communication*, 2009, 14 (2): 265 – 285.

④ Brundidge, J., Encountering "difference" in the contemporary public sphere: The contribution of the Internet to the heterogeneity of political discussion networks, *Journal of Communication*, 2010, 60 (4): 680 – 700.

⑤ Gentzkow, M., Shapiro, J. M., Ideological segregation online and offline, *The Quarterly Journal of Economics*, 2011, 126 (4): 1799 – 1839.

⑥ Garrett, R. K., Echo chambers online: Politically motivated selective exposure among Internet news users, *Journal of Computer-Mediated Communication*, 2009, 14 (2): 265 – 285.

⑦ Garrett, R. K., Echo chambers online: Politically motivated selective exposure among Internet news users, *Journal of Computer-Mediated Communication*, 2009, 14 (2): 265 – 285.

⑧ Munson, S. A., Resnick, P., Presenting diverse political opinions: How and how much, In *Proceedings of the SIGCHI conference on human factors in computing systems*, ACM, 2010, pp. 1457 – 1466.

（Kim）与帕塞克（Pasek）的调查表明差不多一半的受访者或是没有寻求信息多样化的价值观，或是未能实现他们所表达的信息多样化的价值观，在政治选举中，有寻求信息多样化的价值观的个人在政治上知识更丰富，更可能为选举投票。① 因此可以推测，是否能够暴露在反对性的信息环境中，除了个性化推荐系统的因素之外，个人是否具有寻求信息多样化价值观也是一个重要因素。寻求信息多样化价值观较强的人可能具有更加开放包容的心态，使他们更容易发现和接触新事物，故形成研究假设：

H23：个人寻求信息多样化价值观与信息多样性正相关。

H24：个人寻求信息多样化价值观与信息偶遇正相关。

4.2.5 兴趣

在戴尔柯归纳的个性化推荐系统中，有三类因素对用户的选择性曝光会有影响，其中就包括高度的政治兴趣，它能助长用户对强化自身态度的信息的偏好。② 理论上认为，选择性曝光与过滤气泡有关。③ 可以推测，在一个能够有效发挥作用的个性化推荐系统中，如果用户个人兴趣广泛，其涉猎也会比较广，将可能接触到更加多样化的信息，信息偶遇也更加可能发生。如果用户只对自己关注的某些领域感兴趣，那么接触到的信息多样性也会相对较低，信息偶遇发生的可能性也会比较低。因此推测，个人兴趣的广泛程度或许与过滤气泡有关，故提出假设：

H25：用户兴趣多样性与信息多样性正相关。

---

① Kim, D. H., Pasek, J., Explaining the Diversity Deficit Value-Trait Consistency in News Exposure and Democratic Citizenship, *Communication Research*, 2016, doi: 10.1177/0093650216644647.

② Dylko, I. B., How Technology Encourages Political Selective Exposure, *Communication Theory*, 2016, 26（4）: 389-409.

③ Liao, Q. V., Fu, W. T., Beyond the filter bubble: Interactive effects of perceived threat and topic involvement on selective exposure to information, In *Proceedings of the SIGCHI conference on human factors in computing systems*, ACM, 2013, pp. 2359-2368.

H26：用户兴趣多样性与信息偶遇正相关。

4.2.6 个人隐私保护知识和行为

个性化推荐与用户隐私之间存在矛盾。[1] 因为算法的运作是以海量的用户数据为基础的，这些数据涉及用户的隐私，有可能造成侵犯用户隐私的后果。用户掌握的关于算法的知识会影响他们对推荐系统的使用。[2] 如果用户拥有一定的隐私保护知识，会有意识地回避个性化推荐系统对个人隐私信息的收集，那么算法作出的推荐就会相对不太精准，从另一个角度来看推荐欠精准反而可能带来更为多样化的信息和更多信息偶遇，故有如下假设：

H27：用户的隐私保护知识与信息多样性正相关。

H28：用户的隐私保护知识与信息偶遇正相关。

不过，用户在隐私保护方面未必知行合一。关于个性化推荐广告的研究发现，部分用户即使感知个性化推荐广告是在侵犯自己的隐私，但是，由于他们认为自身的抵抗行为并不会改变现状，故仍然采取消极的方式应对。[3] 所以，用户的隐私保护知识与隐私保护行为应分开讨论。有理由推测，如果用户采取了一定的隐私保护行为，例如使用反跟踪程序防止个性化推荐系统暗中收集个人信息，那么同样有可能造成推荐欠精准，而个人受到过滤气泡负面影响的可能性也会比较低，故提出如下假设：

H29：用户的隐私保护行为与信息多样性正相关。

H30：用户的隐私保护行为与信息偶遇正相关。

---

[1] Awad, N. F., Krishnan, M. S., The personalization privacy paradox: An empirical evaluation of information transparency and the willingness to be profiled online for personalization, *MIS Quarterly*, 2006, 30 (1): 13-28.

[2] Blom, J., A theory of personalized recommendations, *Extended Abstracts of the CHI 2002 Conference on Human Factors in Computing Systems*, New York, NY, 2002, pp. 540-541.

[3] 倪宁、徐智、杨莉明：《复杂的用户：社交媒体用户参与广告行为研究》，《国际新闻界》2016年第10期。

4.2.7 人格特质

一些研究表明，人格特质与信息接触有关。基于美国全国的调查数据发现，社交媒体的使用对用户所处的讨论网络的异质性和参与公民活动有影响，而人格特质的两大维度：外向（extraversion）以及经验开放（openness to experience）在其中发挥调节作用。社交媒体在增进网络异质性和公民参与中所起的作用对于内向的、不太开放的个人来说更为明显。[①] 还有研究表明，经验开放与用户所接触的新闻来源的数量有关，越是经验开放的人，越不易受到过滤气泡的影响。[②] 可以推测，拥有外向和经验开放心态的人，涉猎的范畴可能会比较广，从而接触到的信息的多样性可能会比较高。

而有关信息偶遇的研究表明，外向和经验开放的性格能增加对意外事件的接受程度。[③] 大部分信息偶遇者的个性中都会有以下共性：强洞察力、好奇、灵活思维、执着，[④] 这些共性大部分属于外向性格，外向的性格会增加对意外信息的接受度。[⑤] 有些研究者虽也发现外向性格的人更容易获得信息偶遇，但是却认为经验开放的性格特质与信息偶遇无关或更不容易感受到信息偶遇。[⑥][⑦] 综合上述文献

---

① Kim, Y., Hsu, S. H., de Zúñiga, H. G., Influence of social media use on discussion network heterogeneity and civic engagement: The moderating role of personality traits, *Journal of Communication*, 2013, 63 (3): 498–516.

② Sindermann, C., Elhai, J. D., Moshagen, M., et al., Age, gender, personality, ideological attitudes and individual differences in a person's news spectrum: how many and who might be prone to "filter bubbles" and "echo chambers" online? *Heliyon*, 2020, 6 (1): e3214.

③ Pickering, A. D., Gray, J. A., Dopamine, appetitive reinforcement, and the neuropsychology of human learning: An individual differences approach, In A. Eliasz & A. Angleitner (Eds.), *Advances in individual differences research. Lengerich*, Germany: PABST Science Publishers, 2001, pp. 113–149.

④ Roberts, R. M., Serendipity: Accidental discoveries in science, New York: John Wiley and Sons, 1989. 转引自潘曙光《信息偶遇研究》，硕士学位论文，西南大学，2010年。

⑤ 潘曙光：《信息偶遇研究》，硕士学位论文，西南大学，2010年。

⑥ Heinström, J., Psychological factors behind incidental information acquisition, *Library & Information Science Research*, 2007, 28 (4): 579–594.

（转下页）

的讨论，笔者认为，经验开放是一种对外部世界保持开放心态的性格特质，应更易于通过个性化推荐系统接触到多样化的信息以及获得信息偶遇，从而作出如下假设：

H31：用户的外向程度与信息多样性正相关；

H32：用户的外向程度与信息偶遇正相关；

H33：用户的经验开放程度与信息多样性正相关；

H34：用户的经验开放程度与信息偶遇正相关。

4.3 本章小结

综合前面两章的讨论，可发现已有的研究往往聚焦于平台、算法、数据集，而忽视了用户与算法的互动。本章从用户的角度，探讨了个性化推荐新闻与过滤气泡之间的关系，提出了4个研究问题及其11个子研究问题：

RQ1：个性化推荐系统的使用是否导致过滤气泡？

RQ1-1：个性化推荐系统的使用是否降低用户接触到的信息多样性？

RQ1-2：个性化推荐系统的使用是否减少了用户的信息偶遇？

RQ2：对于个性化新闻推荐系统的用户而言，与过滤气泡有关的个人因素有哪些？

RQ2-1：影响个性化新闻推荐系统用户信息多样性的个人因素有哪些？

RQ2-2：影响个性化新闻推荐系统用户信息偶遇的个人因素有哪些？

（接上页）

⑦ McCay-Peet, L., Toms, E. G., Kelloway, E. K., Examination of relationships among serendipity, the environment, and individual differences, *Information Processing & Management*, 2015, 51 (4): 391-412.

RQ3：不同人口统计特征的个性化新闻推荐系统用户群体是否存在"算法新闻鸿沟"？

RQ3-1：不同人口统计特征的个性化新闻推荐系统用户群体的使用时间是否存在显著差异？

RQ3-2：不同人口统计特征的个性化新闻推荐系统用户群体接触的内容是否存在显著差异？

RQ3-3：不同人口统计特征的个性化新闻推荐系统用户群体对个性化推荐新闻的感知是否存在显著差异？

RQ3-4：不同人口统计特征的个性化新闻推荐系统用户群体的信息多样性是否存在显著差异？

RQ3-5：不同人口统计特征的个性化新闻推荐系统用户群体的信息偶遇是否存在显著差异？

RQ4：两类个性化新闻推荐系统产生的过滤气泡是否有显著差异？

RQ4-1：两类个性化新闻推荐系统的信息多样性是否有显著差异？

RQ4-2：两类个性化新闻推荐系统的信息偶遇是否有显著差异？

基于RQ2，本章还探讨了哪些个人因素可能与过滤气泡有关。在结合有关文献的综述与推理论证的基础上，笔者从用户的感知、不同类型的媒体使用时间、价值观、兴趣、个人性格特质、隐私保护等方面提出了可能产生影响的因素，形成了如下34条研究假设：

H1：个性化新闻推荐系统的使用时间与用户的信息多样性负相关。

H2：个性化新闻推荐系统的使用时间与用户的信息偶遇负相关。

H3：用户感知的信息重要性与信息多样性负相关。

H4：用户感知的信息重要性与信息偶遇负相关。

H5：用户感知的信息可信度与信息多样性负相关。

H6：用户感知的信息可信度与信息偶遇负相关。

H7：用户的满足感与信息多样性负相关。

H8：用户的满足感与信息偶遇负相关。

H9：用户的报纸杂志使用时间与信息多样性正相关。

H10：用户的报纸杂志使用时间与信息偶遇正相关。

H11：用户的广播电视使用时间与信息多样性正相关。

H12：用户的广播电视使用时间与信息偶遇正相关。

H13：用户的综合性新闻网站及其客户端的使用时间与信息多样性正相关。

H14：用户的综合性新闻网站及其客户端的使用时间与信息偶遇正相关。

H15：用户的新浪微博使用时间与信息多样性负相关。

H16：用户的新浪微博使用时间与信息偶遇负相关。

H17：用户的微信朋友圈及公众号使用时间与信息多样性负相关。

H18：用户的微信朋友圈及公众号使用时间与信息偶遇负相关。

H19：用户所处网络异质化程度与信息多样性正相关。

H20：用户所处网络异质化程度与信息偶遇正相关。

H21：用户所处网络同质化程度与信息多样性负相关。

H22：用户所处网络同质化程度与信息偶遇负相关。

H23：个人寻求信息多样化价值观与信息多样性正相关。

H24：个人寻求信息多样化价值观与信息偶遇正相关。

H25：用户兴趣多样性与信息多样性正相关。

H26：用户兴趣多样性与信息偶遇正相关。

H27：用户的隐私保护知识与信息多样性正相关。

H28：用户的隐私保护知识与信息偶遇正相关。

H29：用户的隐私保护行为与信息多样性正相关。

H30：用户的隐私保护行为与信息偶遇正相关。

H31：用户的外向程度与信息多样性正相关。

H32：用户的外向程度与信息偶遇正相关。

H33：用户的经验开放程度与信息多样性正相关。

H34：用户的经验开放程度与信息偶遇正相关。

第五章将对上述研究问题和研究假设中涉及的概念的测量作详细阐释，通过第六至第八章的数据分析对上述研究问题作出回答，对上述研究假设进行检验，并对数据分析结果展开讨论。

第五章 研究设计

5.1 研究方法及其实施

通过回顾文献可知,一些研究采用了实验法或运用计算传播学方法,通过模型来模拟个性化推荐算法产生的影响或验证过滤气泡是否存在,但是,实验法的局限性在于得出的结论无法推广;并且在实验室的条件下,被试被施加的刺激是一时的,而过滤气泡的影响是日积月累形成的长期效应,因而实验法不能很充分地解释用户是否受到了过滤气泡的影响。曼森等人指出,未来此方面的研究应该超越短期的测量,将重点放在长期研究上。[①] 还有研究者通过大数据、社会网络分析方法验证过滤气泡效应。这固然是值得借鉴的研究成果,然而忽略了个人因素在过滤气泡中的作用,并且往往局限于某个平台,未能考察用户在复杂多样的互联网信息环境中是否受过滤气泡所困。

为探讨用户个人层面的因素的作用,本研究采用的方法是问卷调查法。在社会学研究方法中,调查研究可用于描述性、解释性或

[①] Munson, S. A., Resnick, P., Presenting diverse political opinions: How and how much, In *Proceedings of the SIGCHI conference on human factors in computing systems*, ACM, 2010, pp. 1457–1466.

探索性的研究，通常以个体为研究单位。① 不同于上面提及的宏观层面的研究，本研究从微观的角度对过滤气泡进行研究，立足用户个体，通过对问卷调查收集到的数据进行统计分析来验证相关假设，有助于发现哪些个人因素与过滤气泡有关。

本项研究通过网络来实施问卷调查。网络新闻作为中国网民的三大应用之一，使用率达81.6%。② 因此通过网络平台来实施问卷调查，比起线下实施的调查，能够更为直接地触达网络新闻用户。本次调查采用的是自填式网络调查，其优势在于调查者可以相对比较快速地收集到所需数据，通过网站对问卷的填答进行设置，受访者的填答符合规范，减少随意填写的情况，有助于快速识别和剔除无效答卷，节省数据录入的时间和精力，同时，匿名的网络环境还可避免面对面调查中存在的访问员偏见（interviewer bias），鼓励受访者表达真实意见。

当然，自填式问卷调查的劣势也正体现在由于没有访问员在场，如果问卷中的问题使受访者感到无法理解或是无法回答，又或者对于选项感觉模棱两可无法抉择，他们也无法及时获得解释，可能会导致误答，影响调查结果的准确性。

为了尽可能避免这个问题，笔者在正式调查开始之前进行了一轮预调查。在综合了20位参加预调查的受访者的反馈意见的基础上，作者对本次调查所使用的问卷进行了修订，以确保调查问卷的跳题逻辑通顺，题目设置合理，没有受访者难以理解或是无法作答的题项，从而确定了正式版本的调查问卷。

网络调查最具争议的问题在于样本的代表性。为了克服样本代表性的问题，国外的研究者采取了如下方法：坎贝尔（Campbell）与夸

---

① ［美］巴比：《社会学研究方法》（第十一版），邱泽奇译，华夏出版社2009年版，第236页。

② 中国互联网络信息中心：《第38次中国互联网络发展状况统计报告》，http：//www.cnnic.net.cn/hlwfzyj/hlwxzbg/hlwtjbg/201608/P020160803367337470363.pdf，2016 - 08 - 03。

克（Kwak）在一个由愿意参加调查的50万人构成的邮寄式固定样本组里，根据用户的家庭收入、人口、年龄、性别和地区这五大变量选择了2218个邮寄问卷受访者，使得样本符合调查对象的人口统计特征。他们认为，这种分层配额抽样的方式和传统的概率抽样虽然不同，但是能够产生具有高度可比性的数据。① 杨（Yang）等人在对十个国家实施的调查中，有八个国家的数据来源于网络调查。他们在网站上招募愿意填答的人，然后从中进行二次抽样，使得抽出的子样本和人口普查数据中的社会人口统计特征相匹配。为了进一步保证样本的代表性，他们在统计中把最终得到的数据和全国所有18岁以上的成年人的数据作了加权。他们认为，通过这种方式带来的抽样相当于传统概率抽样。② 国内的研究者也指出，如果用非概率样本估计总体，至少应通过事前配额或/和事后加权，使得样本特征尽可能与它所取自的总体的人口特征以及其他重要相关特征一致；如果能做到，则可以把这个非概率样本当作分层抽样的概率样本来使用。③

笔者参考借鉴了上述通过样本库进行二次抽样的抽样方式，即通过从样本库中抽出符合总体的人口统计特征的受访者来解决网络调查的样本代表性问题。本次调查以问卷星（https：//www.sojump.com）作为样本库。问卷星拥有一个超过260万人的样本库，平均每天超过100万人在问卷星平台上填写问卷，问卷星随机邀请其中部分人群加入样本库，样本库中的用户在性别、年龄、身份、地区分布上都比较合理。④ 问卷星保障问卷质量的方法包括：能够对有效样本进

---

① Campbell, S. W., Kwak, N., Political involvement in "mobilized" society: The interactive relationships among mobile communication, network characteristics, and political participation, *Journal of Communication*, 2011, 61 (6): 1005 – 1024.

② Yang, J. H., Rojas, H., Wojcieszak, M., et al., Why Are "Others" So Polarized? Perceived Political Polarization and Media Use in 10 Countries, *Journal of Computer-Mediated Communication*, 2016, 21 (5): 349 – 367.

③ 刘晓红、朱巧燕：《中国传播学问卷调查研究的现状与发展》，《新闻与传播研究》2015年第11期。

④ 问卷星：《样本服务》，https：//www.sojump.com/sample/service.aspx，2016 – 12 – 15。

行系统筛选和人工筛选，确保获得的样本来自目标人群；在问卷中增设常识题来判断受访者是否认真填写，只有认真填写的用户的答卷才被标记为有效问卷；调查者还可设置每个IP地址填写的次数。在本次调查中，笔者设置了每个IP地址只能填写一次，以确保问卷在回收过程中不被同一受访者重复填写提交。同时，问卷的末尾还设置了开放题，有过半的受访者写下了文字信息，这至少说明样本中的大部分个案都是真实的用户。

笔者使用了问卷星提供的样本回收服务。根据中国互联网络信息中心于2017年1月发布的《2016年中国互联网新闻市场研究报告》中所提到的互联网新闻用户特征，对问卷星的样本回收提出了如下要求：回收到的样本在性别、年龄、学历、收入、职业这五项人口特征上与中国互联网新闻用户的人口特征比较接近，各项比例相差不超过正负5%。问卷星于2017年1—2月间，一共回收问卷1522份。经过问卷星系统的筛选和笔者的人工筛选，一共排查出222份存在填答呈现规律性重复、选项前后矛盾、回答不合常理等问题的无效问卷，从而得到有效填写的问卷1300份。在这1300份问卷的基础上，笔者再进一步根据《2016年中国互联网新闻市场研究报告》中所提到的互联网新闻用户的性别、年龄、学历、收入、职业这五项人口特征来调整样本结构，使得研究所使用的样本的人口统计特征与中国互联网新闻用户结构大体接近，从而能够相对比较准确地反映总体情况，最终得到一个由1060份问卷构成的样本。

从表5.1和表5.2的对比可知，本研究所使用的1060份问卷的受访者的人口特征与中国互联网络中心公布的互联网新闻资讯网民的人口特征是比较接近的。从IP地址来看，这1060份问卷来自全国29个省、市、自治区，分布也相对合理，因此可以近似地把它当成概率抽样的样本来使用。

表 5.1　中国互联网络中心公布的互联网新闻资讯网民的
人口统计特征（2017 年 1 月）

人口特征		百分比（%）
性别	男	54.9
	女	45.1
	合计	100.0
年龄	24 岁及以下	37.9
	25—34 岁	26.0
	35—44 岁	22.8
	45 岁及以上	13.3
	合计	100.0
受教育程度	小学及以下	3.7
	初中	13.2
	高中/中专/技校	23.7
	大专	23.5
	大学本科	32.5
	硕士及以上	3.4
	合计	100.0
月收入	1000 元以下	15.6
	1001—3000 元	24.2
	3001—5000 元	33.4
	5001—10000 元	19.4
	10001—20000 元	5.3
	20000 元以上	2.0
	合计	100.0
职业	在校学生	10.7
	党政机关/事业单位领导干部	0.7
	党政机关/事业单位一般职员	5.3
	企业/公司高层管理人员	0.7
	企业/公司中层管理人员	3.1
	企业/公司一般职员	12.5
	专业技术人员	7.6

续表

人口特征		百分比（%）
职业	商业/服务业一般职工	5.5
	制造业/生产性企业一般职工	4.2
	个体户/自由职业者	26.1
	农村外出务工人员	3.4
	农民	6.8
	退休	4.0
	无业、下岗、失业	7.8
	其他	1.6
	合计	100.0

表5.2 本研究所使用样本的人口统计特征（N=1060）

人口特征		频次	百分比（%）
性别	男	581	54.8
	女	479	45.2
	合计	1060	100
年龄	24岁及以下	361	34.1
	25—34岁	299	28.2
	35—44岁	253	23.9
	45岁及以上	147	13.9
	合计	1060	100
受教育程度	小学及以下	20	1.9
	中学（包括初中、高中、中专和技校）	399	37.6
	大学（包括本科和大专）	587	55.4
	硕士/博士研究生	54	5.1
	合计	1060	100
月收入	1000元以下	119	10.8
	1000—2999元	182	17.2
	3000—4999元	384	36.2
	5000—9999元	281	26.5
	10000—19999元	78	7.4
	20000元及以上	20	1.9
	合计	1060	100

续表

人口特征		频次	百分比（%）
职业	在校学生	165	15.6
	党政机关/事业单位干部及职员	62	5.8
	企业/公司管理人员及职员	272	25.7
	专业技术人员	116	10.9
	商业/服务业职工	66	6.2
	制造业/生产业职工	62	5.8
	个体户/自由职业者	206	19.4
	农村外出务工人员	21	2.0
	农民	11	1.0
	退休	19	1.8
	无业/下岗/失业	43	4.1
	其他	17	1.6
	合计	1060	100
问卷来源（IP地址）	广东	143	13.49
	山东	99	9.34
	上海	66	6.23
	浙江	83	7.83
	江苏	80	7.55
	北京	57	5.38
	河北	46	4.34
	辽宁	38	3.58
	安徽	45	4.25
	江西	36	3.40
	湖北	30	2.83
	湖南	33	3.11
	广西	36	3.40
	四川	31	2.92
	河南	42	3.96
	福建	35	3.30
	山西	26	2.45
	陕西	22	2.08

续表

人口特征		频次	百分比（%）
问卷来源 （IP 地址）	重庆	19	1.79
	黑龙江	19	1.79
	云南	14	1.32
	天津	15	1.42
	贵州	12	1.13
	内蒙古	11	1.04
	吉林	10	0.94
	新疆	4	0.38
	海南	4	0.38
	甘肃	3	0.28
	宁夏	1	0.09
	合计	1060	100

5.2　问卷中各类变量的测量

5.2.1　因变量

5.2.1.1　信息多样性

容格（Junge）认为，多样性指数的概念应反映分配的种类和分配的均匀度的程度。[1] 结合研究主题，笔者把信息多样性这个概念量化为两个具体的测量指标：一是用户通过个性化新闻推荐系统接触到新闻类目的种类；二是每一种新闻类目的信息所占比例。

在新闻类目的定义上，沈忱在参考了李贞怡与李秀珠[2]等研究者的成果的基础上，提出了用以分析台湾东森媒体集团下的报纸内容多样性的 14 种新闻类目：（1）政府/政治/选举/军事外交（台湾地

---

[1] Junge, K., Diversity of ideas about diversity measurement, *Scandinavian Journal of Psychology*, 1994, 35 (1)：16-26.

[2] 李贞怡、李秀珠：《台湾媒体竞争市场之报纸内容多样性研究》，《新闻学研究》（台北）2006 年第 88 期。

区);(2)社会/意外灾害(台湾地区);(3)国际新闻;(4)祖国大陆及港澳地区;(5)财经、金融、产业新闻(台湾地区);(6)教育/文化新闻(台湾地区);(7)医药卫生新闻(台湾地区);(8)体育新闻;(9)影视娱乐新闻;(10)生活休闲/人情趣味;(11)环保/能源/自然资源;(12)服务新闻;(13)劳工农渔牧矿林新闻;(14)消费/旅游/时尚新闻。[①] 笔者在这 14 种类目的基础上,适当删除和增加了部分类目,使之更适合中国的国情和现今的网络新闻实践,从而形成本研究用以分析新闻内容多样性的 11 种新闻类目。

(1)政治/外交/军事新闻:指有关政府、政策、公共事务、军事、外交等相关事务及活动的报道。

(2)社会新闻:指有关社会现象、社会问题、民生动态、违法犯罪等议题的报道。

(3)财经/金融/产业新闻:指有关金融银行、证券股票、财政税收、公司动态等商业信息及有关产业的报道。

(4)教育/文化/艺术新闻:指有关教育、考试、学术研究动态、学校和培训机构以及有关文化、历史、艺术等活动和事务的报道。

(5)环境生态新闻:指有关空气质量、环境资源、野生动物和自然生态保护等议题的报道。

(6)医药卫生新闻:指有关医疗动态、医药卫生、疾病疫情的防治等议题的报道。

(7)体育新闻:指以体育赛事、体育人物为报道对象的新闻。

(8)影视娱乐新闻:指以影视动态、娱乐明星为报道对象的新闻。

(9)科技/计算机/互联网新闻:指有关科学技术、计算机与互联网发展,以及相关行业公司的报道。

(10)消费/时尚/旅游新闻:指有关消费购物、时尚旅游等活动

[①] 沈忱:《媒介集团的新闻内容多样性研究——以 ettoday 东森新闻报为例》,《东南传播》2008 年第 10 期。

和事务的报道,包括广告性质的软性新闻在内。

(11)生活休闲/人情趣闻:指奇闻逸事、搞笑段子、养生保健、运势命理等信息。

在问卷中,受访者需回答最近一周内通过最常用的个性化新闻推荐服务阅读了哪些类别的新闻,并且回答每种类别的信息有多少,用数字"0"到"10"来表示,以此来衡量每种类别的新闻信息的比例。在实际测量中,要求受访者准确无误地回忆一周内阅读过的各类文章数量是不可能的,因此本题中的数字仅是表示数量的相对多少:"0"表示最近一周没有看过此类信息,"10"表示最近一周看过非常多此类的信息,从"0"到"10"表示看过的文章的相对数量递增。

由于本题中的数字只表示某个用户接触到的不同类目新闻信息相对数量的多少,因此不能用于不同用户之间的直接对比。而为了统一衡量不同用户在个性化推荐系统中接触到的新闻的多样性,作者引用了辛普森多样性指数(Simpson's D)来计算。辛普森多样性指数由辛普森(Edward H. Simpson)于1949年提出,用于测量个人被归入不同类型时群体的集中度,① 后被其他研究者应用于生态学、社会学和新闻传播学等多个学科领域。在多样性指数的测量上,不同学科的研究者提出了不同的方式。麦克唐纳(Mcdonald)等人梳理了12种比较常见的多样性测量法,将这12种方法归纳为:基于离散对数的测量、基于概率的测量、基于排序的测量,并且通过对比,总结出在前两类中最为灵活且适用性广的测量:香农(Claude E. Shannon)多样性指数②和辛普森多样性指数。③ 和香农多样性指

---

① Simpson, E. H., Measurement of diversity, *Nature*, 1949, 163: 688.
② 即熵(Entropy),一般用符号H表示,见于Shannon, C. E., A mathematical theory of communication, *ACM SIGMOBILE Mobile Computing and Communications Review*, 2001, 5 (1): 3 – 55。
③ McDonald, D. G., Dimmick, J., The conceptualization and measurement of diversity, *Communication Research*, 2003, 30 (1): 60 – 79.

数相比，辛普森多样性指数的一大特点就是它的可解释性，这是香农的信息熵所不具备的。① 并且，辛普森多样性指数比信息熵的计算更为简便，因而在传播学领域得到较多使用。②③ 李（Lee）、李贞怡等研究者都引用了辛普森多样性指数来计算报纸内容的多样性。④ 在网络平台上，辛普森多样性指数也具有适用性。海夫利（Hively）与伊夫兰（Eveland）引用了辛普森多样性指数来测量个人讨论网络的多样性，⑤⑥ 卡彭特（Carpenter）用它来计算在线新闻的多样性指数。⑦ 这些研究表明，辛普森多样性指数能够很好地适用于分析媒体内容的多样性。

辛普森多样性指数的计算公式为：

$$D = 1 - \sum_{i}^{k} p_i^2 \qquad (5.1)$$

在这个公式中，各个新闻类目由 1 至 k 分布，k 表示新闻信息的类目总数，p 表示各个类目信息所占的百分比。辛普森多样性指数兼具类目和各个类目所占比例，因而满足容格所提出的多样性指数应该体现分配的种类和分配的均匀度的程度的要求。⑧ 这一公式的计算

---

① McDonald, D. G., Lin, S. F., The effect of new networks on US television diversity, *Journal of media economics*, 2004, 17 (2): 105 – 121.

② 参见 McDonald, D. G., Lin, S. F., The effect of new networks on US television diversity, *Journal of media economics*, 2004, 17 (2): 105 – 121。

③ 参见李贞怡、李秀珠《台湾媒体竞争市场之报纸内容多样性研究》，《新闻学研究》（台北）2006 年第 88 期。

④ Lee, Y. C., Effects of market competition on Taiwan newspaper diversity, *Journal of Media Economics*, 2007, 20 (2): 139 – 156.

⑤ Hively, M. H., Eveland Jr, W. P., Contextual antecedents and political consequences of adolescent political discussion, discussion elaboration, and network diversity, *Political Communication*, 2009, 26 (1): 30 – 47.

⑥ Eveland, W. P., Hively, M. H., Political discussion frequency, network size, and "heterogeneity" of discussion as predictors of political knowledge and participation, *Journal of Communication*, 2009, 59 (2): 205 – 224.

⑦ Carpenter, S., A study of content diversity in online citizen journalism and online newspaper articles, *New Media & Society*, 2010, 12 (7): 1064 – 1084.

⑧ Junge, K., Diversity of ideas about diversity measurement, *Scandinavian Journal of Psychology*, 1994, 35 (1): 16 – 26.

是用"1"减去各个类目所占百分比的平方和,因此即使受访者不能够清楚地回忆过去一周所看过的文章数量,但通过相对数量的多少,依然能够反映各个类目信息的比例。辛普森多样性指数的值在 0 至 1 之间,如果用户阅读范围比较广,接触到的新闻类目比较多,则计算得出的辛普森多样性指数也越高,表示其信息多样性也越高,较接近于 1;反之,如果阅读范围比较集中,类目较少,那么计算得出的辛普森多样性指数也较低,表示信息多样性也较低,较接近于 0。

考虑到在实际应用中,不同的用户所能接触到的信息类目的上限可能是不一样的。从本书来看,用户在问卷中所反映的也是自己最常使用的个性化新闻推荐应用的使用情况,而不同的个性化新闻推荐应用的差异可能会对结果产生影响。为了消除不同推荐系统中类目数量不同所可能导致的多样性偏差,可以通过标准化的辛普森多样性指数来计算。在已有的研究中,潘涅洛(Panniello)等人用了标准化的辛普森多样性指数来衡量基于内容的推荐系统所推送的内容的多样性,[①] 这表明标准化的辛普森同样适用于评估个性化推荐系统的内容多样性。其计算公式为:

$$D_z = \left(1 - \sum_{i=1}^{k} p_i^2\right) \Big/ \left(1 - \frac{1}{K}\right) \tag{5.2}$$

在运算中,k 值代入的是受访者过去一周通过个性化推荐看过的新闻类目的数量,p_i 即每种类目的新闻信息的比例,它是用受访者看过的某一类目文章的相对数量,除以他(她)看过的所有类目文章的相对数量之和。通过标准化的辛普森多样性系数的计算,可纠正由于每个人可能通过不同的个性化推荐系统看过的类目数量不同所导致的偏差,并且能达到将辛普森多样性指数进行 0—1 标准

[①] Panniello, U., Tuzhilin, A., Gorgoglione, M., Comparing context-aware recommender systems in terms of accuracy and diversity, *User Modeling and User-Adapted Interaction*, 2014, 24 (1 - 2): 35 - 65.

化的效果。

5.2.1.2 信息偶遇

如何定量地评估一个信息传播系统中用户感知到的信息偶遇？国外的研究成果提供了测量上的参考。比约尼邦（Björneborn）提出了在物理空间和数字空间的图书馆设计上引发读者发散性行为的十个维度，[①] 而麦凯皮特（McCay–peet）与汤姆斯（Toms）在参考这十个维度的基础上，设计了调查问卷，让参与者对信息搜索系统所能提供的信息偶遇服务进行自我报告，通过对数据进行探索性的因子分析，他们从原先的20个条目中删掉了4条，保留了16个条目。以主成分分析法作为提取因子的方法，他们提取出5个因子用来代表在数字环境中的偶遇的核心元素：促成联系、推荐意料之外的内容、呈现多样性、引发分歧、诱导好奇心，从而形成了一个用来评价数字环境中的信息偶遇的量表。[②] 尽管有研究认为5个核心要素中的三个要素——促成联系、推荐意料之外的内容、呈现多样性，都与内容多样性有关，[③] 但更多研究表明信息偶遇与多样性是两个不同的概念。有研究者指出多样性这个概念里并没有包含信息是否有用之意，但"有用"却是偶遇的一个重要指标，如果信息是无用的，那么偶遇则构成了干扰，因此信息偶遇的定义里实际上要求信息必须是有用的，同时又是出乎意料的。[④]

麦凯皮特等研究者近年来多次对该量表进行重新修订，在2014

[①] Björneborn, L., Design dimensions enabling divergent behaviour across physical, digital, and social library interfaces, *International Conference on Persuasive Technology*, Springer Berlin Heidelberg, 2010, 6137: 143–149.

[②] McCay-Peet, L., Toms, E. G., Measuring the dimensions of serendipity in digital environments, *Information Research: An International Electronic Journal*, 2011, 16 (3): n3.

[③] Wakeling, S., Establishing User Requirements for a Recommender System in an Online Union Catalogue: an Investigation of WorldCat. org, Ph. D. dissertation, University of Sheffield, 2015.

[④] Sun, T., Zhang, M., Mei, Q., Unexpected Relevance: An Empirical Study of Serendipity in Retweets, Proceedings of the Seventh International AAAI Conference on Weblogs and Social Media, 2013.

年，麦凯皮特等人将 2011 年时提出的数字环境下的信息偶遇量表的条目从 15 条增加到 37 条，① 而在 2015 年再次将该量表中的 37 个条目精减到 15 个条目，并且删除了"促使探索"（Enables Exploration）这个因子，保留了 4 个因子：丰富的触发器（Trigger-Rich）、促成联系（Enables Connections）、触发亮点（Highlights Triggers）、引导意外发现（Leads to the Unexpected）。② 麦凯皮特等人的研究成果得到了较多信息科学学科的研究者的引用。笔者也运用了他们在 2015 年发表的论文中所使用的数字环境下的信息偶遇量表来测量个性化新闻推荐系统为用户提供的信息偶遇。该量表是英文的，在研究开展前还没有中文的版本可以直接引用，因此笔者采取了双向回译的方法来确保翻译的准确性。具体的做法是：先请一位拥有传播学博士学位、在美国访学的研究者将英文的量表翻译成中文，再将中文量表交给另一位本科毕业于翻译专业、在美国取得传播学硕士和博士学位的研究者回译成英文。通过对比原量表中的英文题项和经中文回译后的英文题项之间的差异来判断所译的中文版本的表述是否准确和恰当。针对两个版本中差异较大的地方，笔者通过与上述研究者进行讨论来解决分歧，形成了最终确定的中文版本。对于这些题项，受访者要在五级的李克特量表上表明自己的同意程度，由"完全不同意"到"完全同意"，分别赋值 1—5，将所有的题项得分相加，可算出用户的信息偶遇。该量表原英文版本和中文版本对应的题项如表 5.3 所示。

笔者对中文版的信息偶遇量表作了信度检验和效度检验。在信度检验中，无论是各个因子的题项之间，还是整个量表的克朗巴哈

---

① McCay-Peet, L., Toms, E.G., Kelloway, E.K., Development and assessment of the content validity of a scale to measure how well a digital environment facilitates serendipity, *Information Research*, 2014, 19 (3): 630.

② McCay-Peet, L., Toms, E.G., Kelloway, E.K., Examination of relationships among serendipity, the environment, and individual differences, *Information Processing & Management*, 2015, 51 (4): 391–412.

表 5.3　英文版本和中文版本数字环境信息偶遇量表

四个因素	原量表中的英文题项	翻译后的中文题项
Trigger-Rich	[The digital environment] is full of information useful to me.	[这个数字环境] 充满了对我有用的信息
	I find information of value to me in [the digital environment].	我发现 [这个数字环境] 中的信息对我有价值
	[The digital environment] is a treasure trove of information.	[这个数字环境] 就像一个信息宝库
Enables Connections	[The digital environment] enables me to make connections between ideas.	[这个数字环境] 能使我将各种想法联系起来
	I can see connections between topics in [the digital environment].	在 [这个数字环境] 中，我能看到不同话题之间的联系
	I come to understand relationships between ideas in [the digital environment].	在 [这个数字环境] 中，我领悟了不同观点之间的关系
Highlights Triggers	[The digital environment] has features that ensure that my attention is drawn to useful information.	[这个数字环境] 的特征能确保我将注意力集中在有用的信息上
	[The digital environment] has features that draw my attention to information.	[这个数字环境] 的特征能使我注意到信息
	I am pointed toward content in [the digital environment].	[这个数字环境] 能引导我浏览某些内容
	[The digital environment] has features that alert me to information.	[这个数字环境] 的特征能提醒我某些信息
Leads to the Unexpected	I bump into unexpected content in [the digital environment].	在 [这个数字环境] 中，我会偶然遇到意想不到的内容
	I encounter the unexpected in [the digital environment].	在 [这个数字环境] 中，我能看到意想不到的内容
	I come across topics by chance in [the digital environment].	在 [这个数字环境] 中，我会偶然遇到某些话题
	[The digital environment] exposes me to unfamiliar information.	[这个数字环境] 使我接触到一些不熟悉的信息
	I stumble upon information in [the digital environment].	在 [这个数字环境] 中，我会偶然发现一些信息

阿尔法系数（Cronbach's Alpha），其值都在 0.7 以上（见表 5.4），这表明该量表有比较理想的信度。

表 5.4　　　　　　　　信息偶遇量表的信度检验结果

因子	题项	Cronbach's Alpha	
丰富的触发器	个性化新闻推荐充满了对我有用的信息	0.819	0.926
	我发现个性化新闻推荐中的信息对我有价值		
	个性化新闻推荐就像一个信息宝库		
促成联系	个性化新闻推荐能使我将各种想法联系起来	0.778	
	在个性化新闻推荐中，我能看到不同话题之间的联系		
	在个性化新闻推荐中，我领悟了不同观点之间的关系		
触发亮点	个性化新闻推荐的特征能确保我将注意力集中在有用的信息上	0.805	
	个性化新闻推荐的特征能使我注意到信息		
	个性化新闻推荐引导我浏览某些内容		
	个性化新闻推荐的特征能提醒我某些信息		
引导意外发现	在个性化新闻推荐中，我会偶然遇到意想不到的内容	0.841	
	在个性化新闻推荐中，我能看到意想不到的内容		
	在个性化新闻推荐中，我会偶然遇到某些话题		
	个性化新闻推荐使我接触到一些不熟悉的信息		
	在个性化新闻推荐中，我会偶然发现一些信息		

在效度的检验上笔者采用了因子分析法。由于已有麦凯皮特等人的量表作为参考，因此是有理论架构作为基础的，需要通过因子分析来证实测量的可靠性以及潜在概念与因子之间的相互关系，所以此处采用的因子分析是验证性的因子分析（Confirmatory Factor Analysis，简称 CFA）。这项检验是通过 SPSS AMOS 24.0 来操作完成的。

信息偶遇量表的验证性因子分析结果如图 5.1 所示，15 个题项能够收敛为前面所述的 4 个因子，即丰富的触发器、促成联系、触发亮点、引导意外发现。在非标准化参数估计值模型图中没有出现负的误差方差，表示模型界定没有问题。① 该模型的卡方值为195.511，显著性为0.000，不过这里的卡方值却是"拟合劣度"的测量。② 虽然卡方显著性概率值为0，但是并不一定意味着模型太差。卡方值受到样本规模的影响，对于千级以上的样本模型，只要在观测的方差协方差与估计的方差协方差之间有一点小小的差别就很容易仅仅由于样本规模的缘故得到统计显著。③ 本调查的样本规模也在一千左右，因此在这种情况下，为了取消或减少样本规模的影响，需要使用其他的拟合指标来判断假设模型与样本数据是否适配。④⑤ 该模型的自由度为75，卡方自由度比值为2.607。有研究者认为，卡方自由度比值介于1—3之间，表示假设模型与样本数据的契合度可以接受。⑥ 此外，该模型的适配度指数（Goodness-of-Fit Index，简称GFI）为0.974，调整后的适配度指数（Adjusted Goodness-of-Fit Index，简称AGFI）为0.959，这两项指数都大于0.90，表示数据能够比较好地拟合模型。⑦⑧ 近年来，有一个对结构方程模型拟合评价的指标得到了越来越多的重视，它就是近似误差的均方根（Root Mean Square Error of Approximation，简称RESEA）。⑨

---

① 吴明隆：《结构方程模型：AMOS 的操作应用》（第 2 版），重庆大学出版社 2010 年版，第 238 页。
② 郭志刚：《社会统计分析方法：SPSS 软件应用》（第二版），中国人民大学出版社 2015 年版，第 353 页。
③ 郭志刚：《社会统计分析方法：SPSS 软件应用》（第二版），中国人民大学出版社 2015 年版，第 370 页。
④ 吴明隆：《结构方程模型：AMOS 的操作应用》（第 2 版），重庆大学出版社 2010 年版，第 233 页。
⑤ 郭志刚：《社会统计分析方法：SPSS 软件应用》（第二版），中国人民大学出版社 2015 年版，第 370 页。
⑥ 吴明隆：《结构方程模型：AMOS 的操作应用》（第 2 版），重庆大学出版社 2010 年版，第 43 页。
⑦ 吴明隆：《结构方程模型：AMOS 的操作应用》（第 2 版），重庆大学出版社 2010 年版，第 45—46 页。
⑧ 郭志刚：《社会统计分析方法：SPSS 软件应用》（第二版），中国人民大学出版社 2015 年版，第 354 页。
⑨ 郭志刚：《社会统计分析方法：SPSS 软件应用》（第二版），中国人民大学出版社 2015 年版，第 370 页。

该模型的 RESEA 值为 0.040，而当它小于 0.05 时就表示模型适配度佳。① 因此，综合上述各项指标，可见本调查所使用的数据与假设模型的拟合度比较好，即信息偶遇量表的效度是比较好的。

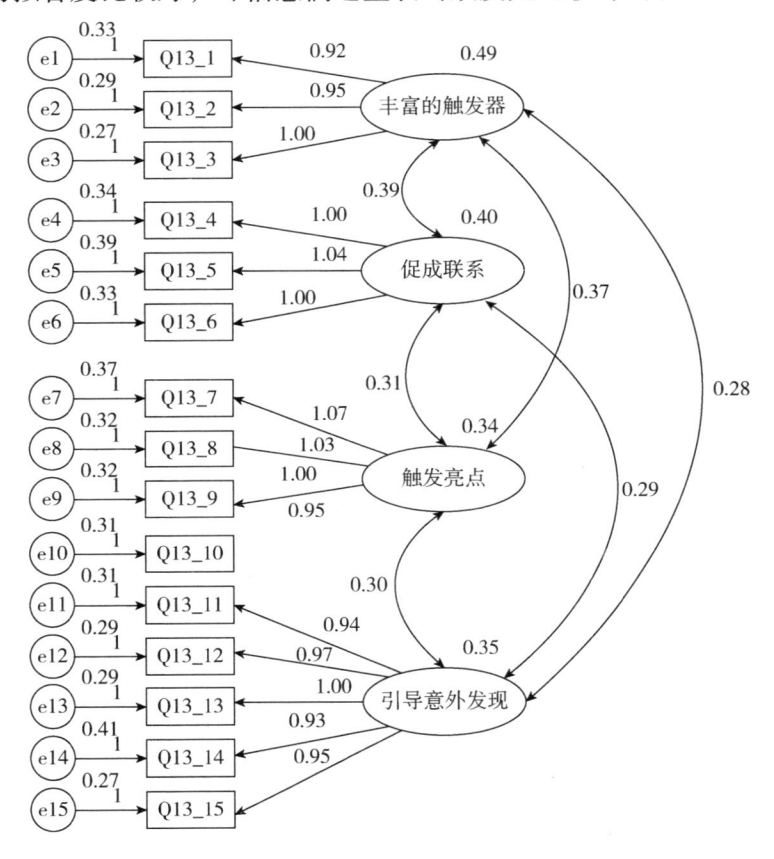

图 5.1　信息偶遇量表的 CFA 结果

5.2.2　自变量

5.2.2.1　个性化新闻推荐使用时间

受访者需回答平均每天使用个性化新闻推荐的时间，选项按时间长度由低至高排列，依次为：不看、10 分钟以内、10—30 分钟、

---

① 吴明隆：《结构方程模型：AMOS 的操作应用》（第 2 版），重庆大学出版社 2010 年版，第 235 页。

30—60分钟、1—2小时、2小时以上。在统计中依次编码为1—6，对各选项作频数及百分比统计，统计结果参见第六章的数据分析。并且，调查还问及用户最常使用的个性化新闻推荐平台，此项统计分析也将在第六章细述。

5.2.2.2　新媒体使用时间

除了个性化新闻推荐以外，受访者要回答平均每天花多长时间浏览三类主要的新媒体信息来源，包括：综合性新闻网站及其客户端（例如，人民网、新华网、腾讯新闻、网易新闻、凤凰新闻等）；新浪微博；微信朋友圈及公众号。选项按时间长度由低至高排列，依次为：从不看、10分钟以内、10—30分钟、30—60分钟、1—2小时、2小时以上。编码和统计方式与个性化新闻推荐使用时间的编码方式相同。

5.2.2.3　传统媒体使用时间

采用同样的测量方式，在传统媒体使用时间的测量上，笔者将传统媒体分为报纸杂志和广播电视两类，询问受访者平均每天的浏览时间。选项按时间长度由低至高排列，依次为：从不看、10分钟以内、10—30分钟、30—60分钟、1—2小时、2小时以上。编码和统计方式与个性化新闻推荐使用时间的编码方式相同。

5.2.2.4　用户对个性化新闻推荐系统的感知

用户对个性化新闻推荐系统所推送的信息的重要性、可信度、满足感有何感知？在测量中，受访者要对如下三道题的同意程度作出选择："个性化新闻推荐给我的信息是重要的""个性化新闻推荐给我的信息是真实可信的""个性化新闻推荐给我的信息能满足我的需求"，这三道题分别对应的是用户对个性化新闻推荐系统的感知重要性、感知可信度、满足感。采用李克特五级量表的形式，由1至5表示由"完全不同意"到"完全同意"，同意的程度依次递增。

5.2.2.5 个人所处网络的异质化/同质化程度

在参考了相关研究对个人所处的政治讨论网络的异质化程度的测量方式后，笔者发现，多数研究者以十级量表来测量受访者和不同性别者（男性与女性）、极端政治倾向者（左派与右派）、不同党派者（共和党与民主党）、不同种族者或不同宗教信仰者讨论政治或公共事件的频率。① 然而这种测量方式并不适用于中国社会，除了性别和政治倾向以外，党派、种族、宗教信仰的差异对于中国人民政治生活的影响并不像在美国那么显著。相对而言，金（Kim）等人所采用的测量方式更加合理一些，他们除了询问受访者和家人以外的非同种族、非同等社会经济地位或非同性别的人讨论政治、公共事件的频率之外，还询问了受访者和不同意他们观点的人以及和同意他们观点的人的讨论频率。②

个人所处网络的异质化程度和线上政治讨论有关。③ 上述研究者都是以与不同人群进行政治讨论的频率作为个人所处网络的异质化程度的测量。政治讨论之所以体现在网络异质化的测量中，是因为政治讨论是网络同质化和党派极化的关系、网络同质化和思想极化

---

① 参见 Scheufele, D. A., Nisbet, M. C., Brossard, D., et al., Social structure and citizenship: Examining the impacts of social setting, network heterogeneity, and informational variables on political participation, *Political Communication*, 2004, 21 (3): 315 – 338. Scheufele, D. A., Hardy, B. W., Brossard, D., et al., Democracy based on difference: Examining the links between structural heterogeneity, heterogeneity of discussion networks, and democratic citizenship, *Journal of Communication*, 2006, 56 (4): 728 – 753. Brundidge, J., Encountering "difference" in the contemporary public sphere: The contribution of the Internet to the heterogeneity of political discussion networks, *Journal of Communication*, 2010, 60 (4): 680 – 700. Lee, J. K., Choi, J., Kim, C., et al., Social media, network heterogeneity, and opinion polarization, *Journal of Communication*, 2014, 64 (4): 702 – 722。

② Kim, Y., Hsu, S. H., de Zúñiga, H. G., Influence of social media use on discussion network heterogeneity and civic engagement: The moderating role of personality traits, *Journal of Communication*, 2013, 63 (3): 498 – 516.

③ Brundidge, J., Encountering "difference" in the contemporary public sphere: The contribution of the Internet to the heterogeneity of political discussion networks, *Journal of Communication*, 2010, 60 (4): 680 – 700.

的关系中的调节因素。① 随着互联网的发展，个人所处的社交网络已经得到了较大的扩展，尤其是不同类型的在线社区的发展，使人突破了过去以血缘和业缘结成的圈子，由趣缘结成的个人社交网络在互联网上得到了极大的扩张，有可能会使人接触到更多异质性的人和观点。而考虑到网络空间的匿名性，其他网络用户的性别、种族、社会经济地位的差异在网络空间中相对来说不太可能被清晰地感知，若询问受访者在网上与不同性别、种族、社会经济地位的人进行政治、公共事件讨论的频率则显然不合常理。因此在参考借鉴金等人的测量方式的基础上，删除了与除家人以外的非同种族、非同等社会经济地位或非同性别的人讨论政治、公共事件的频率的题项，只保留了询问受访者与同意他们观点的人以及不同意他们观点的人讨论的频率的题项。

考虑到线上行为和线下行为之间的差异，笔者分别测量了受访者在线上、线下这两个维度所处网络的异质化程度。受访者需对"在网上与自己观点不同的人进行讨论"的频率、"在线下与自己观点不同的人进行讨论"的频率作出回答。在借鉴前人的测量方式的基础上，该项采用了十级量表，0 表示从不，10 表示总是，从 0 到 10 表示讨论的频率递增。然后将线上和线下两个维度相加求平均数，生成变量"所处网络异质化程度"。参考这种测量方式，调查中还询问了"在网上与自己观点一致的人进行讨论"的频率、"在线下与自己观点一致的人进行讨论"的频率，生成变量"所处网络同质化程度"。

5.2.2.6 寻求信息多样化的价值观

在寻求信息多样化价值观测量上，笔者参考了金与帕塞克在 2016 年所发表的论文中使用的量表。② 由于该量表在研究开展前还

---

① Lee, J. K., Choi, J., Kim, C., et al., Social media, network heterogeneity, and opinion polarization, *Journal of Communication*, 2014, 64 (4): 702 - 722.

② Kim, D. H., Pasek, J., Explaining the Diversity Deficit Value-Trait Consistency in News Exposure and Democratic Citizenship, *Communication Research*, 2016, doi: 10.1177/0093650216644647.

没有中文版本，因而通过中英文双向回译的方法将其翻译成中文，回译的操作过程如 5.2.1.2 所述，此处不再复述。该量表原英文版本和翻译后的中文版本如表 5.5 所示。

表 5.5　寻求信息多样化价值观的英文量表和翻译后的中文量表

原英文版	翻译后的中文版
How important do you think it is for people to get [ITEM]?	您认为，对人们来说，获取如下新闻的重要程度如何？
News from multiple viewpoints	来自多个视角的新闻*
News from multiple sources	来自多个信源的新闻*
News that balances information from every possible point of view	从每种可能的视角报道新闻以平衡信息*
News that reflects the diverse viewpoints within our society	能反映出社会上多种观点的新闻
News from both liberal and conservative viewpoints	同时体现左派和右派观点的新闻#
News from sources that are owned by different owners	来自不同媒体的新闻
News that pits different viewpoints against one another	不同的观点对立的新闻

注：带有*号的题项表示经过预调查被删除的题项，带有#号的题项表示经过预调查后有所修改的题项。

原量表含有 7 个题项。在预调查中笔者发现，部分题项对于不具备新闻传播学知识的普通受访者来说理解困难，比如"来自多个视角的新闻""来自多个信源的新闻""从每种可能的视角报道新闻以平衡信息"这三项，即使提供文字注释，依然不能使文化程度较低的受访者充分理解，因而在正式的调查中将其删除。另外，还有题项不适合中国国情，比如原题项中的"自由派和保守派的观点"（liberal and conservative viewpoints），即使将其改为"左派"和"右派"仍然不能解决问题：一是因为部分受访者对于政治派别及其划分依据不甚了了，二是由于我国的历史原因，"右派"一词可能会使受访者产生负面的联想。因此在正式的调查中将其修改为："体现不同的政治立场的新闻"，以适应中国的国情。经修改后用于正式调查的寻求信息多样化价值观只有四个题项，受访者就四个题项中所提到的新闻的重要程度在五级量表上作出选择，选项从"一点也不重要"到"非常重要"。金与帕塞克在编码过程中按重要程度由低至高分别赋值：0、0.25、0.5、0.75、1。为便于后续的回归统计，作者将对应的选项赋值为1至5，请受访者在1至5之间作出选择，1表示对于自己来说完全不重要，5表示对自己来说非常重要，重要的程度从1至5递增。将各个题项的得分相加除以4，生成"用户寻求信息多样化动机"这个新变量。

经检验，由这四个题项组成的量表的克朗巴哈阿尔法系数值为0.796，这表明该量表有较佳的信度。在效度方面，由于参考的是已有的量表，所以采用CFA的方法。模型拟合情况如图5.2所示。该模型显著性为0.297大于0.05，卡方自由度之比为1.089小于3，GFI值为0.999，AGFI值为0.994，GFI和AGFI都大于0.90，RESEA值为0.010小于0.05，上述指标的数值表示该模型适配度佳，该量表效度好。

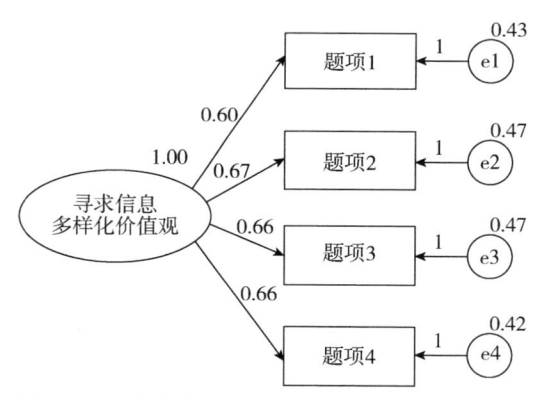

图5.2 寻求信息多样化价值观量表的CFA结果

5.2.2.7 兴趣多样性

在兴趣多样性的测量上笔者使用了前文所述用于测量内容多样性的11种新闻类目，要求受访者回答对上述11类新闻的感兴趣的程度，选项按五级量表分为"完全不感兴趣""不太感兴趣""一般""有点兴趣""很感兴趣"，分别赋值1至5。笔者借鉴了辛普森多样性指数的计算方法来计算兴趣的多样性指数。计算方法参见式5.1。在运算中，p_i 代入的是受访者对某一类新闻感兴趣的程度，除以他（她）对 11 类新闻的兴趣之和，从而得到某一类新闻占其兴趣的比重。用 1 减去 11 类新闻的兴趣比重的平方和，生成"兴趣多样性"这个新变量。

5.2.2.8 隐私保护知识和行为

隐私保护知识主要通过询问受访者是否知晓一般人上网过程中浏览记录会被跟踪来测量，选项分为"清楚知道"、"不太确定"和"不知道"。隐私保护行为则是询问受访者在上网时是否使用了隐私浏览模式、反跟踪软件或者加密的 VPN 等方法来防止自己的浏览记录被跟踪，选项分为"有"和"没有"。笔者对上述两个变量作频数与百分比的统计。

5.2.2.9 人格特质

在人格特质的测量上，大五人格模型（The Big Five Instruments，BFI）是人格心理学中最有代表性的人格模型之一。早期的大五人格量表包含较多数量的题项，而戈斯林（Gosling）等研究者压缩了该量表中的题项数量，在 2003 年编制了一套由 10 个题项构成的人格量表（Ten-Item Personality Inventory，TIPI），并通过研究证明了 TIPI 的优越性。[1] 另有研究表明，TIPI 量表在德国的跨语境研究中也展现出较好的信度和效度。[2] 李金德对 TIPI 作了中文版本的翻译和调整，并且测试了中文版 TIPI 量表的信度和效度，认为中文版的 TIPI（即 TIPI – C）可作为测量大五人格的可靠和有效的工具。[3] 他指出，中文版的 TIPI 量表优点在于能够尽可能地减轻研究

---

[1] Gosling, S. D., Rentfrow, P. J., Jr. Swann, W. B., A very brief measure of the Big-Five personality domains, *Journal of Research in Personality*, 2003, 37: 504–528.

[2] 参见 Muck, P. M., Hell, B., Gosling, S. D., Construct validation of a short five-factor model instrument, *European Journal of Psychological Assessment*, 2007, 23 (3): 166–175.

[3] 李金德：《中国版 10 项目大五人格量表（TIPI – C）的信效度检验》，《中国健康心理学杂志》2013 年第 11 期。

者和被试的负担,又快又准地测量出被试的五种人格特质;它也十分适用于一些大型的调查研究,在这类大型的调查研究中可能人格的调查并不是最重要的,减少题项的数量也能避免给大型研究造成负担。[①] 考虑到人格特质并不是本研究所要重点探讨的变量,TIPI 量表在信度和效度上也能媲美大五人格模型,因此笔者采用了中文版的 TIPI 量表来测量用户的人格特质。

在参考戈斯林等人、金等人和李金德所使用的测量方式的基础上,笔者从 TIPI 量表中提取出有关外向(extraversion)和经验开放(openness to experiences)这两个指标的题项一共 4 个,并且采用了李金德所翻译的版本。这 4 个题项的陈述分别是"外向的、精力充沛的""内向的、安静的""易接受新事物的、常有新想法的""遵循常规的、不爱创新的"。面对这 4 个题项,受访者要在李克特七级量表上选择合适的数字表示自己的态度,"1"表示"绝对不同意","7"表示"绝对同意",由"1"至"7"表示同意的程度递增。其中,"内向的、安静的"和"遵循常规的、不爱创新的"需要经过反向编码,使得量表题意方向一致。经检验,四个题项的克朗巴哈阿尔法系数是 0.708,信度是可以接受的。

5.2.3 人口统计学变量

本书所涉及的人口统计学变量是在参考了中国互联网络信息中心发布的关于中国互联网新闻网民的调查的基础上设置的,包括性别、年龄、受教育程度、收入和职业这五项。在本次研究所采用的 1060 份有效问卷中,性别、年龄(分组)、受教育程度、收入、职业的分布请参见前文表 5.2 中的数据,此处不再赘述。其中,本书所测量的年龄是连续变量,在问卷中是由受访者填写具体的岁数。

[①] 李金德:《中国版 10 项目大五人格量表(TIPI - C)的信效度检验》,《中国健康心理学杂志》2013 年第 11 期。

据统计，在 1060 份有效问卷中，受访者年龄的中位数是 30 岁，众数是 24 岁，均值为 31.69，标准差为 10.761。

5.3 本章小结

笔者主要采用的研究方法是问卷调查法。在调查正式实施前先通过一轮预调查来改进问卷的设计，并通过在问卷中设置常识题、限制 IP 地址、人工排查无效问卷等方法来加强对样本质量的控制。针对网络调查可能存在的样本代表性问题，笔者借鉴了前人研究中所采用的二次抽样方式，首先通过调查网站的样本库，对回收样本的人口结构特征提出了大致的要求，在回收到一定的数量后，再根据中国互联网络信息中心所公布的中国互联网新闻网民的人口特征来调查样本结构，使之与总体的人口特征比较接近，因此可以近似地把本次调查的样本当成概率抽样样本来使用。经过数据清理后，获得 1060 份有效问卷用于本研究的统计分析。

本章对研究中变量的测量作了详细说明。在参考相关文献的基础上，本研究对因变量之一"信息多样性"采用了标准化的辛普森系数来计算，在因变量之二"信息偶遇"的测量上引用了数字环境下的信息偶遇量表来测量。自变量包括：个性化推荐系统的使用时间、其他新媒体使用时间（综合性新闻网站及其客户端、微博、微信）、传统媒体的使用时间（报纸杂志、广播电视）、对个性化推荐系统的感知（重要性、可信度、满足感）、个人所处网络的异质化/同质化程度、寻求信息多样化价值观、兴趣多样性、隐私保护知识和行为、人格特质（外向、对经验开放）。笔者对上述自变量的测量方式也作了详细说明。对于尚无中文版可参考的英文量表，笔者采取了中英文回译的方式，结合对中国社会现实情况的考虑，对原量表进行翻译与调整，并且对量表的信度与效度都作了检验，为后续章节的数据统计分析打下基础。

第六章 个性化推荐新闻使用现状

本章将通过调查数据来反映个性化推荐新闻的使用现状。第一节对个性化推荐新闻的用户规模、竞争态势、产品分类进行描述性统计，结合对当前竞争态势的分析，反映我国个性化推荐新闻的使用现状。第二节是对个性化推荐新闻用户的使用情况作描述性统计，报告了用户的个性化推荐使用时间、其他新媒体与传统媒体使用时间、对个性化推荐系统的感知、所处网络异质化/同质化程度、寻求信息多样化价值观、兴趣、隐私保护知识和行为、性格等变量，并对比了应用型与模块型这两类个性化推荐系统的用户在上述变量上表现出来的差异。第三节对过滤气泡的两个维度：用户的信息多样性和信息偶遇作统计分析，并对比了两类不同的个性化推荐系统的用户在信息多样性和信息偶遇上的差异。第四节勾勒出个性化推荐新闻用户群体的人口特征，对比了两类个性化推荐系统用户群体的人口特征的差异。第五节将个性化推荐新闻用户按照人口统计特征划分为不同的群体，对比了不同人口特征的用户群体在个性化推荐使用时间、接触的内容、对个性化推荐的感知、信息多样性、信息偶遇上的差异，以探讨个性化推荐算法是否在不同的用户群体之间造成了"算法新闻鸿沟"。

6.1 个性化新闻推荐产品的竞争概况

6.1.1 个性化新闻推荐产品的用户规模

在本次调查所使用的1060份有效问卷的受访者中,有74人从未使用过个性化新闻推荐产品,使用过的有986人,因此使用过个性化新闻推荐的受访者占全体受访者的93.02%。根据这一比例,结合CNNIC在2017年1月发布的报告中指出中国互联网新闻用户规模达5.79亿,据此可以推算个性化新闻推荐产品的用户规模约为5.38亿。

6.1.2 个性化新闻推荐产品的竞争态势

目前网民最常使用的个性化新闻推荐产品有哪些?统计结果如表6.1所示。

表6.1　网民最常使用的个性化新闻推荐产品统计结果

选项	频数	百分比(%)
今日头条	549	55.68
百度主页下的新闻推荐	133	13.49
UC浏览器中的新闻推荐	112	11.36
天天快报	80	8.11
一点资讯	48	4.87
Zaker	20	2.03
其他浏览器中的新闻推荐	14	1.42
其他个性化新闻推荐	30	3.04
合计	986	100.00

"今日头条"是过半网民的首选,占55.68%。其次是百度主页下的新闻推荐,约占13.49%,再次是UC浏览器中的新闻推荐,占11.36%。百度和UC浏览器中的新闻推荐都属于植入型推荐,即在

搜索引擎或浏览器中加入了个性化新闻推荐的模块，无论用户是否需要，只要使用百度搜索或 UC 浏览器，都会接触到个性化新闻推荐。相对于"今日头条"等移动互联网应用，此类服务并不需要用户主动下载，因而用户在使用上具有一定的被动性。两者各自依托百度搜索和 UC 浏览器的市场占有率优势在网民中得到迅速推广。这种个性化新闻推荐模块嵌入了本公司推出的新闻资讯产品（例如 UC 浏览器的个性化新闻模块信息来源于"UC 头条"），增加了产品曝光率，借助浏览器和搜索引擎已有的市场规模为产品导流量；同时个性化新闻模块的设置也增加了商业广告植入的机会，可为互联网公司带来更多利润，因而这种形式得到不少互联网公司的效仿。调查中排第四的是"天天快报"，占 8.11%。"天天快报"是腾讯推出的个性化新闻推荐应用，主要依靠腾讯门户网站和微信中的新闻推送导流量，因而具有一定的先天优势。它是利用用户在微信或 QQ 中的个人信息，通过智能计算识别用户的兴趣，从而为用户推荐相关信息。排第五的是"一点资讯"，占 4.87%，它和"今日头条"一样，是移动互联网个性化新闻推荐应用的代表。另有新闻聚合应用 Zaker，它兼具内容定制的功能，能按用户的意愿将媒体新闻、微信文章、图片等众多内容聚合在一起。但用户群体相对小众，将它作为首选的用户只有 2.03%。此外，"趣头条""并读"等多种利用推荐算法进行信息分发的个性化新闻推荐应用也被受访者所提及，共占 3.04%。除 UC 浏览器外，其他浏览器如 QQ 浏览器、360 浏览器、Vivo 浏览器等网民常用的搜索平台也加载了个性化新闻推荐模块，此类成为 1.42% 的互联网新闻用户的首选。

需要注意的是，上述百分比反映的是互联网新闻用户最常使用的个性化新闻推荐产品，不等同于市场份额，因为一个网民可能同时使用不止一种个性化新闻推荐产品。尽管如此，此项统计也能反映出，"今日头条"具有非常明显的竞争优势，在"最常使用"的排名中遥遥领先其他竞争对手。而依托已拥有较大用户规模的浏览器和搜索引擎的模块类个性化新闻推荐产品的发展趋势也比较可观。

6.1.3 个性化新闻推荐产品的分类

如前文所述，可将个性化新闻推荐产品分为应用型和模块型两类。调查问及用户最常使用的个性化新闻推荐产品时，除了"其他个性化新闻推荐"（N=30）这项由于受访者填写了多种个性化推荐产品以致无法归类以外，剩下的956个用户的回答都可归入应用型和模块型这两类之中，它们被选择的频数及其百分比如表6.2所示。目前应用型个性化新闻推荐产品是主流。

表6.2　两类个性化新闻推荐产品的频数和百分比（N=986）

产品类型	产品名称	频数	百分比（%）	频数	百分比（%）
应用型个性化新闻推荐	今日头条	549	55.68	697	70.69
	天天快报	80	8.11		
	一点资讯	48	4.87		
	Zaker	20	2.03		
模块型个性化新闻推荐	百度主页下的新闻推荐	133	13.49	259	26.27
	UC浏览器中的新闻推荐	112	11.36		
	其他浏览器中的新闻推荐	14	1.42		
其他个性化新闻推荐（不明）	—	30	3.04	30	3.04
合计	—	986	100.00	986	100.00

6.2　个性化推荐新闻用户的使用情况

6.2.1　个性化推荐新闻的使用时间

在个性化推荐新闻的使用时间上，选项分为不看、10分钟以内、10—30分钟、30—60分钟、1—2小时、2小时以上。各选项的频数及百分比如表6.3所示。可见45%左右的用户日均使用时间在10—

30 分钟区间，低于 10 分钟和 30—60 分钟的用户各占大约 20%，日均使用时间在 1 小时甚至 2 小时以上的用户是比较少数的。

笔者还检验了应用型和模块型这两类个性化新闻推荐产品的用户在使用时长上是否有显著差异。由于使用时长在调查中是一个定序变量，可将其作为定类变量来进行卡方检验。如表 6.3 所示，对两组用户的使用时长进行交叉分析，发现两组之间存在显著差异（$p<0.001$）。总的来说，应用型个性化新闻推荐用户的使用时长高于模块型个性化新闻推荐的用户。因为模块型个性化新闻推荐是植入浏览器和搜索页面中的，用户对浏览器和搜索页面的使用往往是抱有预设目标的，对其中加载的个性化推荐新闻的主动使用意识可能不强，并且在浏览的过程中，用户的注意力也可能会分散到其他方面，从而造成日均使用时长较短。

表 6.3　两类用户使用时间的交叉分析结果（N = 986）

类型	10 分钟以内	10—30 分钟	30—60 分钟	1—2 小时	2 小时以上	合计	卡方值及其显著性	Phi 系数
应用型	121 (17.36%)	339 (48.64%)	160 (22.96%)	53 (7.60%)	24 (3.44%)	697 (100%)	20.452***	0.146
模块型	78 (30.12%)	117 (45.17%)	44 (16.99%)	14 (5.40%)	6 (2.32%)	259 (100%)		
全部	207 (20.99%)	470 (47.66%)	209 (21.20%)	68 (6.90%)	32 (3.25%)	986 (100%)	—	—

注：***$p<0.001$。
986 个用户除了应用型用户 697 人和模块型用户 259 人以外，还包括了本表中未纳入统计的 30 个个性化推荐类型不明的用户。

6.2.2　其他信源的使用时间

据调查数据反映，中国网民主要从以下三类新媒体渠道获取新闻资讯。

第一类是综合性新闻网站及其客户端，其特点是提供的新闻种类多样,涵盖多个主题,内容比较综合,种类比较全面。此类可分为两种,一种是传统专业新闻媒体创办的新媒体平台,带有传统媒体的特色与属性,如人民日报社的人民网(http://www.people.com.cn/)和"人民日报"客户端,新华社的新华网(http://www.xinhuanet.com/)和"新华社"客户端、上海报业集团的"澎湃新闻"客户端等;另一种是以腾讯、网易、搜狐等门户网站为代表的网络媒体,同样具备了新闻网页和移动客户端,提供来自多家传统媒体和网络媒体的信息。

第二类是社交媒体平台,以新浪微博和腾讯微信为代表。社交媒体平台上的信息主要依据用户添加的关注来进行推送。同时,个性化推荐算法也运用其中,根据用户的互动来决定信息的过滤筛选和呈现的先后顺序。微信有别于其他社交媒体平台之处在于其相对封闭性,所以在进行使用时间对比时有必要将微博和微信这两种社交媒体区别开来。

第三类是具有互联网基因的个性化新闻推荐产品,以"今日头条"等为代表,其特征是在聚合多家媒体和自媒体生产的信息的基础上运用个性化推荐算法,为不同的用户提供差异化的信息服务。

除了新媒体来源以外,传统媒体同样是互联网新闻用户的主要信源之一。考虑到纸媒与视听媒体的差异性,调查中分别询问了受访者每天接触报纸杂志和广播电视这两类信源的时长。

受访者平均每天接触上述五类媒体信源的时长分布如表6.4所示,该表最后一行加入了个性化推荐使用时间的分布频次以作对比。

表6.4   六类信源日均使用时间的频数及其百分比

信源	不看	10分钟以内	10—30分钟	30—60分钟	1—2小时	2小时以上	合计
报纸杂志	399(37.64%)	295(27.83%)	258(24.34%)	82(7.74%)	18(1.70%)	8(0.75%)	1060(100%)

续表

信源	不看	10分钟以内	10—30分钟	30—60分钟	1—2小时	2小时以上	合计
广播电视	180（16.98%）	169（15.94%）	259（24.43%）	236（22.27%）	155（14.62%）	61（5.76%）	1060（100%）
新浪微博	194（18.30%）	224（21.13%）	296（27.92%）	195（18.40%）	101（9.53%）	50（4.72%）	1060（100%）
微信	22（2.08%）	96（9.06%）	289（27.26%）	302（28.49%）	200（18.87%）	151（14.24%）	1060（100%）
综合网站	59（5.57%）	159（15.00%）	435（41.04%）	275（25.94%）	94（8.87%）	38（3.58%）	1060（100%）
个性化推荐	74（6.98%）	207（19.53%）	470（44.34%）	209（19.72%）	68（6.41%）	32（3.02%）	1060（100%）

从调查数据可知，网民对于纸媒的接触偏少，37.64%的人不看报纸杂志，16.98%的人不看广播电视。报纸杂志的使用时间的众数是"10分钟以内"，而广播电视的使用时间众数是在"10—30分钟"区间，日均使用时长高于报纸杂志。而在新媒体信源方面，网民对个性化推荐新闻、综合性新闻网站及其客户端的日均使用时长主要集中在10—30分钟区间，大体上呈现近似的正态分布；而新浪微博用户的日均使用时间的众数虽然也落在这个区间，但相对比较分散，且因为选择"不看"和"10分钟以内"的人较多而明显地表现出正偏态（positive skewness）分布。通过微信朋友圈及公众号来看新闻的网民日均使用时长也是分布相对比较分散的，但是总体上使用时间较长，众数出现在30—60分钟的区间内，其次是10—30分钟的区间，日均使用时长在1—2小时以及2小时以上的网民在四种新媒体信源中是最多的，整体呈现负偏态（negative skewness）分布。

图6.1直观地展示了网民对两类传统媒体和四类新媒体（包括个性化推荐在内）日均使用时长的对比。

进一步对四种新媒体信源的使用时长进行交叉分析，发现p值

第六章 个性化推荐新闻使用现状

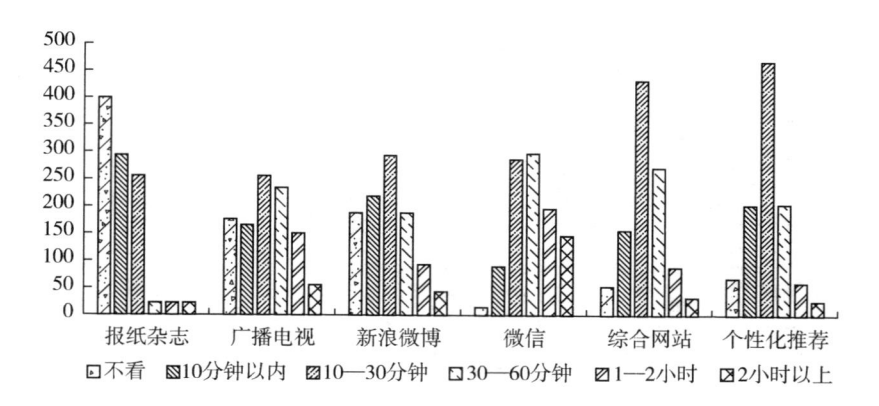

图 6.1 六类信源日均使用时间对比

均小于 0.001，拒绝原假设，说明不同新媒体信源使用时长之间的差异是显著的。统计结果如表 6.5 所示。

表 6.5 新媒体信源接触时间交叉分析输出的卡方值、Gamma 系数及其显著性

信源	新浪微博	微信	综合网站	个性化推荐
新浪微博	—	—	—	—
微信	363.816 (0.403)***	—	—	—
综合网站	275.864 (0.349)***	223.826 (0.365)***	—	—
个性化推荐	150.568 (0.295)***	207.200 (0.349)***	1251.118 (0.722)***	—

注：***$p<0.001$；括号外是卡方值，括号内是 Gamma 系数。

6.2.3 个性化推荐新闻用户的感知

用户对个性化新闻推荐系统所推荐的信息所感知到的重要性、可信度和满足感的统计结果如表 6.6 所示，可见用户普遍比较认同个性化新闻推荐系统的信息是重要的、真实可信的、能够满足需求的。

表 6.6　感知到的重要性、可信度和满足感的统计结果（N=986）

题项	完全不同意	不同意	既不同意也不反对	同意	完全同意	合计	均值（标准差）
个性化新闻推荐的信息是重要的	17（1.72%）	74（7.51%）	381（38.64%）	427（43.31%）	87（8.82%）	986（100.00%）	3.50（0.825）
个性化新闻推荐的信息是真实可信的	18（1.83%）	98（9.94%）	454（46.04%）	313（31.74%）	103（10.45%）	986（100.00%）	3.39（0.869）
个性化新闻推荐的信息能满足我的需求	20（2.03%）	73（7.40%）	321（32.56%）	421（42.70%）	151（15.31%）	986（100.00%）	3.62（0.902）

两类用户的感知对比如表 6.7 所示。从中可知，应用型个性化推荐用户对于个性化新闻推荐系统所推送的信息的重要性、可信度以及满足感这三项的评价都显著高于模块型个性化推荐用户的评价，两组数值的差异是非常显著的。

表 6.7　两类用户对个性化推荐系统感知的均值分析（N=956）

变量	取值范围	应用型均值及其标准差	模块型均值及其标准差	t 值及其显著性
感知重要性	[1, 5]	3.60（0.797）	3.28（0.812）	−5.472***
感知可信度	[1, 5]	3.49（0.854）	3.17（0.827）	−5.211***
满足感	[1, 5]	3.74（0.877）	3.34（0.859）	−6.206***

注：***$p<0.001$。

6.2.4　用户所处网络的异质化/同质化程度

个性化新闻推荐系统的用户所处网络异质化、同质化程度对应的选项频数分布及统计结果如表 6.8 所示。

表 6.9 将应用型用户和模块型用户所处网络异质化、同质化程度进行对比，可以发现，两类用户在所处网络异质化程度与同质化程度的差异都是显著的，应用型用户在异质化、同质化程度上都比模块型用户显著更高。

第六章 个性化推荐新闻使用现状

表6.8 用户所处网络异质化/同质化程度 （N=986）

变量	维度	0	1	2	3	4	5	6	7	8	9	10	均值（标准差）	均值（标准差）
网络同质化	网上	101（10.24%）	103（10.45%）	112（11.36%）	91（9.23%）	90（9.13%）	145（14.71%）	105（10.65%）	90（9.13%）	77（7.81%）	28（2.84%）	44（4.46%）	4.31（2.828）	4.76（2.520）
	线下	58（5.88%）	73（7.40%）	71（7.20%）	84（8.52%）	93（9.43%）	141（14.30%）	97（9.84%）	130（13.18%）	112（11.36%）	63（6.39%）	64（6.49%）	5.21（2.827）	
网络异质化	网上	126（12.78%）	124（12.58%）	126（12.78%）	121（12.27%）	89（9.03%）	137（13.89%）	99（10.04%）	77（7.81%）	38（3.85%）	23（2.33%）	26（2.64%）	3.74（2.672）	4.03（2.407）
	线下	83（8.42%）	128（12.98%）	86（8.72%）	92（9.33%）	121（12.27%）	133（13.49%）	107（10.85%）	96（9.74%）	73（7.40%）	26（2.64%）	41（4.16%）	4.33（2.765）	

表6.10 用户性格的统计结果 （N=986）

变量	题项	完全不同意	比较不同意	有点不同意	既不同意也不反对	有点同意	比较同意	完全同意	均值（标准差）	均值（标准差）
外向	外向的、精力充沛的	26（2.64%）	67（6.80%）	125（12.68%）	214（21.70%）	219（22.21%）	232（23.53%）	103（10.45%）	4.66（1.517）	4.27（1.371）
	内向的、安静的*	86（8.72%）	144（14.60%）	194（19.68%）	203（20.59%）	167（16.94%）	117（11.87%）	75（7.61%）	3.88（1.698）	
经验开放	易接受新事物的、常有新想法	11（1.12%）	24（2.43%）	51（5.17%）	180（18.26%）	251（25.46%）	294（29.82%）	175（17.75%）	5.25（1.317）	4.80（1.165）
	遵循常规的、不爱创新的*	34（3.45%）	79（8.01%）	152（15.42%）	267（27.08%）	234（23.73%）	129（13.08%）	91（9.23%）	4.36（1.500）	

注：带*的题项经过了反向编码。

表 6.9　两类用户讨论频率的均值分析 （N = 956）

变量	应用型用户	模块型用户	t 值及其显著性
所处网络同质化	4.96 （2.402）	4.40 （2.676）	-2.933**
所处网络异质化	4.20 （2.330）	3.67 （2.492）	-3.033**

注：**p<0.01。

6.2.5　个性化推荐新闻用户的性格

表 6.10 列出了个性化推荐新闻用户的性格变量在相应选项上的分布频次与百分比，以及在两个性格维度上的得分均值和标准差。将应用型用户和模块型用户的性格得分作对比，可以发现，应用型用户的性格比模块型用户更外向，但是两类用户在经验开放维度上的差异不显著，如表 6.11 所示。

表 6.11　两类用户性格均值分析 （N = 956）

变量	应用型用户	模块型用户	t 值及其显著性
外向	4.40 （1.345）	3.97 （1.399）	-4.321***
经验开放	4.83 （1.144）	4.70 （1.224）	-1.573

注：***p<0.001。

6.2.6　用户的寻求信息多样化价值观

用户寻求信息多样化价值观量表各题项的分布、均值和标准差如表 6.12 所示。据统计，个性化推荐新闻用户在寻求信息多样化价值观量表上的总得分均值为 3.76，标准差为 0.723。

表 6.12　用户寻求信息多样化价值观各题项统计情况 （N = 986）

题项	1（完全不重要）	2	3	4	5（非常重要）	合计	均值（标准差）
能反映出社会上多种观点的新闻	11 (1.12%)	47 (4.77%)	229 (23.23%)	423 (42.90%)	276 (27.99%)	986 (100.00%)	3.92 (0.893)

续表

题项	1（完全不重要）	2	3	4	5（非常重要）	合计	均值（标准差）
体现不同的政治立场的新闻	16 (1.62%)	84 (8.52%)	324 (32.86%)	350 (35.50%)	212 (21.50%)	986 (100.00%)	3.67 (0.960)
来自不同媒体的新闻	18 (1.83%)	75 (7.61%)	280 (28.40%)	389 (39.45%)	224 (22.72%)	986 (100.00%)	3.74 (0.955)
不同的观点对立的新闻	15 (1.52%)	70 (7.10%)	301 (30.53%)	399 (40.47%)	201 (20.39%)	986 (100.00%)	3.71 (0.921)

笔者对比了两类个性化推荐新闻用户在寻求信息多样化价值观上的差异。如表6.13所示，两组用户只有在"体现不同的政治立场的新闻""来自不同媒体的新闻"的重要程度的感知上存在显著差异，另外两个题项的差异未达显著。不过，在由四个题项合成的寻求信息多样化价值观这个变量上，两组用户的差异仍达到了显著性水平（$p < 0.01$），总体而言，应用型用户比模块型用户表现出了更强烈的寻求信息多样化价值观。

表6.13 两类用户寻求信息多样化价值观的均值分析（N = 956）

题项/变量	取值范围	应用型用户均值及标准差	模块型用户均值及标准差	t值及其显著性
能反映出社会上多种观点的新闻	[1, 5]	3.94（0.889）	3.85（0.894）	-1.356
体现不同的政治立场的新闻	[1, 5]	3.71（0.943）	3.53（0.965）	-2.506*
来自不同媒体的新闻	[1, 5]	3.80（0.938）	3.58（0.955）	-3.242**
不同的观点对立的新闻	[1, 5]	3.74（0.908）	3.63（0.904）	-1.740
寻求信息多样化价值观	[1, 5]	3.80（0.707）	3.65（0.724）	-2.889**

注：* $p < 0.05$，** $p < 0.01$。

6.2.7 个性化推荐新闻用户的兴趣

个性化推荐新闻用户对各类新闻信息的兴趣如何？表 6.14 列出了用户对 11 类新闻的兴趣程度及其所占百分比。从"完全不感兴趣"到"很感兴趣"依次赋值 1 至 5，可算出个性化推荐新闻用户对每一类新闻的兴趣的均值和标准差。根据辛普森多样性指数计算公式（参见式 5.1）去计算，可得出个性化推荐新闻用户兴趣多样性均值为 0.90，标准差为 0.006。

表 6.14　个性化推荐新闻用户对 11 类新闻感兴趣程度的频数分布、均值和标准差

新闻类目	完全不感兴趣	不太感兴趣	一般	有点兴趣	很感兴趣	合计	均值（标准差）
政治/外交/军事	51 (5.17%)	165 (16.73%)	342 (34.69%)	270 (27.38%)	158 (16.06%)	986 (100.00%)	3.32 (1.089)
社会	15 (1.52%)	64 (6.49%)	333 (33.77%)	392 (39.76%)	182 (18.46%)	986 (100.00%)	3.67 (0.901)
财经/金融/产业	46 (4.67%)	154 (15.62%)	342 (34.69%)	270 (27.38%)	174 (17.65%)	986 (100.00%)	3.38 (1.087)
教育/文化/艺术	17 (1.72%)	103 (10.45%)	376 (38.13%)	347 (35.19%)	143 (14.50%)	986 (100.00%)	3.50 (0.924)
环境生态	17 (1.72%)	119 (12.07%)	390 (39.55%)	306 (31.03%)	154 (15.62%)	986 (100.00%)	3.47 (0.952)
医药卫生	28 (2.84%)	131 (13.29%)	398 (40.37%)	319 (32.35%)	110 (11.16%)	986 (100.00%)	3.36 (0.943)
体育	69 (7.00%)	183 (18.56%)	320 (32.45%)	240 (24.34%)	174 (17.65%)	986 (100.00%)	3.27 (1.159)
影视娱乐	29 (2.94%)	83 (8.42%)	234 (23.73%)	375 (38.03%)	265 (26.88%)	986 (100.00%)	3.77 (1.029)
科技/计算机/互联网	22 (2.23%)	89 (9.03%)	290 (29.41%)	354 (35.90%)	231 (23.43%)	986 (100.00%)	3.69 (0.998)

续表

新闻类目	完全不感兴趣	不太感兴趣	一般	有点兴趣	很感兴趣	合计	均值（标准差）
消费/时尚/旅游	24 (2.43%)	71 (7.20%)	256 (25.96%)	347 (35.19%)	288 (29.21%)	986 (100.00%)	3.82 (1.013)
生活休闲/人情趣闻	28 (2.84%)	79 (7.91%)	246 (24.95%)	392 (39.76%)	242 (24.54%)	986 (100.00%)	3.75 (1.003)

应用型个性化推荐用户与模块型个性化推荐用户对11类新闻的兴趣是否存在显著差异？如表6.15所示，在政治/外交/军事新闻、社会新闻、财经/金融/产业新闻、环境生态新闻、医药卫生新闻这五个新闻类目上，应用型个性化推荐用户比模块型个性化推荐用户表现出显著更强的兴趣。而两类用户对教育/文化/艺术新闻、体育新闻、影视娱乐新闻、科技/计算机/互联网新闻、消费/时尚/旅游新闻、生活休闲/人情趣闻这六类新闻的兴趣不存在显著差异。从辛普森多样性指数来看，应用型用户对各类新闻的总体兴趣也显著高于模块型用户。

表6.15　　　　两类用户兴趣的均值对比（N=956）

新闻类目	取值范围	应用型用户均值及标准差	模块型用户均值及标准差	t值及其显著性
政治/外交/军事新闻	[1, 5]	3.38 (1.064)	3.20 (1.133)	-2.289*
社会新闻	[1, 5]	3.74 (0.897)	3.53 (0.868)	-3.302**
财经/金融/产业新闻	[1, 5]	3.48 (1.069)	3.13 (1.083)	-4.504***
教育/文化/艺术新闻	[1, 5]	3.52 (0.914)	3.41 (0.941)	-1.684
环境生态新闻	[1, 5]	3.52 (0.948)	3.33 (0.943)	-2.760**
医药卫生新闻	[1, 5]	3.41 (0.921)	3.22 (0.977)	-2.832**
体育新闻	[1, 5]	3.32 (1.136)	3.19 (1.188)	-1.481
影视娱乐新闻	[1, 5]	3.76 (1.026)	3.87 (0.998)	1.553
科技/计算机/互联网新闻	[1, 5]	3.67 (1.011)	3.75 (0.962)	1.128
消费/时尚/旅游新闻	[1, 5]	3.83 (1.002)	3.76 (1.024)	-0.942
生活休闲/人情趣闻	[1, 5]	3.80 (0.941)	3.66 (1.121)	-1.757

续表

新闻类目	取值范围	应用型用户均值及标准差	模块型用户均值及标准差	t值及其显著性
兴趣的辛普森多样性指数	[0, 1]	0.904 (0.006)	0.902 (0.006)	-3.038**

注：*$p<0.05$，**$p<0.01$，***$p<0.001$。

6.2.8 用户的隐私保护知识和行为

个性化推荐新闻用户是否知道在上网过程中浏览记录会被跟踪？在986个使用个性化推荐新闻的用户中，选择"清楚知道"的有420人，占42.60%；选择"不太确定"的有455人，占46.15%；选择"不知道"的有111人，占11.26%。为便于后续统计分析，将选择"不太确定"和"不知道"的两组人合并，重编码为"不清楚或不知道"（N=566，57.40%），和"清楚知道"（N=420，42.60%）构成一组二分变量。

在隐私保护行为方面，上网时使用了隐私浏览模式、反跟踪软件或者加密VPN等方法来防止自己的浏览记录被跟踪的受访者有285人，占28.90%；而701人没有采取相应的反跟踪措施，占71.10%。

表6.16呈现了两类个性化推荐新闻用户在隐私保护知识和行为上的对比。由于进行对比的变量都是定类变量，因而采用了卡方检验。卡方检验的结果表明，两类用户在隐私保护知识上没有显著差异，但在隐私保护行为上有比较显著的差异（$p<0.01$），应用型用户中采取了隐私保护行为的比例高于模块型用户。

表6.16 两类用户的隐私保护知识及其行为的交叉分析（N=956）

变量	选项	应用型用户	模块型用户	卡方值及其显著性	Phi系数
隐私保护知识	清楚知道	290 (41.61%)	111 (42.86%)	0.121	—
	不清楚或不知道	407 (58.39%)	148 (57.14%)		

续表

变量	选项	应用型用户	模块型用户	卡方值及其显著性	Phi 系数
隐私保护行为	有	220 (31.56%)	56 (21.62%)	9.089**	0.098
	没有	477 (68.44%)	203 (78.38%)		

注：**p<0.01。

6.3 个性化推荐新闻用户的过滤气泡

如前文所述，过滤气泡效应主要反映在两个指标上：信息多样性和信息偶遇。本节将对个性化推荐新闻用户的信息多样性和信息偶遇作出统计，以反映用户所处的过滤气泡程度。

6.3.1 用户的信息多样性

本次研究所调查到的 986 位个性化新闻推荐用户接收到的 11 种新闻类目的信息相对数量的均值和标准差如表 6.17 所示。

对上述数据运用标准化的辛普森多样性指数的计算公式（参见式5.2）来计算，可得出，个性化新闻推荐系统的用户所接触到的信息多样性均值为 0.97，标准差为 0.035。信息多样性均值的大小并不能直接反映出用户接收到的新闻类目的多少，此处需结合辛普森多样性指数的分布来解读。图 6.2 所反映的是在不同的新闻类目所占比例都相等的情况下，随着新闻类目数量的增多，辛普森多样性指数和标准化的辛普森多样性指数的变化趋势。不过在现实情况中，用户所接触到的不同类目的新闻信息的比例并不一定是相等的，不同类目所占比例的高低差异将使实际中的辛普森多样性指数以及标准化的辛普森多样性指数比图 6.2 所示的数值更低一些。

由于本书对信息多样性的计算采用的是标准化的辛普森多样性指数，故根据均值 0.97 可推算，在 11 种新闻类目中，个性化推荐用

表 6.17　个性化新闻推荐系统用户接收的信息的相对数量（N=986）

新闻类目	0	1	2	3	4	5	6	7	8	9	10	合计	均值(标准差)
政治/外交/军事	86 (8.72%)	165 (16.73%)	117 (11.87%)	107 (10.85%)	89 (9.03%)	101 (10.24%)	81 (8.22%)	67 (6.80%)	66 (6.69%)	45 (4.56%)	62 (6.29%)	986 (100.00%)	4.15 (2.998)
社会	25 (2.54%)	84 (8.52%)	114 (11.56%)	109 (11.05%)	103 (10.45%)	146 (14.81%)	120 (12.17%)	106 (10.75%)	87 (8.82%)	46 (4.67%)	46 (4.67%)	986 (100.00%)	4.88 (2.615)
财经/金融/产业	114 (11.56%)	152 (15.42%)	112 (11.36%)	83 (8.42%)	108 (10.95%)	106 (10.75%)	89 (9.03%)	69 (7.00%)	72 (7.30%)	33 (3.35%)	48 (4.87%)	986 (100.00%)	4.01 (2.939)
教育/文化/艺术	46 (4.67%)	124 (12.58%)	122 (12.37%)	125 (12.68%)	115 (11.66%)	122 (12.37%)	96 (9.74%)	86 (8.72%)	65 (6.59%)	33 (3.35%)	52 (5.27%)	986 (100.00%)	4.39 (2.728)
环境生态	76 (7.71%)	140 (14.20%)	155 (15.72%)	105 (10.65%)	95 (9.63%)	100 (10.14%)	99 (10.04%)	85 (8.62%)	55 (5.58%)	29 (2.94%)	47 (4.77%)	986 (100.00%)	4.06 (2.806)
医药卫生	102 (10.34%)	150 (15.21%)	126 (12.78%)	126 (12.78%)	83 (8.42%)	122 (12.37%)	91 (9.23%)	70 (7.10%)	51 (5.17%)	20 (2.03%)	45 (4.56%)	986 (100.00%)	3.85 (2.785)
体育	123 (12.47%)	151 (15.31%)	101 (10.24%)	100 (10.14%)	89 (9.03%)	106 (10.75%)	77 (7.81%)	67 (6.80%)	64 (6.49%)	42 (4.26%)	66 (6.69%)	986 (100.00%)	4.08 (3.071)
影视娱乐	25 (2.54%)	70 (7.10%)	73 (7.40%)	85 (8.62%)	71 (7.20%)	110 (11.16%)	127 (12.88%)	103 (10.45%)	121 (12.27%)	84 (8.52%)	102 (10.34%)	986 (100.00%)	5.66 (2.845)
科技/计算机/互联网	60 (6.09%)	102 (10.34%)	103 (10.45%)	88 (8.92%)	88 (8.92%)	103 (10.45%)	105 (10.65%)	117 (11.87%)	100 (10.14%)	52 (5.27%)	71 (7.20%)	986 (100.00%)	4.93 (2.948)
消费/时尚/旅游	32 (3.25%)	90 (9.13%)	93 (9.43%)	72 (7.30%)	108 (10.95%)	114 (11.56%)	115 (11.66%)	111 (11.26%)	120 (12.17%)	58 (5.88%)	73 (7.40%)	986 (100.00%)	5.25 (2.815)
生活休闲/人情趣闻	22 (2.23%)	70 (7.10%)	83 (8.42%)	77 (7.81%)	86 (8.72%)	122 (12.37%)	100 (10.14%)	133 (13.49%)	125 (12.68%)	85 (8.62%)	83 (8.42%)	986 (100.00%)	5.63 (2.781)

注：括号外数字是频次，括号内数字是百分比。

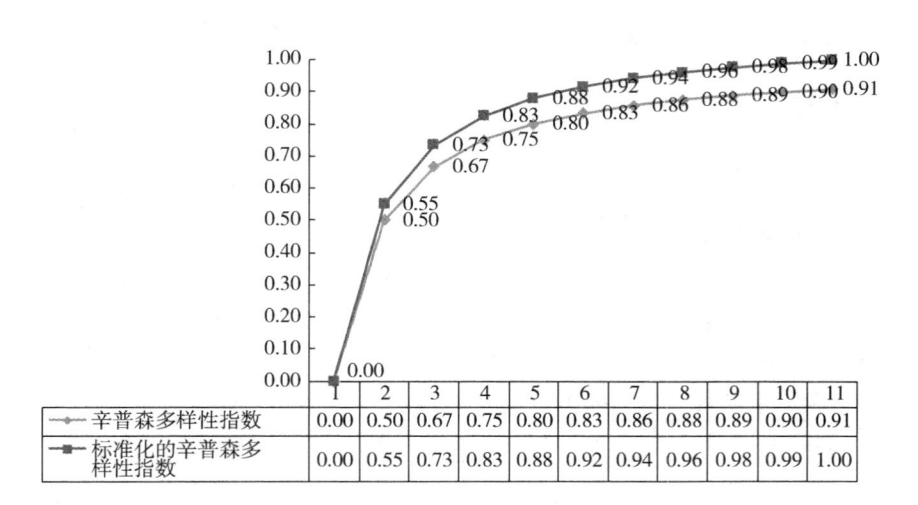

	1	2	3	4	5	6	7	8	9	10	11
辛普森多样性指数	0.00	0.50	0.67	0.75	0.80	0.83	0.86	0.88	0.89	0.90	0.91
标准化的辛普森多样性指数	0.00	0.55	0.73	0.83	0.88	0.92	0.94	0.96	0.98	0.99	1.00

图 6.2 不同的新闻类目对应的辛普森多样性指数

户接收到的新闻类目平均约为八九种。虽然数值偏高，但是，由于测量的是用户在过去一周内接收信息的情况，而非测量单次使用个性化推荐的情况，在一周的时间内可能由于多次使用而使得接触到的新闻类目及其比例都有所累加，因此，虽然数值偏高，但在统计上依然是可靠的。

笔者将个性化推荐的用户分为应用型和模块型两个组，对两组作独立样本 T 检验，以分析两组用户在接收到的各类新闻的相对数量上是否存在显著差异。根据表 6.18 可知，两组用户接收到的政治/外交/军事新闻、社会新闻、财经/金融/产业新闻、环境生态新闻、医药卫生新闻、消费/时尚/旅游新闻、生活休闲/人情趣闻存在显著差异，应用型个性化推荐的用户接收到上述 7 个类目的新闻的相对数量都比模块型个性化推荐的用户更多。而在教育/文化/艺术新闻、体育新闻、影视娱乐新闻、科技/计算机/互联网新闻这 4 个类目上，两组用户没有显著的差异。在信息多样性上，两组用户的辛普森多样性指数的差异依然是显著的，应用型个性化推荐用户的标准化辛普森系数平均值比模块型个性化推荐用户的平均值要高，这表明应用型个性化推荐的用户接收到的信息的多样性比模块型用户显著更高。

表6.18 两类用户接收到的信息均值分析（N=956）

新闻类目	取值范围	应用型均值及其标准差	模块型均值及其标准差	t值及其显著性
政治/外交/军事新闻	[0, 10]	4.34 (2.954)	3.62 (2.997)	-3.349**
社会新闻	[0, 10]	5.05 (2.599)	4.40 (2.643)	-3.457**
财经/金融/产业新闻	[0, 10]	4.24 (2.887)	3.47 (2.976)	-3.660***
教育/文化/艺术新闻	[0, 10]	4.49 (2.620)	4.12 (3.001)	-1.738
环境生态新闻	[0, 10]	4.28 (2.745)	3.54 (2.922)	-3.636***
医药卫生新闻	[0, 10]	4.06 (2.717)	3.33 (2.894)	-3.651***
体育新闻	[0, 10]	4.20 (2.961)	3.83 (3.288)	-1.562
影视娱乐新闻	[0, 10]	5.62 (2.792)	5.82 (2.891)	0.988
科技/计算机/互联网新闻	[0, 10]	4.93 (2.844)	4.92 (3.177)	-0.035
消费/时尚/旅游新闻	[0, 10]	5.41 (2.721)	4.80 (3.000)	-2.876**
生活休闲/人情趣闻	[0, 10]	5.73 (2.724)	5.38 (2.862)	-1.753*
内容多样性（标准化辛普森系数）	[0, 1]	0.974 (0.032)	0.961 (0.040)	-4.577***

注：$*p<0.05$，$**p<0.01$，$***p<0.001$。

6.3.2 用户的信息偶遇

个性化推荐新闻用户在信息偶遇量表各题项上的频数分布及其百分比、均值和标准差如表6.19所示。从"完全不同意"到"完全同意"依次赋值1至5，可算出每一个题项上的均值和标准差。各题项得分相加，可算出个性化推荐新闻用户的信息偶遇均值为36.39，标准差为6.084。

笔者进一步对比了应用型个性化新闻推荐用户和模块型个性化新闻推荐用户在信息偶遇的四个因子上的得分。如表6.20所示，两类用户通过个性化推荐系统获得的信息偶遇及其四个因子（丰富的触发器、促成联系、触发亮点、引导意外发现）都存在显著的差异，应用型个性化推荐用户的均值都显著高于模块型个性化推荐用户。

表 6.19　信息偶遇量表的频数、百分比和均值、标准差（N=986）

题项	完全不同意	不同意	既不同意也不反对	同意	完全同意	合计	均值（标准差）
个性化新闻推荐充满了对我有用的信息	22 (2.23%)	94 (9.53%)	383 (38.84%)	400 (40.57%)	87 (8.82%)	986 (100.00%)	3.44 (0.865)
我发现个性化新闻推荐中的信息对我有价值	14 (1.42%)	68 (6.90%)	353 (35.80%)	420 (42.60%)	131 (13.29%)	986 (100.00%)	3.59 (0.855)
个性化新闻推荐就像一个信息宝库	15 (1.52%)	70 (7.10%)	325 (32.96%)	433 (43.91%)	143 (14.50%)	986 (100.00%)	3.63 (0.870)
个性化新闻推荐使我将各种想法联系起来	15 (1.52%)	83 (8.42%)	372 (37.73%)	398 (40.37%)	118 (11.97%)	986 (100.00%)	3.53 (0.865)
在个性化新闻推荐中，我看到不同话题之间的联系	22 (2.23%)	68 (6.90%)	339 (34.38%)	407 (41.28%)	150 (15.21%)	986 (100.00%)	3.60 (0.903)
在个性化新闻推荐中，我领悟了不同观点之间的关系	18 (1.83%)	64 (6.49%)	375 (38.03%)	409 (41.48%)	120 (12.17%)	986 (100.00%)	3.56 (0.855)
个性化新闻推荐的特征能确保我将注意力集中在有用的信息上	16 (1.62%)	68 (6.90%)	332 (33.67%)	429 (43.51%)	141 (14.30%)	986 (100.00%)	3.62 (0.870)
个性化新闻推荐的特征使能我注意到信息	13 (1.32%)	35 (3.55%)	293 (29.72%)	466 (47.26%)	179 (18.15%)	986 (100.00%)	3.77 (0.830)

续表

题项	完全不同意	不同意	既不同意也不反对	同意	完全同意	合计	均值（标准差）
个性化新闻推荐引导我浏览某些内容	4 (0.41%)	35 (3.55%)	263 (26.67%)	458 (46.45%)	226 (22.92%)	986 (100.00%)	3.88 (0.813)
个性化新闻推荐的特征能提醒我某些信息	9 (0.91%)	45 (4.56%)	302 (30.63%)	497 (50.41%)	133 (13.49%)	986 (100.00%)	3.71 (0.789)
在个性化新闻推荐中，我会偶然遇到意想不到的内容	6 (0.61%)	38 (3.85%)	297 (30.12%)	481 (48.78%)	164 (16.63%)	986 (100.00%)	3.77 (0.790)
在个性化新闻推荐中，我能看到意想不到的内容	6 (0.61%)	39 (3.96%)	333 (33.77%)	458 (46.45%)	150 (15.21%)	986 (100.00%)	3.72 (0.790)
在个性化新闻推荐中，我会偶然遇到某些话题	10 (1.01%)	39 (3.96%)	292 (29.61%)	492 (49.90%)	153 (15.52%)	986 (100.00%)	3.75 (0.799)
个性化新闻推荐使我接触到一些不熟悉的信息	10 (1.01%)	54 (5.48%)	318 (32.25%)	436 (44.22%)	168 (17.04%)	986 (100.00%)	3.71 (0.848)
在个性化新闻推荐中，我会偶然发现一些信息	8 (0.81%)	26 (2.64%)	281 (28.50%)	507 (51.42%)	164 (16.63%)	986 (100.00%)	3.80 (0.769)

表 6.20　　两类用户的信息偶遇均值分析（N=956）

变量及其因子	应用型均值及其标准差	模块型均值及其标准差	t 值及其显著性
信息偶遇—丰富触发	10.97（2.144）	9.96（2.228）	-6.401***
信息偶遇—促成联系	10.90（2.158）	10.19（2.066）	-4.584***
信息偶遇—触发亮点	15.30（2.539）	14.27（2.635）	-5.539***
信息偶遇—引导意外发现	18.96（3.054）	18.37（3.085）	-2.627**
信息偶遇（总）	37.18（5.905）	34.63（5.991）	-5.923***

注：**$p<0.01$，***$p<0.001$。

综上所述，应用型个性化新闻推荐用户群体的信息多样性和信息偶遇都显著高于模块型个性化新闻推荐用户群体，应用型个性化新闻推荐系统的用户体验更佳，而模块型个性化新闻推荐系统的用户更容易陷入过滤气泡中。

6.4　个性化推荐新闻用户的人口特征

调查中986个个性化推荐新闻用户的性别、年龄、受教育程度、收入和职业如表6.21和表6.22所示。可见，个性化推荐新闻用户群体中男性略多于女性，受教育程度以大学为主，包括大专和本科，占56.28%，月收入水平主要在3000—4999元（36.92%），职业以体制外的工作为主（66.02%），平均年龄为32.02岁，比较年轻。

表 6.21　　两类用户性别、受教育程度、月收入、职业的交叉分析结果

变量	选项	全部用户①	应用型个性化推荐用户	模块型个性化推荐用户	卡方值及其显著性	Phi 系数
性别	男	537（54.46%）	369（52.94%）	153（59.07%）	2.865	—
	女	449（45.54%）	328（47.06%）	106（40.93%）		

① 笔者注：全部用户包括应用型、模块型和不明类型的个性化推荐系统用户，因不明类型的用户人数很少且并非对比的重点，故不列出相关数据。表6.22亦是如此。

续表

变量	选项	全部用户①	应用型个性化推荐用户	模块型个性化推荐用户	卡方值及其显著性	Phi系数
受教育程度	小学及以下	14 (1.42%)	8 (1.15%)	4 (1.55%)	5.843	—
	中学	368 (37.32%)	246 (35.29%)	112 (43.24%)		
	大学	555 (56.28%)	409 (58.68%)	130 (50.19%)		
	研究生	49 (4.97%)	34 (4.88%)	13 (5.02%)		
收入	1000元以下	94 (9.53%)	51 (7.32%)	37 (14.29%)	45.371***	0.218
	1000—2999元	166 (16.84%)	96 (13.77%)	63 (24.32%)		
	3000—4999元	364 (36.92%)	249 (35.73%)	101 (39.00%)		
	5000—9999元	267 (27.08%)	220 (31.56%)	45 (17.37%)		
	10000—19999元	76 (7.71%)	64 (9.18%)	11 (4.25%)		
	20000元及以上	19 (1.93%)	17 (2.44%)	2 (0.77%)		
职业	体制外	651 (66.02%)	465 (66.71%)	166 (64.09%)	0.578	—
	体制内	335 (33.98%)	232 (33.29%)	93 (35.91%)		

注：***$p<0.001$。

表6.22　　两类用户年龄均值分析

变量	全部用户均值及标准差	应用型用户均值及标准差	模块型用户均值及标准差	t值及其显著性
年龄	32.02（10.738）	32.85（10.465）	30.27（11.184）	−3.325**

注：**$p<0.01$。

两类个性化推荐新闻用户在人口统计变量上是否有显著差异？笔者运用了列联表来对比两组用户在性别和职业这两个定类变量上的差异并作卡方检验，原问卷中的职业变量按照工作属于体制内还是体制外重新编码为二分变量，而受教育程度和收入是定序变量，在统计中可作为定类变量来处理，统计结果如表 6.10 所示。卡方检验的结果表明，两组用户在收入上存在显著差异（$\chi^2 = 45.371$，$p < 0.001$），应用型个性化推荐用户比模块型个性化推荐用户的平均收入显著更高。虽然两组用户的月收入水平都集中在 3000—4999 元，但是应用型用户在 5000 元以上所占的比例均高于模块型用户，而在 3000 元以下所占的比例均低于模块型用户。而两组用户在性别、受教育程度和职业上的差异未达显著。

年龄在问卷中作为一个连续的定比变量，应采用独立样本 T 检验。如表 6.22 所示，对两组用户年龄的均值进行对比，发现年龄存在显著差异，应用型个性化推荐用户群体比模块型个性化推荐用户群体的平均年龄显著更高。

总体而言，应用型个性化推荐用户群体比模块型个性化推荐用户群体的平均收入和平均年龄都更高。从两类用户群体的年龄分布来看，模块型用户总体年龄偏低，未成年人所占比例更高。应用型个性化推荐需在移动端下载安装使用，未成年人在家庭和学校中都会受到一定程度的手机使用限制，而模块型只需上网打开浏览器即有可能接触，对上网设备的要求更低，因而比较适合不方便通过手机上网的低龄群体。

6.5　不同用户群体的"算法新闻鸿沟"

如前文所述，笔者认为，个性化新闻推荐算法可能造成"算法新闻鸿沟"，该鸿沟可能表现在使用时间、内容差异、用户感知、信息多样性、信息偶遇这五个变量上。笔者根据中国社会典型的人口统计特征(性别、年龄、受教育程度、收入、职业)对推荐算法新闻用户群体进行划分,探讨不同人口特征的用户群体中是否存在算法新闻鸿沟现象。

在上述五个人口统计变量中,性别和职业属于二分的定类变量,故采用独立样本 T 检验。年龄是一个连续的定比变量,为了更能体现不同年龄群体的差异,笔者对用户群体的年龄作重新编码,重新编码过程中参照了中国互联网络信息中心在《中国互联网络发展状况统计报告》中对网民年龄段的划分,在此基础上进一步将 45 岁以上群体划分为 45—60 岁、60 岁以上两个群体,故将算法用户群体分为青少年组(24 岁及以下)、青年组(25—34 岁)、中青年组(35—44 岁)、中年组(45—60 岁)和老年组(60 岁以上)这五个组进行分析。受教育程度、收入,以及重新编码后的年龄都属于定序变量,因而采用 ANOVA 方差分析。

6.5.1 不同用户群体的使用时间

从个性化推荐新闻的使用时间上看,不同的性别、年龄、收入水平的群体之间表现出了显著差异,而不同的受教育程度和不同职业的用户群体之间未表现出显著差异,如表 6.23 所示。

表 6.23 不同用户群体的个性化推荐新闻使用时间对比 (N=986)

变量	选项	平均值	标准差	t 值/F 值及其显著性
性别	男	3.31	0.981	3.936*
	女	3.15	0.943	
年龄	24 岁及以下	3.14	1.000	2.956*
	25—34 岁	3.36	0.978	
	35—44 岁	3.20	0.937	
	45—60 岁	3.32	0.878	
	60 岁以上	2.82	0.982	

续表

变量	选项	平均值	标准差	t值/F值及其显著性
受教育程度	小学及以下	2.57	0.938	2.276
	中学	3.26	1.004	
	大学	3.24	0.944	
	研究生	3.22	0.896	
收入	1000 元以下	3.01	1.122	3.888**
	1000—2999 元	3.21	1.020	
	3000—4999 元	3.24	0.955	
	5000—9999 元	3.30	0.854	
	10000—19999 元	3.13	0.885	
	20000 元及以上	4.00	1.291	
职业	体制内	3.19	0.938	-1.078
	体制外	3.26	0.981	

注：*$p<0.05$，**$p<0.01$。

具体而言，男性用户的使用时间显著多于女性用户；使用时间在不同年龄段的分布上出现了两个峰值，一个是在 25—34 岁年龄段，另一个是在 45—60 岁的中年群体，略低于前者，其次是 35—44 岁的中青年群体，再次是 24 岁及以下的青少年群体，最后是 60 岁以上的老年群体。在调查实施之时，个性化推荐新闻仍属于比较新颖的事物，年轻群体新媒体素养较高，且心态上容易接受新事物，所以 25—34 岁的青年群体使用时间最长；而同样年轻的 24 岁及以下的青少年群体使用时间较少，主要因为大部分人是在校学生，受经济未独立和家庭、学校约束手机使用的影响，接触个性化算法推荐新闻的机会相对较少；35—44 岁的中青年群体正处于"上有老、下有小"的时期，事业家庭需两头兼顾的他们相对来说闲暇时间较少，使用个性化算法推荐新闻的时长也较短；而 45—60 岁的中年群体相对而言家庭和事业都处于稳定的状态，比中青年群体拥有更多闲暇时间和心态，故使用时间高于中青年群体；60 岁以上的老年群体受到新媒体素养的制约，对个性化推荐新闻这种比较新兴的事物了解相对有限，因而使用频率也相对较低。在收入方面，月收入2万元及以上的用户群体使用时间最长，使用时间最短的是1000元以下收入的用户群体，而介于两者之间的各个收入层次的用户群体的使用时间相对比较接近。

6.5.2　不同用户群体的内容差异

不同用户群体接触的个性化推荐新闻内容是否存在显著差异？笔者将11种类目的新闻进行重新编码，分为"硬新闻"[①]和"软新闻"[②]两大类，并计算出用户在硬新闻和软新闻上的平均使用时间：硬新闻平均使用时间为用户在归为硬新闻的六类资讯上的使用时间的平均值，取值范围为1至5，可算出平均值为3.45，标准差为0.641；软新闻平均使用时间为用户在归为软新闻的五类资讯上的使用时间的平均值，取值范围为1至5，可算出平均值为3.66，标准差为0.665。两类新闻的平均使用时间存在显著差异（$t = -10.762$，$p < 0.001$），个性化推荐新闻用户平均接触的软新闻多于硬新闻。不同用户群体在硬新闻和软新闻上的平均使用时间对比如表6.24所示。

表6.24　　不同用户群体接触的内容差异（N = 986）

变量	选项	硬新闻使用时间			软新闻使用时间		
		平均值	标准差	t值/F值及其显著性	平均值	标准差	t值/F值及其显著性
性别	男	3.53	0.652	3.930***	3.62	0.711	-1.719
	女	3.37	0.618		3.70	0.604	

[①]　硬新闻指政治/外交/军事新闻、财经/金融/产业新闻、教育/文化/艺术新闻、环境生态新闻、医药卫生新闻、科技/计算机/互联网新闻这六类资讯。

[②]　软新闻指社会新闻、体育新闻、影视娱乐新闻、消费/时尚/旅游新闻、生活休闲/人情趣闻这五类资讯。

续表

变量	选项	硬新闻使用时间			软新闻使用时间		
		平均值	标准差	t值/F值及其显著性	平均值	标准差	t值/F值及其显著性
年龄	24岁及以下	3.37	0.619	10.086***	3.60	0.662	1.199
	25—34岁	3.36	0.612		3.69	0.651	
	35—44岁	3.53	0.650		3.68	0.681	
	45—60岁	3.73	0.659		3.68	0.657	
	60岁以上	3.47	0.581		3.42	0.851	
受教育程度	小学及以下	3.24	0.886	2.772*	3.56	1.159	5.057**
	中学	3.40	0.661		3.55	0.663	
	大学	3.48	0.618		3.72	0.643	
	研究生	3.63	0.640		3.76	0.672	
收入	1000元以下	3.34	0.641	11.528***	3.53	0.740	8.699***
	1000—2999元	3.37	0.649		3.57	0.639	
	3000—4999元	3.34	0.638		3.56	0.658	
	5000—9999元	3.59	0.611		3.84	0.609	
	10000—19999元	3.81	0.532		3.87	0.592	
	20000元及以上	3.63	0.597		3.62	0.973	
职业	体制内	3.51	0.610	2.090*	3.67	0.662	0.294
	体制外	3.42	0.655		3.65	0.668	

注：*$p<0.05$，**$p<0.01$，***$p<0.001$。

男性和女性的硬新闻使用时间存在显著差异，男性用户接触到的硬新闻更多。但两性在软新闻使用时间上不存在显著的差异。

不同年龄群体的硬新闻使用时间存在显著差异，但在软新闻使用时间上无显著差异。45—60岁用户接触到最多的是硬新闻，其次是35—44岁的群体，再次是60岁以上群体，而35岁以下的群体反而平均使用时间较少。

不同的受教育程度的群体在硬新闻与软新闻的使用时间上都表现出了显著的差异，总体而言，随着受教育程度升高，两类新闻的使用时间都有所增长。

不同收入水平的群体在硬新闻与软新闻的使用时间上也表现出了显著的差异。总体趋势是收入越高，两类新闻的使用时间越长，但具体到每个群体又略有不同。月收入在 10000—19999 元的群体无论是在硬新闻还是在软新闻的使用上都高于其他收入层次的群体。在硬新闻使用时间上排第二的是月收入 20000 元及以上的用户群体，该群体在软新闻使用时间上排第三，而在软新闻使用时间上排第二的是 5000—9999 元收入的用户群体。该群体在硬新闻使用时间上排第三。而剩余的用户收入层次为中等偏低，这些收入层次的用户的软新闻使用时间都显著高于硬新闻使用时间。

最后，体制内工作的用户群体在硬新闻的使用时间上显著高于体制外的用户，但两者在软新闻的使用时间上不存在显著的差异。

6.5.3 不同用户群体的感知

三个与用户感知有关的变量是感知的重要性、感知的可信度、满足感。统计分析结果如表 6.25 所示。

不同性别的群体在三个变量上都没有表现出显著的差异。

在不同的年龄群体中，三个变量都表现出了显著的差异。感知重要性和感知可信度这两个变量的情况比较相似，总体上都呈现出年龄越高，越认为个性化推荐新闻重要、可信的趋势，其中得分最高的都是 45—60 岁的群体，得分最低的都是 24 岁及以下的群体。而满足感则呈现出中间高、两头低的类正态分布曲线，35—44 岁的用户群体的满足感最强，随着年龄层的升高、降低，满足感得分越来越低，最低的组依然是 24 岁及以下的用户群体。总而言之，在各年龄层的用户中，中老年用户对个性化推荐新闻的评价最高，青少年用户则对个性化推荐新闻的评价最低。

在受教育程度这个变量上，不同受教育程度的用户群体的感知可信度未表现出显著的差异，而在感知重要性和满足感上，差异是比较显著的。大学学历群体的感知重要性最高，研究生学历群体的满

表 6.25 不同用户群体对个性化推荐新闻的感知对比（N=986）

变量	选项	感知重要性 平均值	感知重要性 标准差	感知重要性 t值/F值及其显著性	感知可信度 平均值	感知可信度 标准差	感知可信度 t值/F值及其显著性	满足感 平均值	满足感 标准差	满足感 t值/F值及其显著性
性别	男	3.52	0.826	0.736	3.41	0.883	0.832	3.60	0.919	−0.654
	女	3.48	0.824		3.37	0.853		3.64	0.881	
年龄	24岁及以下	3.33	0.868	6.023***	3.21	0.908	5.732***	3.45	0.967	4.531**
	25至34岁	3.54	0.830		3.42	0.873		3.66	0.922	
	35至44岁	3.56	0.771		3.52	0.799		3.74	0.821	
	45至60岁	3.71	0.755		3.53	0.851		3.73	0.789	
	60岁以上	3.64	0.505		3.45	0.522		3.55	0.688	
受教育程度	小学及以下	2.86	1.099	4.232**	2.93	1.207	2.058	2.79	1.051	6.490***
	中学	3.44	0.843		3.35	0.811		3.54	0.885	
	大学	3.55	0.801		3.43	0.891		3.68	0.901	
	研究生	3.51	0.794		3.45	0.914		3.80	0.841	
收入	1000元以下	3.19	0.919	12.883***	3.06	0.878	12.854***	3.28	1.010	13.943***
	1000—2999元	3.27	0.870		3.14	0.859		3.30	0.896	
	3000—4999元	3.44	0.778		3.38	0.843		3.60	0.878	
	5000—9999元	3.71	0.763		3.54	0.791		3.87	0.824	
	10000—19999元	3.82	0.761		3.89	0.960		3.92	0.779	
	20000元及以上	3.89	0.658		3.26	0.806		3.84	0.898	

续表

变量	选项	感知重要性			感知可信度			满足感		
		平均值	标准差	t值/F值及其显著性	平均值	标准差	t值/F值及其显著性	平均值	标准差	t值/F值及其显著性
职业	体制内	3.47	0.833	-0.693	3.29	0.897	-2.700**	3.62	0.920	0.130
	体制外	3.51	0.821		3.44	0.851		3.62	0.893	

注：**p<0.01，***p<0.001。

足感最强,而在上述的两个变量上得分最低的是小学及以下受教育程度的群体,总体而言,受教育程度越高的用户,越是认为个性化推荐新闻是重要的、是能够满足自己的信息需求的;受教育程度越低的用户,对个性化推荐新闻的评价就越低。这表明,个性化推荐新闻的推送效果如何,除了算法的因素外,更与用户自身的因素密不可分:受教育程度高的用户,相应地,新媒体素养也会更高,更能够利用个性化推荐算法的特性帮助自己获取质量较佳的信息,因而对个性化推荐新闻的评价也更高。

在收入这个变量上,不同收入水平用户群体的感知重要性、感知可信度、满足感都表现出了显著的差异。用户的感知重要性随着收入水平的提升而升高,最高的是 20000 元及以上的用户群体。感知可信度和满足感在总体上也表现出随着收入水平的提升而升高的趋势,不过峰值出现在月收入为 10000—19999 元的群体中,在 20000 元及以上的用户群体中又有所回落。

在不同的职业群体中,感知重要性和满足感都没有表现出显著差异,只有在感知可信度上是有显著差异的:体制外工作的用户群体比体制内工作的用户群体更趋于认为个性化推荐新闻的内容是可信的。

6.5.4 不同用户群体的信息多样性

不同用户群体的信息多样性的差异如表 6.26 所示。

在不同的年龄群体中,信息多样性随着年龄的增长而增长,24 岁及以下用户群体的信息多样性是最低的,而 60 岁以上用户群体的信息多样性是最高的。随着受教育程度的提升,用户的信息多样性也在提升,小学及以下学历的用户群体的信息多样性是最低的,研究生学历的用户群体的信息多样性最高。不同收入的用户群体的信息多样性也表现出了相似的分布,总体上看,收入越高,接触的信息多样性越高,不过其谷值出现在月收入 1000—2999 元的用户群体中，而峰值则出现在 20000 元及以上的用户群体中。不同性别、职业的用户群体的信息多样性未表现出显著的差异。

表 6.26　不同用户群体的信息多样性对比（N = 986）

变量	选项	平均值	标准差	t 值/F 值及其显著性
性别	男	0.972	0.032	-1.796
	女	0.968	0.037	
年龄	24 岁及以下	0.965	0.037	4.908**
	25—34 岁	0.969	0.029	
	35—44 岁	0.974	0.041	
	45—60 岁	0.979	0.022	
	60 岁以上	0.985	0.017	
受教育程度	小学及以下	0.958	0.037	4.495**
	中学	0.966	0.042	
	大学	0.973	0.029	
	研究生	0.979	0.024	
收入	1000 元以下	0.965	0.039	8.417***
	1000—2999 元	0.962	0.037	
	3000—4999 元	0.967	0.040	
	5000—9999 元	0.979	0.022	
	10000—19999 元	0.981	0.023	
	20000 元及以上	0.982	0.019	
职业	体制内	0.970	0.035	-0.472
	体制外	0.971	0.034	

注：**$p < 0.01$，***$p < 0.001$。

6.5.5　不同用户群体的信息偶遇

不同用户群体的信息偶遇的对比参见表 6.27。

在信息偶遇这个变量上，男性和女性用户群体未表现出显著的差异。

表 6.27　　　　不同用户群体的信息偶遇对比（N = 986）

变量	选项	平均值	标准差	t 值/F 值及其显著性
性别	男	36.22	6.213	-0.943
	女	36.59	5.926	
年龄	24 岁及以下	35.08	6.436	6.122***
	25—34 岁	36.94	5.839	
	35—44 岁	36.89	6.023	
	45—60 岁	37.58	5.422	
	60 岁以上	35.36	4.296	
受教育程度	小学及以下	31.64	8.793	4.469**
	中学	35.93	5.906	
	大学	36.81	6.073	
	研究生	36.43	5.990	
收入	1000 元以下	34.20	6.766	13.297***
	1000—2999 元	34.70	6.339	
	3000—4999 元	35.89	5.755	
	5000—9999 元	37.98	5.496	
	10000—19999 元	38.97	5.980	
	20000 元及以上	38.89	5.332	
职业	体制内	36.26	6.246	-0.484
	体制外	36.46	6.002	

注：**$p < 0.01$，***$p < 0.001$。

不同年龄群体的信息偶遇呈现出类似于双峰分布的现象，首先是 45—60 岁的用户群体的信息偶遇得分是最高的，其次是 25—34 岁的群体，再次是处于两者之间的 35—44 岁的群体，又次是 60 岁以上的群体，最后是 24 岁及以下的群体。总体而言，中年群体的信息偶遇高于老年群体和青少年群体。

不同受教育程度的用户群体的信息偶遇表现出了显著的差异。首先是最高值出现在大学学历的群体，其次是研究生群体，再次是中学学历的群体，最后是小学及以下学历的群体。

不同收入水平的用户群体的信息偶遇也表现出了显著的差异。总体来说，月收入越高的用户群体的信息偶遇得分也越高，不过峰值出现在 10000—19999 元的用户群体中，其次是 20000 元及以上的用户群体，剩余四个收入水平的用户群体的信息偶遇随着收入水平的提升而增长。

在不同职业的用户群体身上，信息偶遇并未表现出显著的差异。

6.5.6 "算法新闻鸿沟"分析

针对 RQ3 及其子问题，笔者对个性化推荐新闻用户群体中的"算法新闻鸿沟"进行分析，具体涉及使用沟（使用时长的差异）、内容沟（内容的差异）、感知沟（对个性化推荐新闻的感知差异）、信息多样性沟（信息多样性上的差异）、信息偶遇沟（信息偶遇上的差异）。

使用沟存在于不同的性别、年龄、收入群体中：男性较女性使用时间更长；青年群体（25—34 岁）和中年群体（45—60 岁）显著高于其他群体，月收入 2 万元以上用户的使用时间最长，而学历、工作性质则与之无关。

内容沟表现为不同人口特征的用户通过个性化推荐算法接触的内容差异：男性、中年用户（45—60 岁）、体制内工作者会比其他与之相对应的群体接触到更多硬新闻；受教育程度、收入水平越高的用户，硬新闻和软新闻的使用时间都越长。总的来说，用户通过个性化推荐算法接触到的软新闻多于硬新闻。

感知沟存在于不同的年龄、受教育程度、收入、职业群体中：45—60 岁的中年用户群体对个性化推荐新闻的重要性、可信度、满足感的评价几乎都是最高的。大学学历、月收入 20000 元及以上的群体的感知重要性得分最高，而研究生学历的群体、月收入 10000—19999 元的群体在另外两个感知变量上的得分也高于其他群体。职业的影响仅表现在感知可信度上，体制外工作的用户群体更加认同个性化推荐新闻内容的真实性。

信息多样性沟存在于不同的年龄、受教育程度、收入群体中：60岁以上、研究生学历、月收入20000元及以上用户群体的信息多样性最高。不过，60岁以上的老年人群体的信息多样性高于其他群体，并不意味着他们的信息素养高。这说明个性化推荐新闻对于新媒体素养不高、信源比较局限的老年人群体来说，可以使他们接触到更加多样化主题的信息，弥补他们在信息获取上的不足，从这个意义上说，个性化算法推荐新闻对于缩小老年群体与年轻群体之间的信息鸿沟来说可能是有益的。

　　信息偶遇沟存在于不同的年龄、受教育程度、收入群体中：45—60岁、大学学历、月收入在10000—19999元的用户群体的信息偶遇程度是最高的。可见，信息偶遇在一定程度上受到社会经济地位的影响，同上所述，45—60岁中年用户群体的信息偶遇高于其他群体也不代表该群体的信息素养水平更高，这一现状或许说明该群体通过个性化算法新闻推荐获得的益处高于其他群体。

　　可见，对于算法新闻鸿沟来说，收入和年龄是非常稳健的变量，对于上述五种鸿沟都是显著的，受教育程度、性别的影响次之，工作性质的影响最弱。总体而言，社会经济地位和年龄是产生算法新闻鸿沟的主要因素，这表明算法新闻鸿沟与新媒体素养有一定的间接关联，社会经济地位越高的用户通过算法获益越多，这一结论与大多数数字鸿沟的研究结论是一致的。

　　不同之处在于，与以往的数字鸿沟研究结论相比，本调查发现受教育程度并未显著影响用户的个性化推荐使用时间，即受教育程度未显著影响用户的使用沟。这可能与个性化推荐新闻资讯获取的低门槛、娱乐性质较强有关。从前面的分析也可知，个性化推荐新闻用户平均接触的软新闻多于硬新闻，因而受教育程度的影响并不显著。不过，受教育程度会影响用户的内容沟，随着受教育程度的提升，用户接触的硬新闻和软新闻都会增加。

　　研究还发现，年龄对算法鸿沟的影响集中表现在45—60岁的中年群体身上。在五种类型的算法新闻鸿沟上，中老年人不再是数字时代的弱势群体，相反，45—60 岁的中年群体在个性化推荐新闻的使用时间、硬新闻的接触、感知重要性、感知可信度、满足感、信息多样性、信息偶遇上普遍高于其他年龄群体，而 24 岁以下的青少年群体在上述指标上的得分几乎是所有年龄群体中最低的。这与杨洸和佘佳玲的调查发现中壮年用户（31—45 岁）参与算法新闻最积极，高于中老年用户和青年用户的结论[①]有所不同，本研究虽然也发现青年以及青少年组对算法新闻的参与较少，但是参与最活跃的是 45—60 岁的群体。出现这样的差异可能是因为调查实施的时间点不同。在较早期，"今日头条"为了迅速开拓市场，通过与手机厂商合作，在出厂的新手机上预装应用程序，越低价位的手机往往预装的程序也越多，而低价位手机的主要消费群体就是中老年人，因而此营销措施为"今日头条"带来了大量中老年用户。随着用户群体的扩张，"今日头条"也在寻求用户群体的年轻化，逐渐从高龄群体向中、低龄群体渗透，用户群体的年龄特征也发生了变化。但无论是在杨洸等学者的调查中，还是在本研究的调查中，青少年及青年群体都是对算法新闻参与较少的群体。年轻群体与中老年群体之间存在的差异呈现出与过去所研究的数字鸿沟颠倒的现状。不过，正如前文所述，这并不能说明中老年人在算法素养上优于其他群体，因为上述指标多为受访者自我报告的结果，并且中老年人对算法推荐新闻的感知可信度偏高也反映出他们在信息甄别素养上的不足，但是调查数据至少能说明相较于其他社会群体，中老年人从算法推荐新闻中获益较多。这可能是因为个性化推荐算法几乎不依靠个人的主观能动性去获取信息，对于用户而言个性化推荐算法是一种被动接受的信息推送，这对于新媒体传播技术的劣势人群而言，反而使

---

① 杨洸、佘佳玲：《算法新闻用户的数字鸿沟：表现及影响》，《现代传播——中国传媒大学学报》2020 年第 42 卷第 4 期。

他们有机会接触到超越自己能力范围以外的信息。因此从这个意义上讲，如能善用推荐算法，或许有利于弥合中老年人与年轻群体的数字信息鸿沟。

6.6 本章小结

本章通过调查数据对个性化推荐在当前我国互联网新闻资讯传播中的应用现状、竞争状况、用户规模、用户特征等基本情况作了描述。目前个性化新闻推荐系统的用户规模约为5.38亿。调查反映用户最常使用的个性化新闻推荐系统居前五位的依次是："今日头条"、百度搜索主页下的新闻推荐、UC浏览器中的新闻推荐、"天天快报""一点资讯"。"今日头条"占据比较明显的竞争优势。根据个性化推荐系统的特点，可分为应用型和模块型两类，应用型个性化新闻推荐产品是主流。

第二节对个性化推荐新闻用户的使用情况作统计分析，发现个性化推荐新闻用户的日均使用时间主要集中在10—30分钟。本节还报告了个性化推荐新闻用户对其他新媒体信源和传统媒体信源的使用时间、对推荐系统所推送的信息的感知重要性、感知可信度、满足感、所处网络的同质化程度与异质化程度、寻求信息多样化价值观、兴趣、隐私保护知识与行为、性格等多个变量的统计情况。并且对比了用户对应用型与模块型这两类个性化新闻推荐系统的使用差异：应用型用户的使用时长、感知重要性、感知可信度、满足感、所处网络的同质化程度与异质化程度、寻求信息多样化价值观、隐私保护行为均高于模块型用户。应用型用户的性格比模块型用户更外向。应用型用户对11个类目中的5个新闻类目表现出更为强烈的兴趣：政治/外交/军事新闻、社会新闻、财经/金融/产业新闻、环境生态新闻、医药卫生新闻，兴趣多样性也高于模块型用户。并且，应用型用户接收到的政治/外交/军事新闻、社会新闻、财经/金融/

产业新闻、环境生态新闻、医药卫生新闻、消费/时尚/旅游新闻、生活休闲/人情趣闻这 7 个类目的信息的相对数量显著地比模块型用户更多。

第三节对过滤气泡的两大指标——信息多样性和信息偶遇作了描述性统计，并对两类个性化推荐新闻用户的信息多样性和信息偶遇程度作对比，对 RQ4 及其子问题做出了回答。均值检验表明，两类个性化新闻推荐系统的信息多样性和信息偶遇都存在显著差异，应用型个性化推荐在上述指标上的得分都高于模块型，两类个性化新闻推荐系统产生的过滤气泡存在显著差异，模块型个性化推荐更容易使用户陷于过滤气泡。

第四节勾勒出个性化推荐新闻用户群体的主要特征：男性略多，平均年龄约 32 岁，大学学历为主，月收入较多在 3000—4999 元，体制外工作者居多。应用型和模块型用户在性别、受教育程度和职业上的差异不显著，但在收入和年龄上有显著差异：应用型个性化推荐用户群体比模块型个性化推荐用户群体的平均收入和平均年龄都更高。

结合第二至第四节的分析，可知两类个性化新闻推荐系统的用户特征及其产生的过滤气泡都有显著的差异。应用型个性化新闻推荐系统能为用户提供更佳的体验，而模块型个性化新闻推荐系统则使用户更容易受到过滤气泡效应的消极影响。尽管如此，模块型个性化新闻推荐系统也并非毫无益处，用户群体的收入和年龄因素表明，模块型更适合不方便通过移动端来上网的用户使用。

第五节探讨了"算法新闻鸿沟"的问题，分析了不同人口特征的用户群体中可能存在的使用沟、内容沟、感知沟、信息多样性沟、信息偶遇沟，对 RQ3 及其子问题作出了回答。和数字鸿沟的研究结论相似的是，社会经济地位和年龄是产生算法新闻鸿沟的主要因素，不同的是，受教育程度并未造成使用沟；中老年人并非算法鸿沟中的弱势群体,年轻群体与中老年群体之间存在的差异呈现出与过去所研究的数字鸿沟颠倒的现状。算法对于新媒体传播技术的劣势人群而言,反而能使他们有机会接触到超越自己能力范围以外的信息,可能在一定程度上有助于弥合数字信息鸿沟。

第七章 信息多样性及其影响因素分析

个性化推荐系统的使用是否导致过滤气泡？哪些个人因素和个性化新闻推荐系统的过滤气泡效应有关？本章将对过滤气泡的其中一个维度——信息多样性进行探讨，运用多元回归分析，找出与之显著相关的因素，对 RQ1 和 RQ2 所提出的研究问题及其相应的研究假设做出回答。

7.1 信息多样性的多元回归分析

本节以信息多样性为因变量，以可能产生影响的个人因素为自变量进行多元回归分析。由于信息多样性属于定比变量，且大体上呈现出近似的正态分布，因而可以进行多元线性回归分析。

为了使因变量即信息多样性符合正态分布，笔者对其进行了数学变换，由于信息多样性是通过标准化的辛普森多样性指数来计算的，而标准化的辛普森多样性指数取值范围在 0 至 1 之间，因而最适合的变换方式就是反正弦函数。① 当以标准化的信息多样性的值开方后的反正弦函数②为因变量时，在自变量中输入性别、年龄、受教

---

① 刘德寰：《现代市场研究》，高等教育出版社 2005 年版，第 354 页。
② 即 $y = \arcsin(\sqrt{\text{Simpson's Dz}})$。

育程度、收入、职业、传统媒体使用时间（报纸杂志、广播电视）、新媒体使用时间（微博、微信、综合性网站、个性化推荐）、对个性化推荐的感知（重要性、可信度、满足感）、所处网络异质化/同质化程度、寻求信息多样化的价值观、兴趣多样性、隐私保护知识与行为、性格特质（外向、经验开放）。其中，定类变量需事先处理成虚拟变量再输入回归模型中。输入变量的方法选择全部进入（Enter）。将上述因变量和自变量代入回归方程，从初次回归分析中得到各个样本的标准化残差，并将标准化残差另存为新变量。回归中输出的标准化残差正态概率散点图如图7.1所示，可见残差大体上服从正态分布。

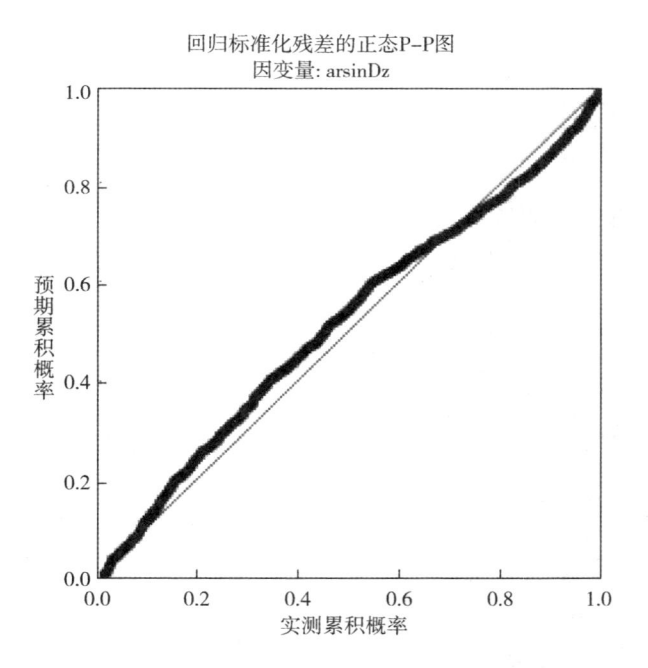

图7.1 以信息多样性的反正弦函数为因变量的
线性回归标准化残差正态概率散点图

笔者将各个自变量作数学形式的变换，代入以标准化残差为因变量的回归方程中去检验，以找出其中显著的函数变换形式，取最优结果。最终将多次筛选出的变量的函数变换形式以及它和二分变量形成的交互项代入以信息多样性为因变量的回归方程中，检验各变量的相关性和显著性。并且还考虑了自变量之间的交互效应，找出显著的交互项，并将自变量作中心化处理，使交互项的系数更易理解。[①] 通过比较不同回归方程的确定系数 R^2、F 值以及显著的自变量，最终得到以下最优的回归方程模型。多元线性回归的结果如表 7.1 所示，经检验，下列变量之间都不存在多元共线性问题。

表 7.1　信息多样性的反正弦函数为因变量的多元回归分析结果（N=986）

	自变量	非标准化系数 B	标准化系数 Beta
	常数	—	1.233***	—
人口统计变量	性别（女性=1）	0.023	0.098*
	年龄	0.001	0.135***
	受教育程度	0.009	0.046
	收入立方的倒数	0.037	0.354
	收入的自然对数	-0.088	-0.328
	收入的余弦函数	-0.010	-0.047
	职业（体制外=1）	-0.005	-0.022
个性化推荐	个性化推荐使用时间	-0.026	-0.215
对个性化推荐的感知	感知重要性	0.001	0.004
	感知可信度	0.002	0.015
	满足感	-0.047	-0.355**
传统媒体信源	报纸杂志使用时间	0.012	0.111***
	广播电视使用时间	0.001	0.011
其他新媒体信源	新浪微博使用时间	0.011	0.130*
	微信公众号和朋友圈使用时间	-0.023	-0.236*
	综合性网站使用时间	-0.004	-0.034

---

① ［美］杰卡德、图里西：《多元回归中的交互作用》，蒋勤译，格致出版社 2015 年版，第 42 页。

续表

	自变量	非标准化系数 B	标准化系数 Beta
所处网络	所处网络异质化	0.021	0.416***
	所处网络同质化	0.006	0.120**
价值观	寻求信息多样化价值观	-0.023	-0.142
兴趣	兴趣多样性	5.259	0.257***
隐私保护	隐私保护知识（知道=1）	-0.005	-0.020
	隐私保护行为（有=1）	0.023	0.088**
性格	外向	0.032	0.376**
	经验开放	-0.024	-0.240**
交互项	个性化推荐使用时间×寻求多样化价值观	0.009	0.376*
	受教育程度×外向	-0.011	-0.415**
	受教育程度×满足感	0.014	0.413*
	微博使用时间×所处网络异质化	-0.003	-0.224**
	微信使用时间×经验开放	0.004	0.270*
	女性×体制外×收入立方的倒数	0.138	1.876**
	女性×体制外×收入的自然对数	-0.414	-1.953**
	女性×体制外×收入的余弦函数	-0.068	-0.215*
R^2			0.396
调整后的 R^2			0.375
F 值			19.487***

注：$*p<0.05$，$**p<0.01$，$***p<0.001$。

由表 7.1 可知，在以信息多样性的反正弦函数为因变量的多元回归中，主效应中显著的自变量有：性别—女性（$\beta=0.098$，$p<0.05$）、年龄（$\beta=0.135$，$p<0.001$）、报纸杂志使用时间（$\beta=0.111$，$p<0.001$）、微博使用时间（$\beta=0.130$，$p<0.05$）、微信使用时间（$\beta=-0.236$，$p<0.05$）、满足感（$\beta=-0.355$，$p<0.01$）、所处网络异质化程度（$\beta=0.416$，$p<0.001$）、所处网络同质化程度（$\beta=0.120$，$p<0.01$）、兴趣多样性（$\beta=0.257$，$p<0.001$）、隐私保护行为（$\beta=0.088$，$p<0.01$）、外向（$\beta=0.376$，$p<0.01$）、经验开放（$\beta=-0.240$，$p<0.01$）。

在交互效应中显著的变量有：个性化推荐系统使用时间与寻求信息多样化价值观的交互项（$\beta=0.376$，$p<0.05$）、受教育程度与外向的交互项（$\beta=-0.415$，$p<0.01$）、受教育程度与满足感的交互项（$\beta=0.413$，$p<0.05$）、微博使用时间与所处网络异质化程度的交互项（$\beta=-0.224$，$p<0.01$）、微信使用时间与经验开放的交互项（$\beta=0.270$，$p<0.05$）、女性、体制外与收入立方的倒数的交互项（$\beta=1.876$，$p<0.01$）、女性、体制外与收入的自然对数的交互项（$\beta=-1.953$，$p<0.01$）、女性、体制外与收入的余弦函数的交互项（$\beta=-0.215$，$p<0.05$）。

根据表 7.1 中的非标准化回归系数 B，得到拟合的回归方程模型为：

个性化推荐用户信息多样性 $=1.233+0.023\times$女性$+0.001\times$年龄$+0.012\times$报纸杂志使用时间$+0.011\times$微博使用时间$-0.023\times$微信使用时间$-0.047\times$满足感$+5.259\times$兴趣多样性$+0.021\times$所处网络异质化程度$+0.006\times$所处网络同质化程度$+0.032\times$外向$-0.024\times$经验开放$+0.023\times$隐私保护行为$+0.009\times$个性化推荐使用时间$\times$寻求多样性价值观$-0.011\times$受教育程度$\times$外向$+0.014\times$受教育程度$\times$满足感$-0.003\times$微博使用时间$\times$所处网络异质化程度$+0.004\times$微信使用时间$\times$经验开放$+0.138\times$女性$\times$体制外$\times$收入立方的倒数$-0.414\times$女性$\times$体制外$\times$收入的自然对数$-0.068\times$女性$\times$体制外$\times$收入的余弦函数

标准化回归系数可以比较各自变量对因变量影响的相对重要性。[①] 根据标准化系数 Beta 的绝对值可以得知，对于信息多样性来说，各个因素按相对重要性由高至低排列依次是：女性与体制外与收入函数组合的交互项、所处网络异质化程度、受教育程度和外向

[①] 郭志刚：《社会统计分析方法：SPSS 软件应用》（第二版），中国人民大学出版社 2015 年版，第 59 页。

的交互项、受教育程度和满足感的交互项、个性化使用时间和寻求多样性价值观的交互项、外向、满足感、微信使用时间和经验开放的交互项、兴趣多样性、经验开放、微信使用时间、微博使用时间和所处网络异质化程度的交互项、年龄、微博使用时间、所处网络同质化程度、报纸杂志使用时间、性别（女性）、隐私保护行为。

7.2 信息多样性的影响因素

7.2.1 人口统计变量与信息多样性

根据表 7.1 中的回归分析可知，五个人口统计变量都表现出了不同程度的解释力。性别和年龄在主效应中是显著的，性别（女性）是正向的变量（$\beta = 0.098$，$p < 0.05$），这表明女性用户比男性用户接收到的信息多样性更高。年龄是一个非常显著的正向变量（$\beta = 0.135$，$p < 0.001$），随着年龄的增长，接收到的信息的多样性也有所增长。受教育程度、收入、职业虽然在主效应中未能达到显著程度，但是它们和其他变量形成的交互项是显著的。受教育程度与用户的满足感、外向的性格分别存在双向交互作用。在 7.2.4 和 7.2.10 这两节将分别深入探讨受教育程度与满足感、与外向的交互效应对信息多样性的影响。而收入和职业的影响体现在它们与性别形成的交互项中。根据表 7.1 的回归模型中相关变量的非标准化系数 B，可算出不同性别（男、女）、不同职业（体制内、体制外）和不同收入的用户的信息多样性，结果如图 7.2 所示。

图 7.2 中的四条曲线分别代表体制外的女性、体制外的男性、体制内的女性、体制内的男性这四个群体的信息多样性随着月收入水平的变化而变化的趋势。从信息多样性的数值上看，在体制外工作的女性，无论在何种收入水平上，其信息多样性都是四种人群中最高，其次是在体制内工作的女性，再次是男性。男性无论体制内外，在何种收入水平上，信息多样性都非常接近，只是体制内的男

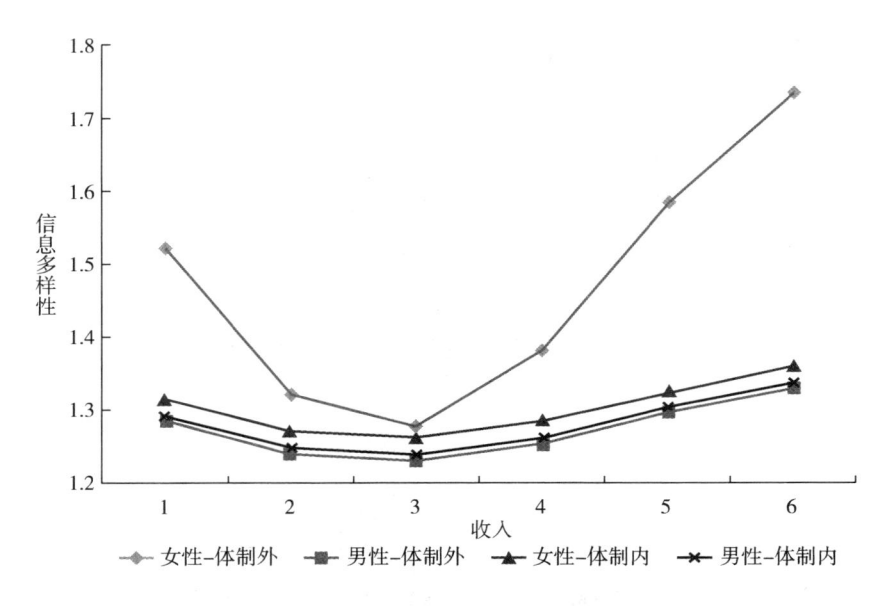

图 7.2 不同性别、职业、收入的用户的信息多样性

性的信息多样性略高于体制外的男性。四条曲线反映出的变化趋势大体上是一致的：信息多样性的最低点都出现在"3"，即月收入为3000—4999元，高于此区间的用户，随着收入的增加，信息多样性稳步上升；低于此区间的用户，收入越低，信息多样性反而越高。

　　笔者推测，收入较高的用户群体，能掌握较多的信息资源，因而不受个性化推荐算法所限，信息多样性较高；而收入比较低的群体，以学生、退休、无业等人群为主，特点是空闲时间比较充足，有充分的时间接触各种信息来源，因此也较少受到个性化推荐算法的制约。信息多样性最低的是月收入为3000—4999元的人群，这类人群一般是普通城市居民中的工薪族，工作繁忙，空闲时间有限，接触各种信息来源的时间较少，因而信息多样性的程度较低。

7.2.2　个性化推荐使用时间与信息多样性

　　针对RQ1-1所提出"个性化推荐系统的使用是否降低用户接触

到的信息多样性?"这个研究问题以及相应的研究假设 H1 "个性化新闻推荐系统的使用时间与用户的信息多样性负相关",笔者对个性化推荐使用时间与信息多样性之间的关系作如下分析:据表 7.1 所示,虽然在主效应中,个性化推荐使用时间和寻求信息多样化价值观都未达显著,但在交互效应中,个性化新闻推荐的使用时间与寻求信息多样化的价值观形成的交互项是显著的($\beta = 0.376$,$p < 0.05$)。为了直观地展示寻求信息多样化价值观的调节作用,可将其分为高、中、低三组,以对比不同组的用户个性化使用时间和信息多样性之间的关系。分组的方法是把均值作为中组的标准,把低于均值一个标准差作为低组的标准,把高于均值一个标准差作为高组的标准。由于变量都经过中心化处理,因此均值即中组的值等于 0,低组的值为负的一个标准差,高组的值为正的一个标准差。① 计算结果如图 7.3 所示。

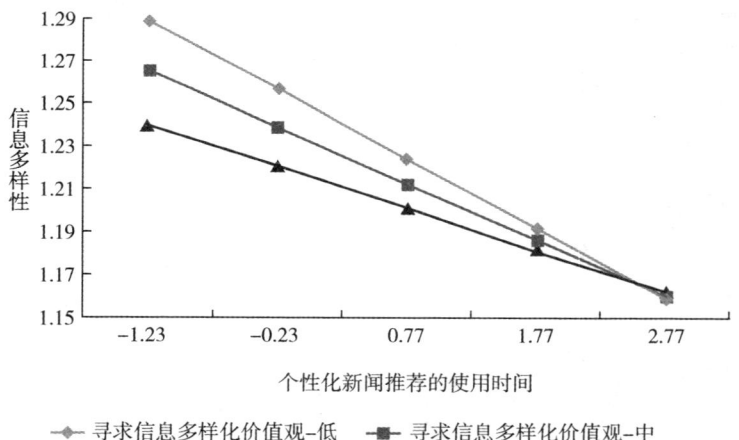

图 7.3 寻求信息多样化价值观不同的用户的个性化使用与信息多样性的关系

总的来说,三组用户的信息多样性都随着个性化推荐使用时间

---

① [美]杰卡德、图里西:《多元回归中的交互作用》,蒋勤译,格致出版社 2015 年版,第 42—45 页。

的延长而有所降低。其中,低组用户受到的影响最大,随着个性化使用时间的增加,接收到的信息多样性下降幅度最大;中组受到的影响次之;高组的信息多样性下降幅度最小。说明个性化推荐的使用时间与信息多样性之间的关系受到用户自身寻求信息多样化价值观的中介作用,若用户寻求信息多样化价值观较强,即使个性化推荐的使用时间增加,相对而言也会较少受到过滤气泡的消极影响。

因此,个性化推荐的使用时间这个变量虽然在主效应中不显著,但是它与寻求信息多样化价值观的交互效应是显著的。在寻求信息多样化价值观不同的用户群体身上,个性化推荐的使用都与信息多样性表现出负向的关系,使用户接收到的信息多样性有所下降,H1 部分成立。

7.2.3 寻求信息多样化价值观与信息多样性

如前所述,寻求信息多样化的价值观虽然在主效应中未达显著,但是它与个性化推荐使用时间的交互项是显著的。根据上述分析可知,无论寻求信息多样化价值观程度如何,随着个性化推荐使用时间的延长,用户的信息多样性都呈现下降趋势。寻求信息多样化价值观越低的用户,在此过程中其信息多样性下降得越多,寻求信息多样化价值观越高的用户,信息多样性损失越小。这说明寻求信息多样化价值观有助于抵御由于个性化推荐使用过多造成的信息多样性降低。因而,H23 提出的"个人寻求信息多样化价值观与信息多样性正相关"的假设部分成立,寻求信息多样化价值观对信息多样性确实存在某种程度的间接积极影响。

7.2.4 个性化推荐的感知与信息多样性

根据表 7.1 可知,在和用户感知有关的变量中,用户对个性化新闻推荐所推送的信息的重要性和可信度的感知均未达显著,因而 H3 所提出的"用户感知的信息重要性与信息多样性负相关"的假设以及 H5 所提出的"用户感知的信息可信度与信息多样性负相关"

的假设均未获统计检验的支持。

在和用户感知有关的变量中，满足感在主效应和交互效应中都表现出了显著的解释力。在主效应中满足感（β = -0.355，p<0.01）是一个负向的变量，与此同时，它与受教育程度的交互项（β = 0.413，p<0.05）也是显著的。

为了进一步研究满足感对信息多样性的影响，需要对满足感与受教育程度的交互项进行分析，以判断变量的方向及其产生的交互作用。虽然受教育程度是连续变量，但可根据中心化后的受教育程度将用户分为低、中、高三组，从而将受教育程度当作调节变量来处理，对比这三组用户的满足感和信息多样性之间的关系。

如图7.4所示，随着用户满足感的提升，信息多样性表现出下降的趋势。在不同受教育程度的群体中，受教育程度较高的用户群体，信息多样性下降幅度最小，受教育程度中等的用户次之，而受教育程度较低的用户最受消极影响，信息多样性下降幅度最大。这说明用户越是满足于个性化新闻推荐所推送的信息，接收到的信息的多样性就下降得越多，而受教育程度越低的用户越容易受到这一

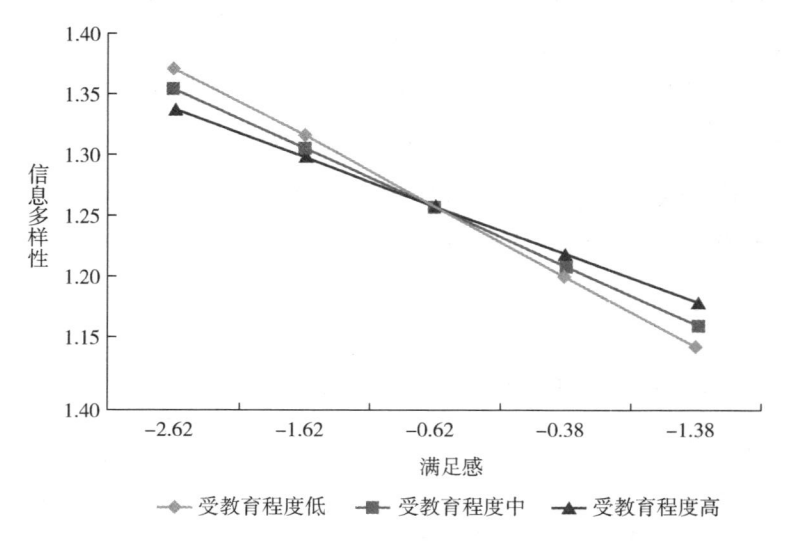

图7.4 不同受教育程度用户对个性化推荐的满足感与信息多样性之间的关系

消极影响。可以推测，如果用户认为个性化推荐所推送的信息能够满足自己对于信息的需求，就会减少从其他渠道去获取信息，造成信息多样性降低。因此，H7 所提出的"用户的满足感与信息多样性负相关"的假设是成立的。受教育程度在这个过程中起到了一定的调节作用，有助于抵御信息多样性降低的消极影响。

7.2.5 传统媒体使用与信息多样性

通过表 7.1 中的回归分析可知，在传统媒体信源这组变量中，报纸杂志使用时间是一个非常显著的自变量（$\beta = 0.111$，$p < 0.001$），并且与信息多样性有积极的相关关系。H9 所提出的"用户的报纸杂志使用时间与信息多样性正相关"的假设得到了证实。相对于个性化新闻推荐而言，纸媒以社会公众利益而非个人兴趣为出发点，提供的信息类目更为全面，因而纸媒的使用时间与信息多样性之间呈现出正向的相关关系。

虽然同是传统媒体，但是广播电视的使用时间这个变量的影响却是不显著的。无论是在主效应中还是在交互效应中，广播电视的使用时间均未表现出显著的解释力，因而 H11 所提出的"用户的广播电视使用时间与信息多样性正相关"的假设没有得到数据的支持。相对于印刷媒体而言，电视这种电子媒体的表达方式带有娱乐化的性质，不管是什么内容，也不管采取什么视角，电视上的一切都是为了给我们提供娱乐，[①] 电视的使用基本上以娱乐为特征。[②] 用户出于娱乐的动机而非获取信息的动机去使用广播电视，这可能是造成广播电视的使用与信息多样性之间的相关关系未达显著的原因。

7.2.6 其他新媒体使用与信息多样性

通过表 7.1 中可知，在三类不同的新媒体信源中，微博使用时

[①] ［美］波兹曼：《娱乐至死》，章艳译，广西师范大学出版社 2004 年版，第 114 页。
[②] 杨伯溆：《电子媒体的扩散与应用》，华中理工大学出版社 2000 年版，第 219 页。

间和微信使用时间在主效应中都是显著的,其中,微博使用时间是正向的变量($\beta = 0.130$,$p < 0.05$),而微信使用时间是负向的变量($\beta = -0.236$,$p < 0.05$),并且,这两个变量分别与其他变量形成的交互项也表现出一定的显著性。

接下来进一步通过对交互项的分析来理解微博使用时间和微信使用时间对信息多样性的影响。首先,从微博使用时间来看,它与所处网络异质化程度的交互项($\beta = -0.224$,$p < 0.01$)是显著的。由于所处网络异质化程度是连续变量,若将其分为低、中、高这三组,可将其作为调节变量来进一步探讨新浪微博的使用时间与信息多样性之间的关系。

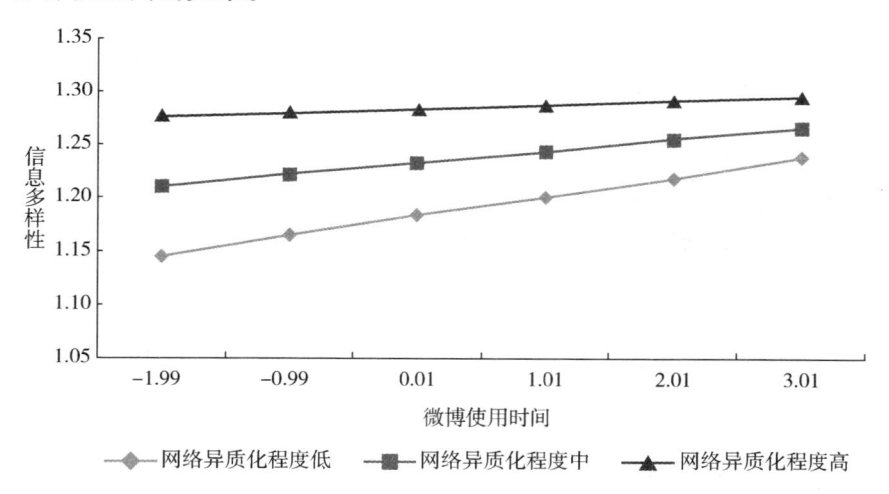

图 7.5　所处网络异质化程度不同的用户的微博使用时间与信息多样性的关系

虽然微博使用时间和所处网络异质化程度分别都是正向的变量,但是它们的交互项却是负向的。如图 7.5 所示,随着微博使用时间的增加,三组用户的信息多样性都有所上升,其中网络异质化程度低组获益最多,其信息多样性增长幅度最大,中组次之,高组获益最少。这说明微博的使用在一定程度上可以帮助网络异质化程度低的用户缩小与另外两组用户在信息多样性上的差距。无论是从主效应还是交互效应来看,微博的使用都是一个正向的自变量。因此,H15 提出的"用户的新浪微博使用时间与信息多样性负相关"的假设不成立。

为了探讨微信公众号和朋友圈的使用时间与经验开放的交互项($\beta = 0.270$,$p < 0.05$)的意义,将经验开放作为调节变量来处理,将其划分为高、中、低三组,以直观展现微信使用时间与信息多样性的关系。

图 7.6 反映的是在经验开放程度不同的三组用户中,微信使用时间和信息多样性之间的关系。总的来说,三组用户的信息多样性都随着微信使用时间的增加而下降。其中,经验开放程度较低的用户受到的影响最大,随着微信使用时间的提升,信息多样性下降幅度最大;经验开放程度中等的用户次之;经验开放程度较高的用户信息多样性下降幅度最小,受到微信使用时间延长带来的消极影响最少。可见,无论是主效应还是交互效应,微信使用时间都是负向的变量,因此 H17 提出的"用户的微信朋友圈及公众号使用时间与信息多样性负相关"的假设是成立的。

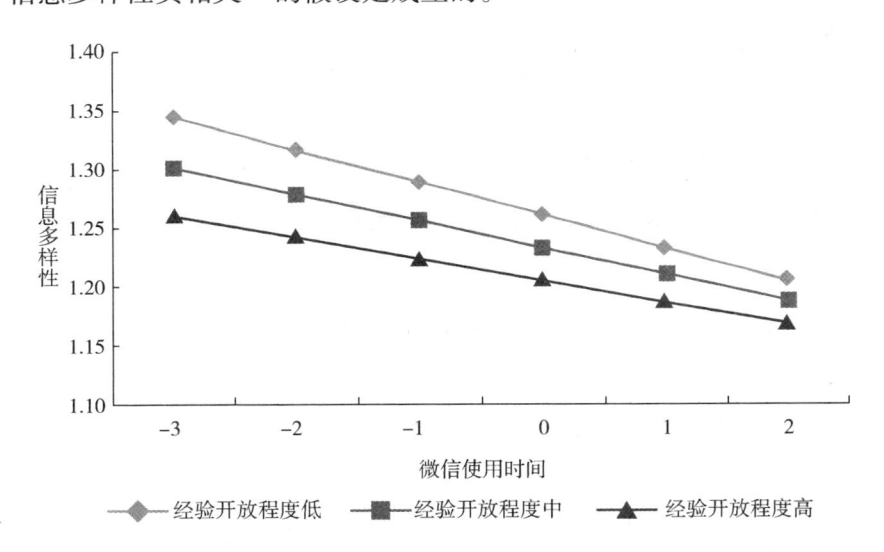

图 7.6 经验开放程度不同的用户微信使用时间与信息多样性的关系

微信具有封闭性，只能通过自己主动关注的公众号和其他用户在朋友圈中的分享来获知信息，这是一种典型的协同过滤模式，它是用户根据个人兴趣与偏好选择性地建构出来的信息传播环境，不利于广泛地获取多样化的信息，因而微信使用时间与信息多样性呈现出负向的相关关系。

而综合性门户网站及其客户端的使用时间无论是在主效应还是在交互效应中都未达显著。故 H13 所提出的"用户的综合性新闻网站及其客户端的使用时间与信息多样性正相关"的假设没有得到数据的支持。这有可能是因为综合性新闻网站上除了新闻信息以外，往往还包括其他的娱乐休闲服务，用户在日常生活中的使用目的可能未必和获取新闻资讯有关，故造成与信息多样性之间的关系未能达到显著程度。

7.2.7 所处网络异质化/同质化与信息多样性

根据表 7.1 可知，所处网络异质化（$\beta = 0.416$，$p < 0.001$）以及所处网络同质化（$\beta = 0.120$，$p < 0.01$）都表现出了显著的解释力，前者的标准化系数比后者高，说明所处网络异质化程度比所处网络同质化程度对于信息多样性来说更为重要。并且，前者与微博使用时间形成的交互项（$\beta = -0.224$，$p < 0.01$）也是显著的。

在交互项中，正如前文 7.2.6 所述，随着微博使用时间的增加，网络异质化程度不同的三组用户的信息多样性都呈现出上升趋势。并且无论微博使用时间如何变化，网络异质化程度高的组的信息多样性总是高于中组和低组（参见图 7.5），这也说明所处网络异质化对信息多样性有积极作用。

综合上述分析可知，所处网络异质化在主效应以及交互效应中都是显著的正向的预测变量，H19 所提出的"用户所处网络异质化程度与信息多样性正相关"的假设是成立的。但是，H21 所提出的"用户所处网络同质化程度与信息多样性负相关"的假设则不成立，统计结果恰好与假设相反，所处网络同质化程度与信息多样性之间呈现出正向的相关关系。所处网络异质化/同质化测量的是用户在网上、线下分别与观点不同的人、观点一致的人讨论的频率，这两个变量的显著性说明了无论是线上还是线下的交流，无论是与观点一致的人交流还是与观点不同的人交流，只要多与人交流，都能提升个人接收到的信息的多样性。

7.2.8　兴趣多样性与信息多样性

根据表7.1的回归分析可知，兴趣多样性（$\beta = 0.257$，$p < 0.001$）对于个性化推荐用户的信息多样性是一个非常显著的变量，两者之间呈正向的相关关系。H25所提出的"用户兴趣多样性与信息多样性正相关"的假设也得到了验证支持。若用户对于不同类目的新闻有着较为广泛的兴趣，那么他所接触到的信息的多样性也会比较高。

7.2.9　隐私保护知识、行为与信息多样性

用户的隐私保护知识及行为是否会影响信息的多样性？从表7.1的回归分析可知，用户是否具有隐私保护知识，即用户是否知晓在上网过程中个人浏览记录会被跟踪与其接收到的信息多样性之间没有表现出显著的相关性，因此，H27所提出的"用户的隐私保护知识与信息多样性正相关"的假设没有得到验证。

不过，用户上网时是否采取了隐私保护的行为，与信息多样性之间却有显著的积极相关关系（$\beta = 0.088$，$p < 0.01$）。采取了措施防止上网浏览记录被跟踪的用户，比起未采取措施的用户，接收到的信息的多样性更高。因此，H29所提出的"用户的隐私保护行为与信息多样性正相关"的假设是成立的。

7.2.10　性格与信息多样性

根据表7.1的回归结果可知，性格的两个维度：外向（$\beta = $

0.376，p<0.01）和经验开放（β=-0.240，p<0.01）无论在主效应还是交互效应中都是显著的变量，在交互项中，外向与受教育程度的交互项（β=-0.415，p<0.01）、经验开放与微信使用时间的交互项（β=0.270，p<0.05）都有不同程度的影响，可见，用户的性格与其接收到的信息的多样性有关。

为了研究外向的性格特征与受教育程度的交互作用，笔者将用户按受教育程度划分为低、中、高三组，可对比不同受教育程度的用户外向性格和信息多样性之间的关系。

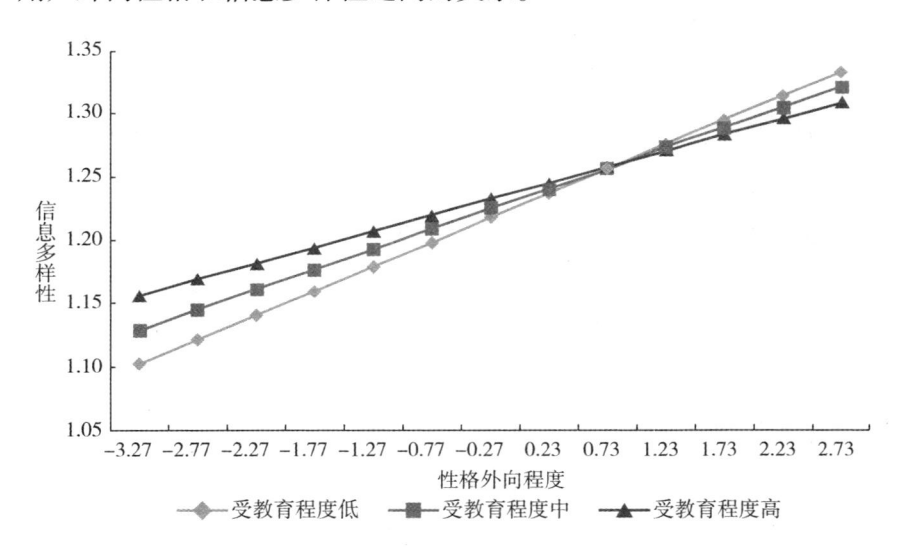

图7.7 不同受教育程度用户的外向性格特征和信息多样性的关系

由图7.7可知，在三组用户中，外向的性格特征和信息多样性之间都表现出正向的相关关系，随着性格外向程度的提升，三组用户的信息多样性都在上升。但是，代表三组用户的三条线的斜率有所不同，受教育程度较低的用户受益最大，其信息多样性的提升幅度最大，最终将超越另外两个组；中等受教育程度的用户信息多样性提升幅度次之；而受教育程度较高的用户信息多样性提升幅度最小。当用户性格倾向于内向时，受教育程度高的用户的信息多样性是最高的，而受教育程度低的用户信息多样性是最低的，随着性格越来越趋于外向，两者的地位发生了倒置，当用户极为外向时，受教育程度低的用户信息多样性反而是最高的，其次是中等组，最末的是受教育程度高的组。这表明，外向的性格特征有利于用户提升信息多样性，尤其是对于受教育程度低的用户来说，它的作用更为显著。因此，无论是从主效应还是从交互效应来看，外向与信息多样性之间都呈现出正向的相关关系，H31 所提出的"用户的外向程度与信息多样性正相关"的假设是成立的。

至于经验开放的交互项，图 7.6 表明了用户的信息多样性会随着微信使用时间的增加而下降，其中经验开放起到一定的调节作用：经验开放程度较低的用户受到的影响最大，信息多样性下降幅度最大；经验开放程度中等的用户次之；经验开放程度较高的用户信息多样性下降幅度最小。这表明，尽管经验开放是一个显著的负向的变量（$\beta = -0.240$，$p < 0.01$），但它对于微信使用造成的信息多样性的下降有一定的抵制作用。综合主效应与交互效应来看，H33 所提出的"用户的经验开放程度与信息多样性正相关"的假设不成立，经验开放与信息多样性之间呈负相关关系。

7.3 本章小结

本章通过多元线性回归分析，回答了有关信息多样性的研究问题，检验了与之相关的研究假设。关于 RQ1 – 1，即"个性化推荐系统的使用是否降低用户接触到的信息多样性"，回归结果表明，在主效应上，个性化推荐的使用时间是不显著的，但它与寻求信息多样化价值观的交互项是显著的。通过寻求信息多样化价值观的中介作用，个性化推荐的使用与信息多样性呈负向的相关关系。这说明，如果单从个性化推荐新闻的使用时间上看，不足以显著地导致用户的信息多样性下降。这个过程受到用户自身因素的影响——用户寻求信息多样化价值观越强,其信息多样性下降程度越轻。个性化推荐的使用,通过与寻求信息多样化价值观的交互效应,将可能导致用户的信息多样性降低。

对于个性化新闻推荐系统的用户而言,哪些个人因素和过滤气泡有关?本章对影响用户的信息多样性的因素进行了检验与分析。据此,可对研究问题 RQ2-1 作出回答:对于信息多样性来说,显著的影响因素按相对重要性由高至低排列依次是:女性与体制外与收入函数组合的交互项、所处网络异质化程度、受教育程度和外向的交互项、受教育程度和满足感的交互项、个性化使用时间和寻求多样性价值观的交互项、外向、满足感、微信使用时间和经验开放的交互项、兴趣多样性、经验开放、微信使用时间、微博使用时间和所处网络异质化程度的交互项、年龄、微博使用时间、所处网络同质化程度、报纸杂志使用时间、性别(女性)、隐私保护行为。与信息多样性有关的假设的检验结果如表 7.2 所示。在 17 条研究假设中,有 7 条是成立的,2 条部分成立,8 条不成立,其中有 5 条是因为检验结果未能达到显著性水平,3 条是因为变量的方向与所假设的相反。

表 7.2　　　　　　　　和信息多样性有关的假设检验结果

变量	假设	检验结果
个性化推荐使用时间	H1：个性化新闻推荐系统的使用时间与用户的信息多样性负相关	部分成立
对个性化新闻推荐系统的感知	H3：用户感知的信息重要性与信息多样性负相关	不成立(不显著)
	H5：用户感知的信息可信度与信息多样性负相关	不成立(不显著)
	H7：用户的满足感与信息多样性负相关	成立
传统媒体信源使用时间	H9：用户的报纸杂志使用时间与信息多样性正相关	成立
	H11：用户的广播电视使用时间与信息多样性正相关	不成立(不显著)
新媒体信源使用时间	H13：用户的综合性新闻网站及其客户端的使用时间与信息多样性正相关	不成立(不显著)
	H15：用户的新浪微博使用时间与信息多样性负相关	不成立(方向相反)
	H17：用户的微信朋友圈及公众号使用时间与信息多样性负相关	成立

续表

变量	假设	检验结果
所处网络异质化/同质化	H19：用户所处网络异质化程度与信息多样性正相关	成立
	H21：用户所处网络同质化程度与信息多样性负相关	不成立（方向相反）
寻求信息多样化价值观	H23：个人寻求信息多样化价值观与信息多样性正相关	部分成立
兴趣	H25：用户兴趣多样性与信息多样性正相关	成立
隐私保护知识及行为	H27：用户的隐私保护知识与信息多样性正相关	不成立（不显著）
	H29：用户的隐私保护行为与信息多样性正相关	成立
性格	H31：用户的外向程度与信息多样性正相关	成立
	H33：用户的经验开放程度与信息多样性正相关	不成立（方向相反）

通过对人口统计变量的分析，可发现性别、年龄在主效应中是显著的。而受教育程度、收入、职业则通过交互效应起作用。分析发现，只有在 3000—4999 元的月收入层次上，不同性别和不同职业的用户群体的信息多样性比较接近，无论是收入高于这个层次还是低于这个层次，体制外女性的信息多样性水平都显著高于其他群体。这个特殊的现象值得关注。

在和用户感知有关的变量中，用户对个性化推荐新闻的重要性和可信度的感知均未达显著，而满足感在主效应和交互效应中都表现出了显著的解释力。从中可以推断，若用户认为个性化新闻推荐能够满足自己的信息需求，则会减少从其他渠道获取信息，因而也就比较容易受到个性化推荐的负面影响，造成信息多样性降低。

在传统媒体变量中，报纸杂志使用时间与信息多样性有非常积极的相关关系。纸媒以社会公众利益而非个人兴趣为出发点，提供的信息类目更为全面，因而纸媒的使用时间与信息多样性之间呈现出正向的相关关系。但是，同为传统媒体的广播电视的使用时间却是不显著的。这可能是因为电子媒体的表达方式带有娱乐化的性质，电视的使用带有娱乐的特征，信息获取可能并非使用的首要目的，因而与信息多样性之间没有表现出显著的相关关系。

在其他新媒体变量中，微博使用时间是正向的变量，而微信使用时间是负向的变量。微博与信息多样性正相关，虽然结论有别于以往的研究得出微博存在"茧房效应"的结论，但是并不矛盾。因为本研究所探讨的是个性化推荐用户的信息多样性而非微博用户的信息多样性。某些个性化新闻推荐应用，例如"今日头条"曾经在一段时间内通过用户的新浪微博数据来推送信息，以克服推荐系统的"冷启动"问题，因而在调查数据中微博使用时间与信息多样性会呈现出正向的相关。

而有别于网站和微博的公开化特质，微信具有封闭性，只能通过自己主动关注的公众号和其他用户在朋友圈中的分享来获知信息，这是一种典型的协同过滤，它完全是从用户个人的喜好和品位出发点来选择性地呈现信息，因而与信息多样性之间表现出负向的相关关系。而且，微信没有提供类似于公共领域性质的公开讨论平台，虽然公众号在推送的文章末尾会筛选一部分留言供用户互动，但是这种互动依然是很有限的，并且带有公众号运营者的主观选择倾向。而在朋友圈中，用户只能和自己加为好友的用户交换信息，加为好友本质上意味着彼此之间有一定的共同语言，可能在一定程度上品位相近，意见相似。微信朋友圈会使用户只能和与自己文化、意见相似的人打交道，营造出类似于"信息茧房""回声室"的传播环境，因而微信使用时间与接收到的信息多样性呈负相关，微信使用频繁的用户更容易受到过滤气泡的消极影响。

而综合性门户网站及其客户端的使用时间未达显著，笔者认为这可能是因为综合性新闻网站上除了新闻信息以外，往往还包括其他的娱乐休闲服务，用户对综合性门户网站及其客户端的使用目的未必和获取新闻资讯有关，故造成该变量不显著。这表明，未来的研究可能需要考虑用户对个性化推荐的使用目的。

在用户个人层面的因素中，用户所处网络的异质化程度、同质化程度都与信息多样性表现出正向的相关关系。也就是说，无论是和观点不同的人讨论，还是和观点一致的人讨论，无论是线上还是线下的交流，只要多与人交流，就能提升个人的信息多样性。

寻求信息多样化价值观这个变量在主效应中未达到显著性水平，但它通过与个性化推荐使用时间形成的交互项对信息多样性起作用。寻求信息多样化价值观有助于抵御由于个性化推荐使用造成的信息多样性降低，对信息多样性起到间接的积极影响。

相比之下，兴趣多样性这个变量测量的是用户对不同种类的信息的兴趣，故对于个性化推荐用户接收到的信息的多样性而言是一个非常显著的正向的变量。用户对于不同种类的信息的兴趣多样性能在较大程度上预测其所接收到的信息的多样性，这也正是个性化推荐算法发挥的功效。

用户的隐私保护知识对信息多样性没有显著的影响，但是隐私保护行为与之有正向的相关关系。从个性化推荐的运作原理上看，个性化推荐是基于用户数据作出的信息过滤推送，若用户的浏览记录等数据无法被获取，那么个性化推荐算法的"量身定制"也就无从谈起，其推荐相对而言也会失之精准。然而，这对于用户接触到的信息多样性却是有促进作用的。用户由于防止浏览记录被跟踪而能够浏览到题材更为丰富的信息，有助于突破过滤气泡。反之，若用户没有采取防止跟踪的措施，那么通过个性化推荐系统接触到的信息多样性会比较低，较容易受到过滤气泡效应的影响。在这个过程中，仅有保护隐私的知识是不够的，需采取切实的隐私保护行为，才能对信息多样性产生影响。

关于性格的影响，已有的研究只探讨了性格的两大维度——外向和经验开放对信息偶遇的影响，而本研究发现这两个变量也会对信息多样性产生影响：用户性格越是外向，接收到的信息多样性就越高；然而经验开放与接收到的信息多样性却是负向的关系。尽管如此，它对于微信使用造成的信息多样性的下降仍有一定的抵制作用。

第八章　信息偶遇及其影响因素分析

本章将对过滤气泡的另一个维度——信息偶遇进行探讨,运用多元回归分析,找出与之显著相关的因素,对 RQ1 和 RQ2 所提出的研究问题及其相应的研究假设做出回答。

8.1　信息偶遇的多元回归分析

本节以信息偶遇为因变量,以可能产生影响的个人因素为自变量进行多元回归分析。信息偶遇属于连续型定比变量,且其分布基本符合正态分布,所以不需要进行数学变换,可以直接进行多元线性回归分析。以信息偶遇为因变量,在自变量中输入性别、年龄、受教育程度、收入、职业、传统媒体使用时间(报纸杂志、广播电视)、新媒体使用时间(微博、微信、综合性网站、个性化推荐)、对个性化推荐的感知(重要性、可信度、满足感)、所处网络异质化/同质化程度、寻求信息多样化的价值观、兴趣多样性、隐私保护知识与行为、性格特质(外向、经验开放)。其中,定类变量需事先处理成虚拟变量再输入回归中。输入变量的方法选择的是全部进入(Enter)。将上述自变量和因变量代入回归方程,从初次回归分析中得到各个样本的标准化残差,并将标准化残差另存为新变量。回归中输出的标准化残差正态概率散点图如图 8.1 所示,可见拟合情况良好,残差基本服从正态分布。

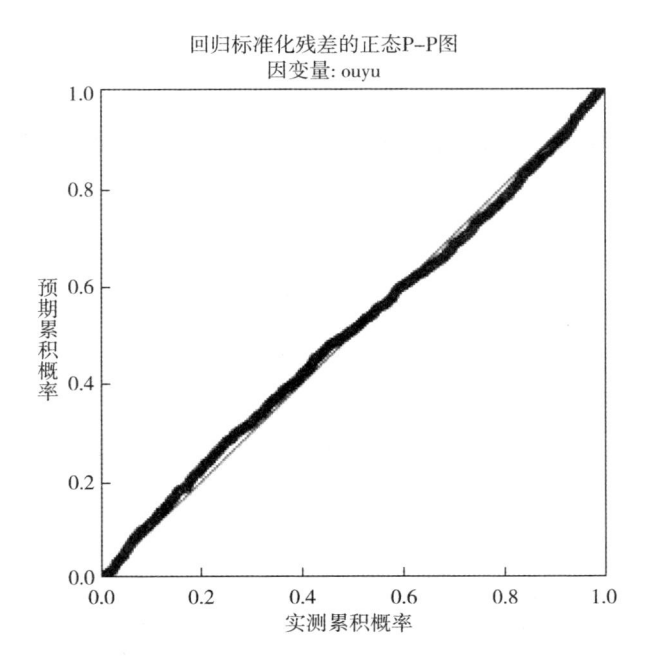

图 8.1 以信息偶遇为因变量的回归的标准化残差正态概率散点图

接下来,将各个自变量作数学形式的变换,代入以标准化残差为因变量的回归方程中去检验,以找出其中显著的函数变换形式,取最优结果。最终将多次筛选出的变量的函数变换形式以及它和二分变量形成的交互项代入以信息偶遇为因变量的回归方程中,检验各变量的相关性和显著性。此外还考虑了自变量之间的交互效应,找出显著的交互项,并将自变量作中心化处理,使交互项的系数更易理解。最后比较了不同回归方程的确定系数 R^2、F 值以及显著的自变量,得到最优的回归方程模型。多元线性回归的结果如表 8.1 所示,经检验,下列变量之间都不存在多元共线性问题。

表 8.1　以信息偶遇为因变量的多元回归分析结果（N=986）

	自变量	非标准化系数 B	标准化系数 Beta
常数	—	72.131***	—
人口统计变量	性别（男性=1）	-0.836	-0.047
	年龄的倒数	472.086	0.682
	年龄的自然对数	5.070	0.196
	年龄平方的倒数	-4399.451	-0.579*
	受教育程度	2.203	0.150*
	收入	-0.749	-0.097*
	职业（体制内=1）	-0.248	-0.013
个性化推荐	个性化推荐使用时间	1.967	0.216*
对个性化推荐的感知	感知重要性	2.687	0.252***
	感知可信度	-2.008	-0.199
	满足感	2.928	0.300***
传统媒体信源	报纸杂志使用时间	0.456	0.056**
	广播电视使用时间	1.372	0.226***
其他新媒体信源	新浪微博使用时间	-0.532	-0.083*
	微信公众号和朋友圈使用时间	0.111	0.016
	综合性网站使用时间	0.895	0.107*
所处网络	所处网络异质化	-0.058	-0.016
	所处网络同质化	-0.530	-0.151*
价值观	寻求信息多样化价值观	2.299	0.189
兴趣	兴趣多样性	-17.200	-0.011
隐私保护	隐私保护知识（知道=1）	2.337	0.132**
	隐私保护行为（有=1）	-0.855	-0.044*
性格	外向	-0.083	-0.013
	经验开放	3.614	0.479***
交互项	个性化推荐使用时间×受教育程度	-0.699	-0.257*
	广播电视使用时间×综合性网站使用时间	-0.285	-0.216**
	寻求信息多样化价值观×感知可信度	1.031	0.551***

续表

	自变量	非标准化系数 B	标准化系数 Beta
交互项	寻求信息多样化价值观×经验开放	-0.749	-0.539***
	广播电视使用时间×隐私保护知识	-0.606	-0.129*
	微博使用时间×所处网络同质化	0.116	0.147*
	收入×所处网络同质化	0.125	0.151*
	男性×体制内×年龄的倒数	-293.593	-0.613**
	男性×体制内×年龄的对数	1.569	0.239**
	男性×体制内×年龄平方的倒数	3807.639	0.506**
R^2		0.664	
调整后的 R^2		0.652	
F 值		55.353***	

注：*$p<0.05$，**$p<0.01$，***$p<0.001$。

在多元回归方程的主效应中，显著的变量有：年龄平方的倒数（$\beta=-0.579$，$p<0.05$）、受教育程度（$\beta=0.150$，$p<0.05$）、收入（$\beta=-0.097$，$p<0.05$）、报纸杂志使用时间（$\beta=0.056$，$p<0.01$）、广播电视使用时间（$\beta=0.226$，$p<0.001$）、新浪微博使用时间（$\beta=-0.083$，$p<0.05$）、综合性网站使用时间（$\beta=0.107$，$p<0.05$）、个性化推荐使用时间（$\beta=0.216$，$p<0.05$）、感知重要性（$\beta=0.252$，$p<0.001$）、满足感（$\beta=0.300$，$p<0.001$）、所处网络同质化（$\beta=-0.151$，$p<0.05$）、性格特质之经验开放（$\beta=0.479$，$p<0.001$）、隐私保护知识（$\beta=0.132$，$p<0.01$）、隐私保护行为（$\beta=-0.044$，$p<0.05$）。

而在交互效应中，显著的有：个性化推荐的使用时间和受教育程度的交互项（$\beta=-0.257$，$p<0.05$）、广播电视使用时间和综合性网站使用时间的交互项（$\beta=-0.216$，$p<0.01$）、寻求信息多样化价值观和感知可信度的交互项（$\beta=0.551$，$p<0.001$）、寻求信息多样化价值观和经验开放的交互项（$\beta=-0.539$，$p<0.001$）、广播电视使用时间和隐私保护知识的交互项（$\beta=-0.129$，$p<0.05$）、

微博使用时间和所处网络同质化的交互项（β=0.147，p<0.05），收入和所处网络同质化的交互项（β=0.151，p<0.05），男性、职业与年龄的倒数的交互项（β=-0.613，p<0.01），男性、职业与年龄的对数的交互项（β=0.239，p<0.01），男性、职业与年龄平方的倒数的交互项（β=0.506，p<0.01）。

根据表8.1中的非标准化回归系数B，可得到拟合的回归方程模型：

个性化推荐用户信息偶遇程度=72.131-4399.451×年龄平方的倒数+2.203×受教育程度-0.749×收入+0.456×报纸杂志使用时间+1.372×广播电视使用时间-0.532×新浪微博使用时间+0.895×综合性网站使用时间+1.967×个性化推荐使用时间+2.687×感知重要性+2.928×满足感-0.530×所处网络同质化+3.614×经验开放+2.337×隐私保护知识-0.855×隐私保护行为-0.699×个性化推荐使用时间×受教育程度-0.285×广播电视使用时间×综合性网站使用时间+1.031×寻求信息多样化价值观×感知可信度-0.749×寻求信息多样化价值观×经验开放-0.606×广播电视使用时间×隐私保护知识+0.116×微博使用时间×所处网络同质化+0.125×收入×所处网络同质化-293.593×男性×体制内×年龄的倒数+1.569×男性×体制内×年龄的对数+3807.639×男性×体制内×年龄平方的倒数

标准化回归系数反映了各个自变量对因变量影响的相对重要性。通过标准化系数Beta值的大小，我们可以比较得知，对于信息偶遇来说，各个因素按相对重要性由高至低排列依次是：性别与职业与年龄的交互项、年龄平方的倒数、寻求信息多样化价值观和感知可信度的交互项、寻求信息多样化价值观和经验开放的交互项、经验开放、满足感、个性化推荐使用时间与受教育程度的交互项、感知重要性、广播电视使用时间、个性化推荐使用时间、广播电视使用时间和综合性网站使用时间的交互项、所处网络同质化、收入和所处网络同质化的交互项、受教育程度、微博使用时间和所处网络同质化的交互项、隐私保护知识、广播电视使用时间和隐私保护知识的交互项、综合性网站使用时间、收入、微博使用时间、报纸杂志使用时间、隐私保护行为。下面将对各个自变量的显著性及其影响进行分析和讨论。

8.2 信息偶遇的影响因素

8.2.1 人口统计变量与信息偶遇

通过表8.1中的回归分析可知，五个人口统计变量都表现出了不同程度的显著性。从主效应来看，性别和职业虽然不显著，但是性别、职业和年龄的函数形成的交互项是显著的。根据表8.1中的非标准化回归系数，可计算出不同性别与职业的用户群体随着年龄的变化，其信息偶遇的值的变化趋势，如图8.2所示。

如图8.2所示，体制外的女性、体制外的男性和体制内的女性随着年龄的增长，信息偶遇大体上呈自然对数函数曲线分布，变化趋势比较相似，成年以前信息偶遇随着年龄的增长而快速上升，成年后趋于稳定，在20—30岁达到峰值，随后略有轻微下降。而体制内的男性是一个特殊的群体，无论是在未成年时期还是成年时期，其信息偶遇都随着年龄的增长而缓慢增长，并在40岁以后信息偶遇程度逐渐高于其他的群体。这个现象值得探索。

受教育程度和收入在主效应中是显著的，受教育程度（$\beta = 0.150$，$p < 0.05$）是正向的变量，收入（$\beta = -0.097$，$p < 0.05$）是负向的变量。它们在交互效应中也是显著的：受教育程度和个性化推荐的使用时间的交互项（$\beta = -0.257$，$p < 0.05$）、收入和所处网络同质化的交互项（$\beta = 0.151$，$p < 0.05$）。受教育程度和收入将分别作为个性化推荐的使用时间、所处网络同质化的调节变量，在后续8.2.2和8.2.6的章节中作进一步分析讨论。

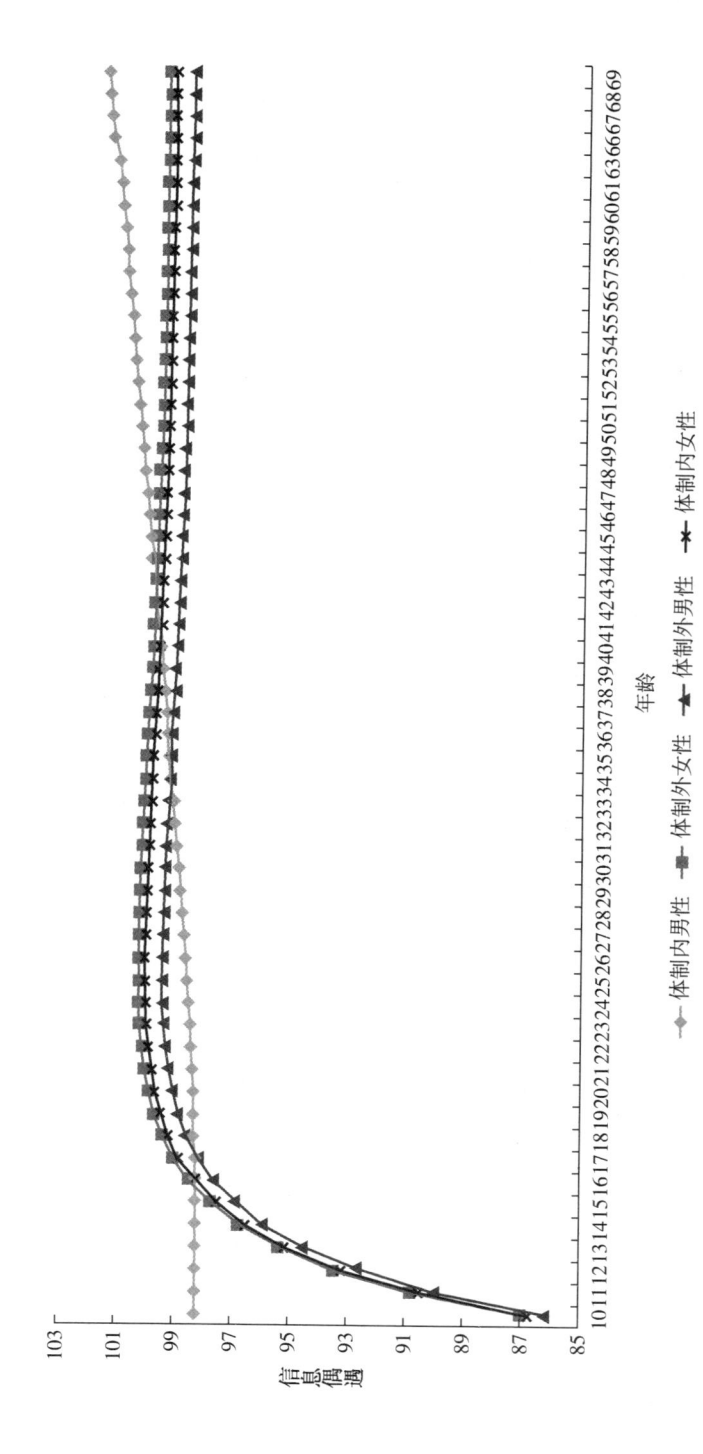

图8.2 不同性别与职业的用户群体的信息偶遇变化趋势

8.2.2 个性化推荐使用时间与信息偶遇

根据表 8.1 的回归分析可知，在主效应中，个性化推荐使用时间（β=0.216，p<0.05）表现出了正向的预测力，这表明个性化新闻推荐系统日均使用时间越长，用户从中获得的信息偶遇越多。并且，个性化推荐使用时间的影响力还表现在它和受教育程度的交互项上（β=−0.257，p<0.05）。由于受教育程度是连续变量，为了直观地展示这个变量的调节作用，笔者把均值作为"中"的标准，把低于均值一个标准差作为"低"的标准，把高于均值一个标准差作为"高"的标准。由于变量的值都经过中心化处理，因此均值即中组的值等于 0，低组的值为负的一个标准差，高组的值为正的一个标准差。① 从而把用户划分为受教育程度低、中、高三组，可对比在不同受教育程度用户群体中，个性化推荐使用时间与信息偶遇之间的关系。

如图 8.3 所示，总的来说，受教育程度高的用户的信息偶遇比另外两组都更高。这可能是因为受教育程度较高的用户的新媒体素养较高，以及掌握较多的信息资源，而受教育程度较低的用户新媒体素养与掌握的信息资源都比较有限，因而在信息偶遇上表现出差距。

从变化趋势上看，对于三组用户而言，随着日均使用个性化推荐的时间的延长，信息偶遇都有所提升。三条直线斜率最大的是受教育程度低组，其次是受教育程度中组，最小的是受教育程度高组。说明受教育程度较低的用户在个性化推荐的使用过程中受益最多，信息偶遇提升幅度最大，通过延长日均使用时间，将能获得与受教育程度高的用户几乎同等程度的信息偶遇。

---

① [美] 杰卡德、图里西：《多元回归中的交互作用》，蒋勤译，格致出版社 2015 年版，第 42—45 页。

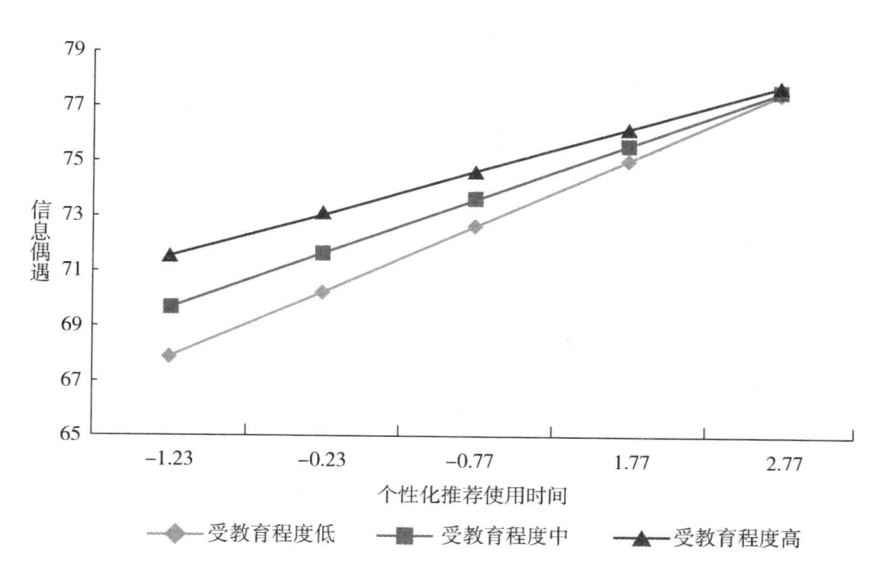

图 8.3　个性化推荐使用时间与信息偶遇的关系

总之，无论是在主效应中，还是在交互效应中，个性化推荐使用时间与信息偶遇都表现出正向的相关关系。因而对于 RQ1-2 所提出的"个性化推荐系统的使用是否减少了用户的信息偶遇"研究问题以及 H2 所提出的"个性化新闻推荐系统的使用时间与用户的信息偶遇负相关"研究假设，可作出回答：个性化推荐的使用不但没有减少用户的信息偶遇，反而提升了用户的信息偶遇。两者之间呈正相关关系。H2 所提出的研究假设不成立。

8.2.3　对个性化推荐的感知与信息偶遇

根据表 8.1 可知，用户感知重要性（$\beta = 0.252$，$p < 0.001$）和满足感（$\beta = 0.300$，$p < 0.001$）对于信息偶遇来说是显著的正向的预测变量。因此，H4 所提出的"用户感知的信息重要性与信息偶遇负相关"的假设和 H8 所提出的"用户的满足感与信息偶遇负相关"的假设都是不成立的，变量虽然显著但是方向恰与所假设的相反。

感知可信度虽然在主效应中不显著，但是它与寻求信息多样化价值观形成的交互项（β = 0.551，p < 0.001）是显著的。若将寻求信息多样化价值观作为调节变量，通过 8.3 所述的方法将用户划分为寻求信息多样化价值观念强、中等、弱三组，有助于分析感知的可信度与信息偶遇之间的关系。

如图 8.4 所示，在寻求信息多样化价值观念不同的三组用户中，随着感知可信度的增加，用户获得的信息偶遇都呈现出下降的趋势。这说明，无论寻求信息多样化价值观念的强度如何，用户越是认为个性化推荐所推送的信息是可信的，获得的信息偶遇就越少。其中，寻求信息多样化价值观较弱的用户信息偶遇下降的幅度最大，受到感知可信度的负面影响最大，其次是价值观中等的用户，而价值观念强的用户受到的负面影响最小。

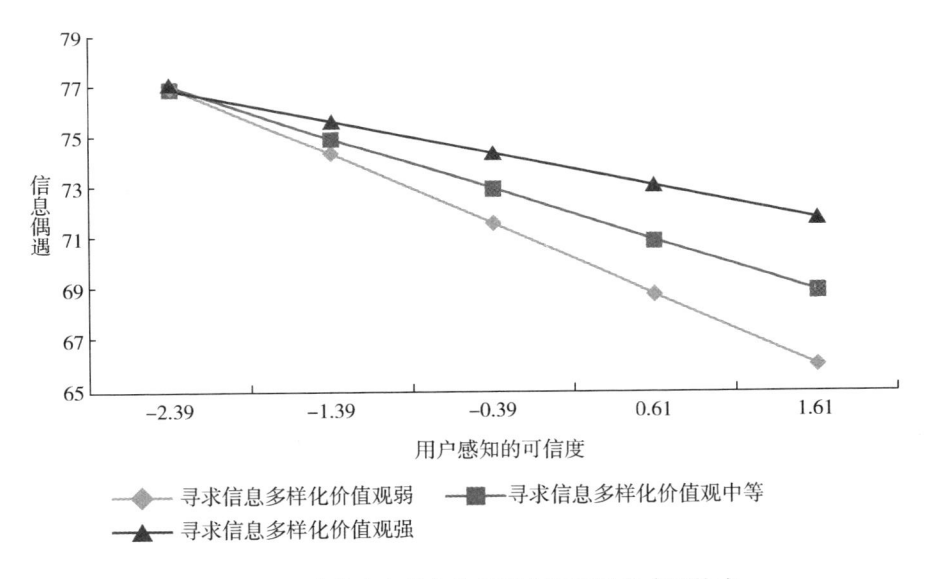

图 8.4　寻求信息多样化价值观念不同的用户群体中感知可信度与信息偶遇的关系

因此 H6 所提出的"用户感知的信息可信度与信息偶遇负相关"的假设是部分成立的，通过与寻求信息多样化价值观的交互作用，感知可信度与信息偶遇呈现出一定的负向相关。

8.2.4 传统媒体使用与信息偶遇

通过表 8.1 中的回归分析可知，在传统媒体信源的使用时间这组变量中，报纸杂志使用时间是一个非常显著的正向的变量（β = 0.056，p < 0.01），因此 H10 所提出的"用户的报纸杂志使用时间与信息偶遇正相关"的假设是成立的。

广播电视使用时间（β = 0.226，p < 0.001）在主效应中也同样体现出正向的解释力。并且，它和隐私保护知识的交互项（β = -0.129，p < 0.05）、和综合性网站使用时间的交互项（β = -0.216，p < 0.01）也都有一定的显著性。隐私保护知识是二分定类变量，可将它作为调节变量来考察广播电视使用时间与信息偶遇之间的关系。

如图 8.5 所示，无论在哪组用户中，广播电视使用时间与信息偶遇都表现出正相关关系。总的来说，缺乏隐私保护知识的用户比有隐私保护知识的用户的信息偶遇程度要高，但是，有隐私保护知识的用户比缺乏隐私保护知识的用户的直线的斜率更大，这表明，

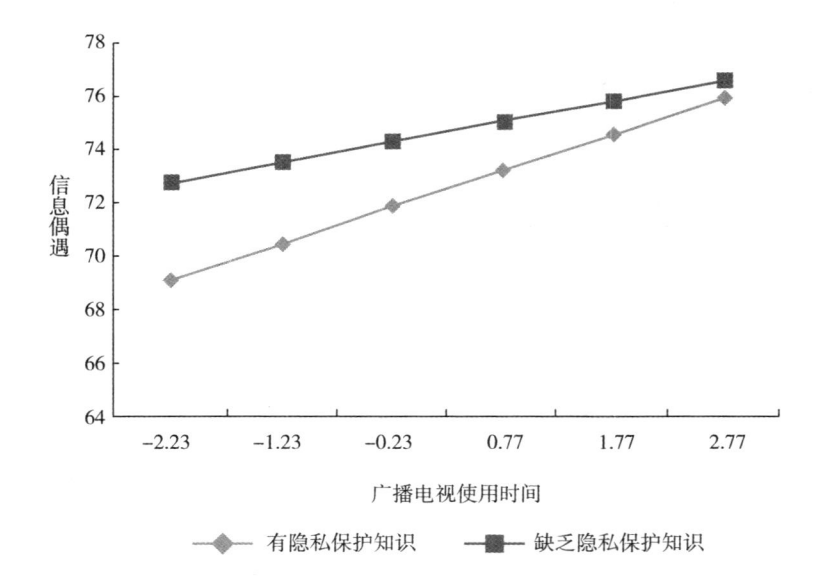

图 8.5 隐私保护知识、广播电视使用时间与信息偶遇的关系

随着广播电视使用时间的增长，有隐私保护知识的用户比缺乏隐私保护知识的用户获得的信息偶遇增益更多，两者之间的差距在缩小。

而综合性网站使用时间是一个连续的变量，若按前述方法，将用户按综合性网站使用时间划分为轻度用户、中度用户和重度用户，可反映在综合性网站使用时间的调节作用下，广播电视使用时间与信息偶遇之间的关系。

如图8.6所示，无论是在哪类用户中，广播电视使用时间都与信息偶遇呈现出正向的相关关系，随着广播电视使用时间的增加，三组用户的信息偶遇都在提升。其中综合性网站轻度用户提升的幅度最大，这表明广播电视的使用对于较少浏览综合性网站及其客户端的用户来说能在一定程度上起到提升信息偶遇的作用。

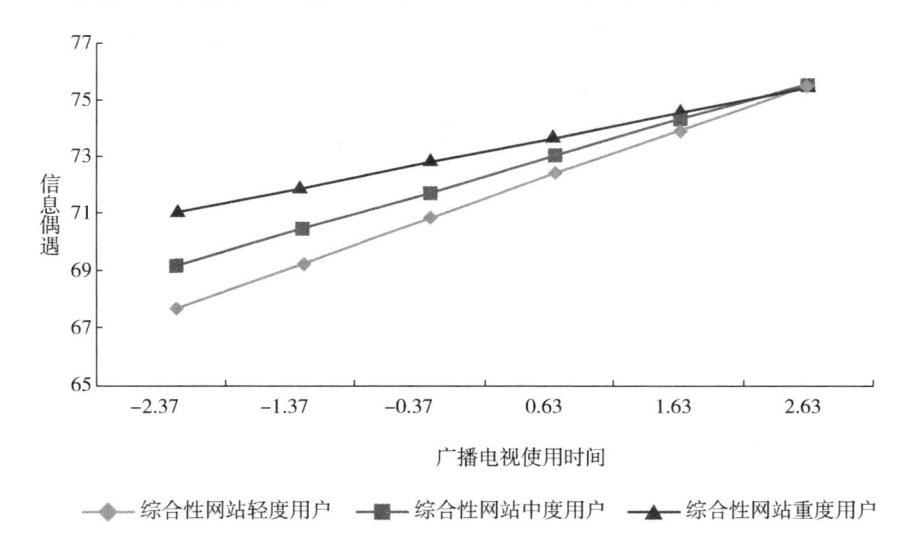

图8.6　综合性网站使用时间、广播电视使用时间与信息偶遇的关系

综上所述，广播电视使用时间在主效应中和交互效应中都表现出显著的正向的影响，因此H12所提出的"用户的广播电视使用时间与信息偶遇正相关"的假设是成立的。

8.2.5 其他新媒体使用与信息偶遇

表 8.1 的回归分析显示,在三类新媒体信源中,新浪微博使用时间($\beta = -0.083$,$p < 0.05$)和综合性网站使用时间($\beta = 0.107$,$p < 0.05$)都是显著的,并且它们与其他变量形成的交互项也表现出了显著的预测力。相比之下,微信朋友圈及订阅的公众号的使用时间在主效应和交互效应中都不显著,因此 H18 所提出的"用户的微信朋友圈及公众号使用时间与信息偶遇负相关"的假设未获数据统计支持。

为了进一步探讨新浪微博使用时间和综合性网站使用时间的影响,笔者还对综合性网站使用时间与广播电视使用时间的交互项($\beta = -0.216$,$p < 0.01$)、微博使用时间与所处网络同质化的交互项($\beta = 0.147$,$p < 0.05$)作了处理,以直观地展现这两个新媒体变量对信息偶遇的影响。

若将用户按照广播电视使用时间划分为重度、中度、轻度这三组,可发现在这三个用户群体中,综合性网站使用时间与信息偶遇都表现出正向的相关。随着综合性网站及其客户端日均使用时间的延长,个性化推荐用户获得的信息偶遇在上升。在三组用户中广播电视轻度用户信息偶遇上升幅度最大(见图 8.7)。这表明,综合性网站使用对于信息偶遇有促进作用,可以弥补用户因广播电视接触时间较少造成的信息偶遇差距。

综上所述,无论在主效应中还是在交互效应中,综合性网站使用时间都对信息偶遇表现出显著且正向的解释力,因此 H14 所提出的"用户的综合性新闻网站及其客户端的使用时间与信息偶遇正相关"的假设是成立的。

图 8.8 反映的则是将用户按照所处网络同质化程度划分为高、中、低三组后各组用户的新浪微博使用时间与其信息偶遇之间的关系。总的来说,三组用户都表现出随着新浪微博使用时间的增加,信息偶遇呈现出下降的趋势。所处网络同质化程度低的用户的信息

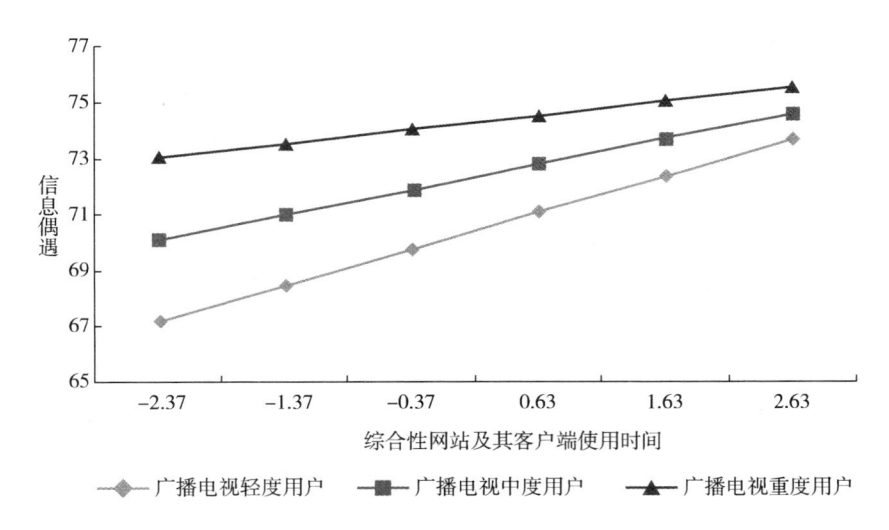

图 8.7 广播电视使用程度不同的用户中综合网站使用时间与信息偶遇的关系

偶遇总是高于另外两组，但是随着微博使用时间的增加，三组用户的信息偶遇都在降低，并且三组用户信息偶遇差距在缩小，网络同质化程度低的用户受到的影响最大。

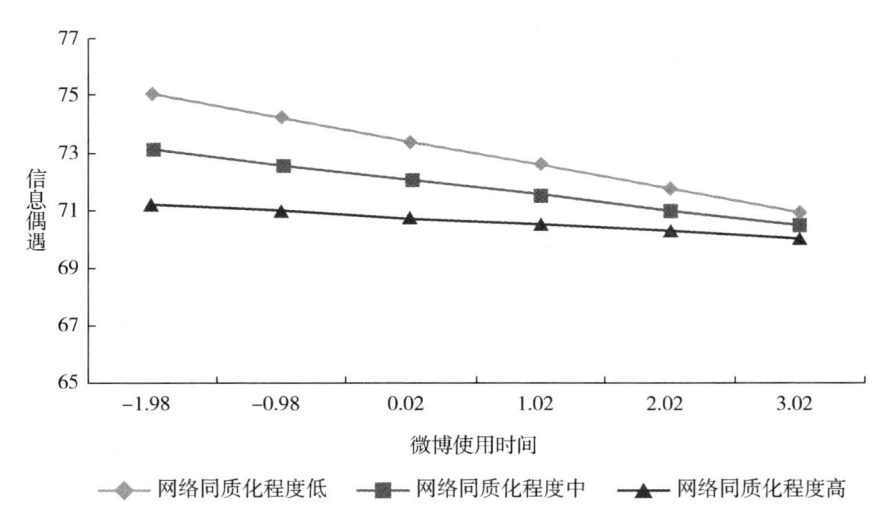

图 8.8 所处网络同质化程度不同的用户微博使用时间与信息偶遇的关系

综上分析可知，新浪微博使用时间无论在主效应中还是在交互效应中都表现出负向的解释力。因此，H16 所提出的"用户的新浪微博使用时间与信息偶遇负相关"的假设是成立的。

8.2.6 所处网络异质化/同质化与信息偶遇

从表 8.1 的回归分析可知，这组的两个变量表现出了截然不同的解释力。所处网络异质化无论在主效应还是交互效应中都不显著。但是，所处网络同质化无论在主效应中（$\beta = -0.151$，$p < 0.05$）还是在交互效应中都是显著的。通过对所处网络同质化与微博使用时间的交互项（$\beta = 0.147$，$p < 0.05$）、与收入的交互项（$\beta = 0.151$，$p < 0.05$）进行分析，有助于理解所处网络同质化对信息偶遇的影响。为了直观地展示微博使用时间和收入这两个连续变量的作用，按前文所述方法将这两个变量进行分组，按微博使用时间分为少、中、多组，按收入分为低、中、高组，以对比在微博使用时间不同的用户群体以及收入水平不同的用户群体中，所处网络同质化对信息偶遇的影响。

图 8.9 展示了在微博使用时间不同的三组用户中，个性化推荐

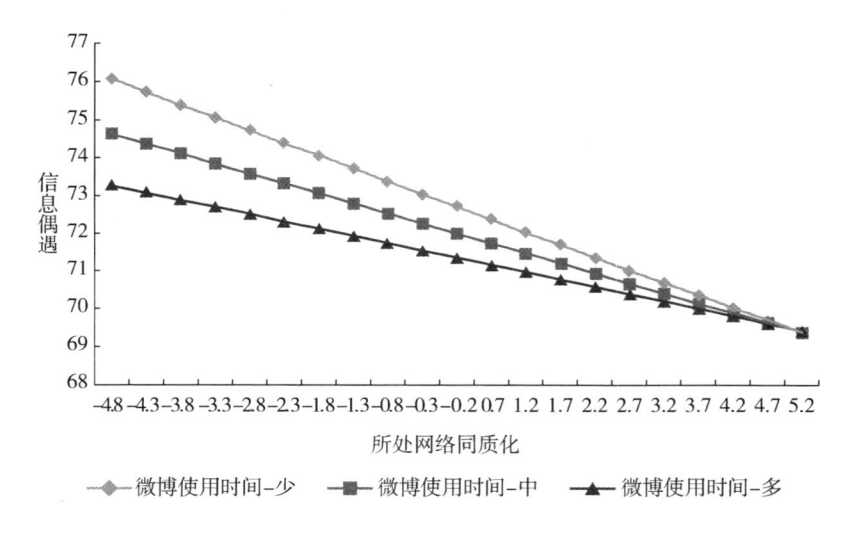

图 8.9 微博使用时间不同的用户所处网络同质化与其信息偶遇之间的关系

用户所处网络的同质化程度与信息偶遇之间的关系。总的来说，三组都反映出随着所处网络同质化程度的增加，信息偶遇呈现下降的趋势。在三组用户中信息偶遇下降幅度最大的是微博使用时间较少的用户，可见微博使用时间较少的用户受到所处网络同质化的影响最大。而微博使用时间较多的用户的信息偶遇下降幅度最小，受到的影响最小，可见微博的使用有助于抵消网络同质化对信息偶遇造成的负面影响。另外，有关微博使用时间的影响也可参见前面 8.2.5 的讨论。

图 8.10 展示了收入水平不同的三组用户所处网络同质化程度与其信息偶遇之间的关系。总的来说，随着所处网络同质化的增加，三组用户的信息偶遇程度都在降低。收入较低的用户最容易受到网络同质化的消极影响，信息偶遇下降幅度最大，其次是收入中等组，而收入较高的用户相对而言受到的影响较小。

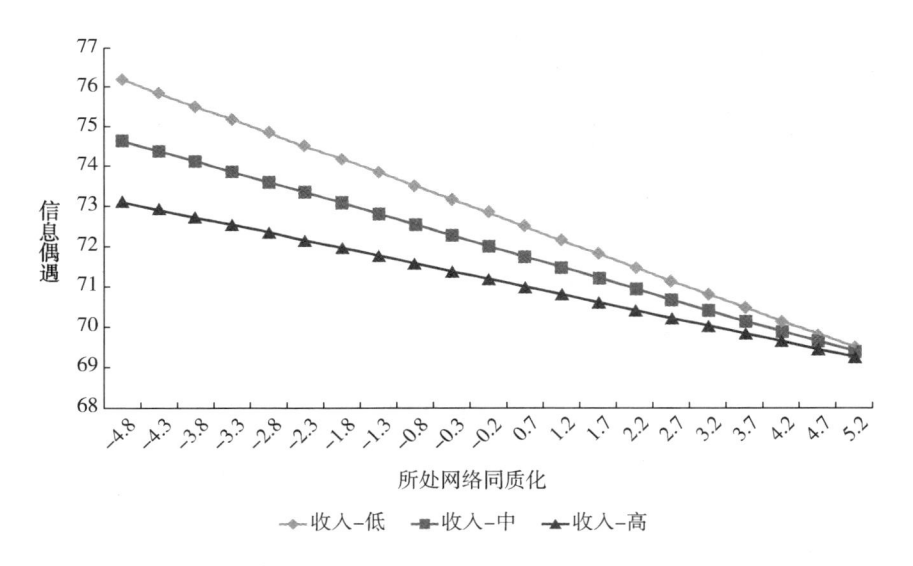

图 8.10 收入水平不同的用户所处网络同质化与其信息偶遇之间的关系

因此，无论是在微博使用时间不同的用户中，还是在收入水平不同的用户中，都反映出个性化推荐用户所处网络同质化程度与其获得的信息偶遇之间存在负向的关系。所处网络同质化这个变量无论是在主效应中，还是在交互效应中，都对信息偶遇表现出显著的负向影响。

综合以上讨论，H20 所提出的"用户所处网络异质化程度与信息偶遇正相关"的假设没有得到数据的支持。而 H22 所提出的"用户所处网络同质化程度与信息偶遇负相关"的假设是成立的。

8.2.7　寻求信息多样化价值观与信息偶遇

寻求信息多样化价值观在主效应中虽是不显著的，但是它和感知可信度的交互项（$\beta = 0.551$，$p < 0.001$）、它和经验开放的交互项（$\beta = -0.539$，$p < 0.001$）都表现出了很强的显著性。由于感知可信度和经验开放都是连续变量，为了直观地展示这两个变量的调节作用，笔者按照前面所述的方法把用户划分为低、中、高三组，在不同的用户群体中去对比寻求信息多样化价值观与信息偶遇之间的关系。

图 8.11 反映的是在不同程度的感知可信度用户群体中，寻求信息多样化价值观与信息偶遇之间的关系。总体来说，越是具有寻求信息多样化价值观的用户，从个性化推荐中获得的信息偶遇就越多，

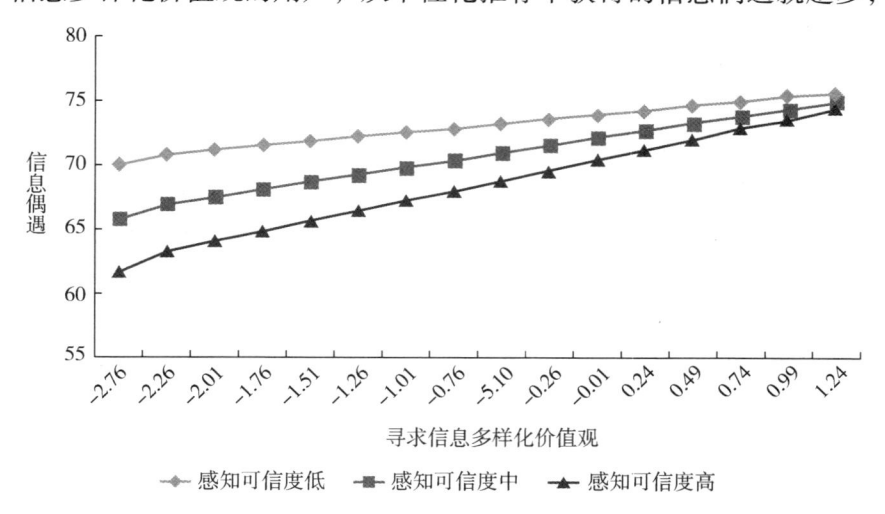

图 8.11　感知可信度不同的用户中寻求信息多样化价值观与信息偶遇的关系

两者大体上呈正向的相关关系。具体到不同群体中：感知可信度高组的信息偶遇提升最多，感知可信度中组次之，感知可信度低组的提升最少。当寻求信息多样化价值观非常弱的时候，认为个性化新闻推荐系统所推荐的信息真实可信的用户会比认为个性化推荐不可信的用户获得更少的信息偶遇。可以推测，认为个性化推荐的信息可信的用户，可能会减少从其他信源获取信息，因而信息偶遇程度比认为不可信的用户要低。随着寻求信息多样化价值观的提升，三组用户的信息偶遇都在提升，并且三组的差距在缩小，当寻求信息多样化价值观非常强的时候，三组用户的信息偶遇都上升到一个非常接近的数值，感知可信度的影响几乎可以忽略不计了。三组的变化趋势都反映出，寻求信息多样化价值观对于信息偶遇是有一定的积极影响的。

当受到经验开放的调节作用时，寻求信息多样化价值观和信息偶遇又会呈现怎样的关系？计算结果如图 8.12 所示。

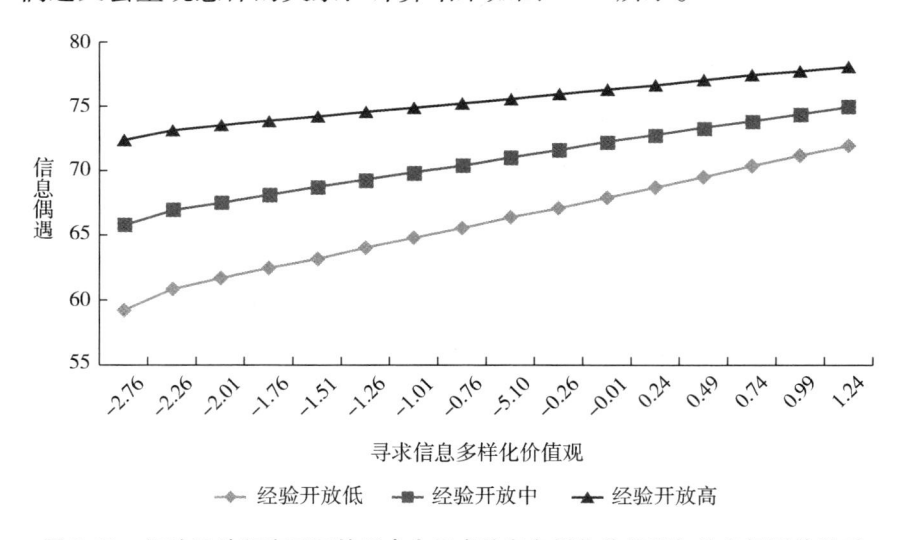

图 8.12　经验开放程度不同的用户中寻求信息多样化价值观与信息偶遇的关系

图 8.12 反映的是经验开放程度不同的三组用户，随着寻求信息多样化价值观的增强，其信息偶遇的变化趋势。图中表明，经验开

放程度高的用户，无论其寻求信息多样化价值观强弱，其信息偶遇始终高于另外两组用户。在受到寻求信息多样化价值观的调节作用下，三组用户的信息偶遇程度都有所提升，提升幅度最大的是经验开放程度低的组，经验开放程度中等的组次之，提升幅度最小的是经验开放程度高的组。这说明，对于三组用户来说，若能具有寻求信息多样化价值观，都能有效提升他们的信息偶遇；而经验开放程度低的用户在这个过程中将受益最大。总的来说，寻求信息多样化价值观和信息偶遇之间呈现出正向的相关关系。

因此，寻求信息多样化价值观虽然没有在主效应中表现出显著性，但是它在感知可信度不同的用户群体中、在经验开放程度不同的用户群体中都与信息偶遇表现出正相关关系，因而 H24 所提出的"个人寻求信息多样化价值观与信息偶遇正相关"的假设是在一定条件下是成立的，寻求信息多样化价值观通过与其他因素的交互作用而对信息偶遇产生积极的影响。

8.2.8　兴趣与信息偶遇

根据表 8.1 的回归分析结果可知，兴趣多样性并没有达到显著性水平。无论是在主效应中还是在交互效应中，它的影响都不显著。用户兴趣是否广泛，与其在个性化新闻推荐系统中获得的信息偶遇没有必然的联系。因此 H26 所提出的"用户兴趣多样性与信息偶遇之间的正相关"的假设是不成立的。

8.2.9　隐私保护知识、行为与信息偶遇

根据表 8.1 的回归分析结果可知，隐私保护知识这个变量在主效应中（$\beta = 0.132$，$p < 0.01$），以及在与广播电视使用时间的交互项中（$\beta = -0.129$，$p < 0.05$）都表现出了显著性。为了直观地展现隐私保护知识与信息偶遇的关系，将用户按广播电视的使用时间划分为轻度用户、中度用户和重度用户，可体现广播电视使用时

间作为调节变量时对隐私保护知识与信息偶遇之间的关系带来的影响。

如图8.13所示，无论在广播电视的轻度用户、中度用户还是重度用户中，具有隐私保护知识的用户都比缺乏隐私保护知识的用户的信息偶遇程度更高。加上主效应显著，可表明隐私保护知识与信息偶遇之间存在正向相关关系。因此，H28所提出的"用户的隐私保护知识与信息偶遇正相关"的假设是成立的。

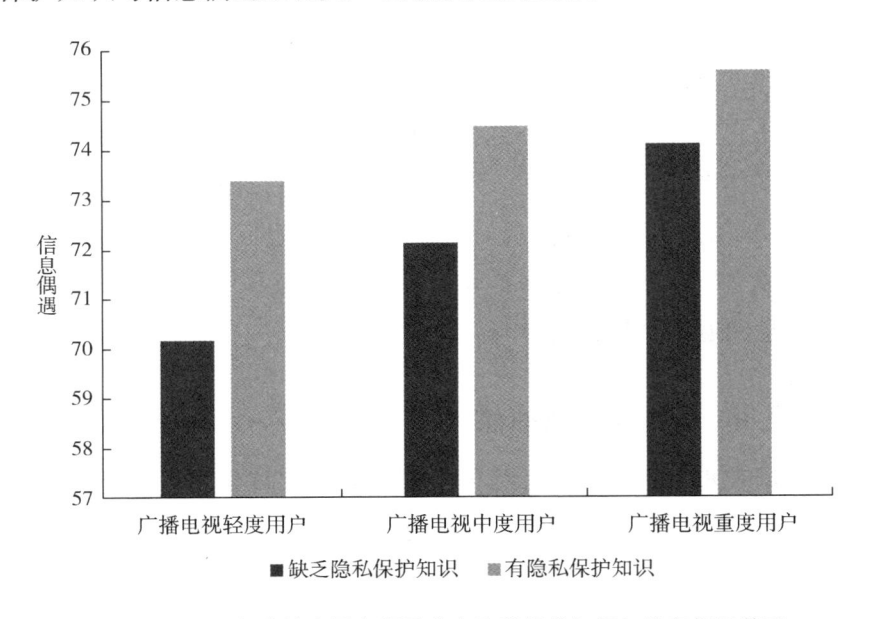

图8.13 不同程度的广播电视用户中隐私保护知识与信息偶遇关系

而隐私保护行为对于信息偶遇来说是一个负向的变量（$\beta = -0.044$，$p < 0.05$），因而H30所提出的"用户的隐私保护行为与信息偶遇正相关"的假设没有得到数据的支持，相反，用户的隐私保护行为与信息偶遇呈负向相关关系。

8.2.10 性格与信息偶遇

根据表8.1的回归分析结果，外向的性格特质无论在主效应中还是在交互效应中都不显著，因而 H32 所提出的"用户的外向程度与信息偶遇正相关"的假设不成立。

经验开放的性格特质无论在主效应中（β = 0.479，p < 0.001）还是在与寻求信息多样化价值观形成的交互项中（β = −0.539，p < 0.001）都是非常显著的变量。若将寻求信息多样化价值观作为调节变量，根据 8.3 所述的方法将用户划分为观念强、中等、弱三组，可比较直观地展现经验开放与信息偶遇的关系。

如图 8.14 所示，三条直线都反映出上升的趋势，表明在三组用户中，无论寻求信息多样化价值观强弱，经验开放的性格都与信息偶遇呈正相关关系。经验开放的性格特质越突出，用户获得的信息偶遇就越多。三组的不同之处在于，寻求信息多样化价值观较弱的用户信息偶遇上升幅度最大，其次是观念中等程度的用户，再次是观念较强的用户，这表明随着经验开放特质的增强，寻求信息多样化价值观较弱的用户受益最多，信息偶遇有较大提升，直至达到与

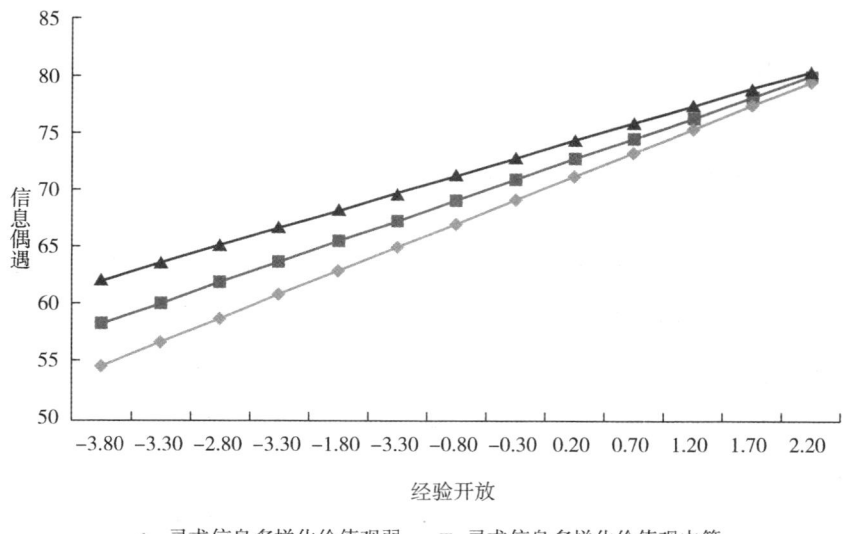

图 8.14　寻求信息多样化价值观程度不同的用户群体的经验开放与信息偶遇的关系

价值观较强的用户几乎同一水平。也就是说，经验开放有助于缩小由于寻求信息多样化价值观的差异造成的信息偶遇的差距。

综上所述，经验开放无论是在主效应中还是在交互项中都与信息偶遇表现出显著的正相关关系，因此 H34 所提出的"用户的经验开放程度与信息偶遇正相关"的假设是成立的。

8.3 本章小结

本章通过多元线性回归分析，回答了有关信息偶遇的研究问题，检验了与之相关的研究假设。关于 RQ1 - 2，即"个性化推荐系统的使用是否减少了用户的信息偶遇"，回归结果表明，个性化新闻推荐系统的使用时间与信息偶遇呈正向的相关关系，无论是在主效应中还是在交互效应中都是如此。个性化新闻推荐系统的使用非但没有使人减少信息偶遇的发生，反而与用户在个性化推荐系统中获得的信息偶遇积极相关，恰与 H2 所提出的"个性化新闻推荐系统的使用时间与用户的信息偶遇负相关"的研究假设相反。这说明个性化新闻推荐能够提供给用户意料之外的有用的信息。

在本章中，笔者运用多元线性回归分析找出对信息偶遇有显著影响的个人因素，据此，可对 RQ2 研究问题中的子问题 RQ2 - 2 作出回答——对于信息偶遇来说，各个因素按相对重要性由高至低排列依次是：性别与职业与年龄的交互项、年龄平方的倒数、寻求信息多样化价值观和感知可信度的交互项、寻求信息多样化价值观和经验开放的交互项、经验开放、满足感、个性化推荐使用时间与受教育程度的交互项、感知重要性、广播电视使用时间、个性化推荐使用时间、广播电视使用时间和综合性网站使用时间的交互项、所处网络同质化、收入和所处网络同质化的交互项、受教育程度、微博使用时间和所处网络同质化的交互项、隐私保护知识、广播电视使用时间和隐私保护知识的交互项、综合性网站使用时间、收入、微博使用时间、报纸杂志使用时间、隐私保护行为。与信息偶遇相关的研究假设的检验结果如表8.2所示。在第四章提出的有关信息偶遇的17条假设中,有7条假设是成立的,有2条部分成立,而有8条假设不成立。其中有4条统计检验未达到显著性水平,有4条与假设的方向相反。17条研究假设的检验结果一览如表8.2所示。

表8.2　　　　　　和信息偶遇有关的假设检验结果一览

变量	假设	检验结果
个性化推荐使用时间	H2:个性化新闻推荐系统的使用时间与用户的信息偶遇负相关	不成立(方向相反)
对个性化新闻推荐系统的感知	H4:用户感知的信息重要性与信息偶遇负相关	不成立(方向相反)
	H6:用户感知的信息可信度与信息偶遇负相关	部分成立
	H8:用户的满足感与信息偶遇负相关	不成立(方向相反)
传统媒体信源使用时间	H10:用户的报纸杂志使用时间与信息偶遇正相关	成立
	H12:用户的广播电视使用时间与信息偶遇正相关	成立
新媒体信源使用时间	H14:用户的综合性新闻网站及其客户端使用时间与信息偶遇正相关	成立
	H16:用户的新浪微博使用时间与信息偶遇负相关	成立
	H18:用户的微信朋友圈及公众号使用时间与信息偶遇负相关	不成立(不显著)
所处网络异质化/同质化	H20:用户所处网络异质化程度与信息偶遇正相关	不成立(不显著)
	H22:用户所处网络同质化程度与信息偶遇负相关	成立
寻求信息多样化价值观	H24:个人寻求信息多样化价值观与信息偶遇正相关	部分成立
兴趣	H26:用户兴趣多样性与信息偶遇正相关	不成立(不显著)
隐私保护知识与行为	H28:用户的隐私保护知识与信息偶遇正相关	成立
	H30:用户的隐私保护行为与信息偶遇正相关	不成立(方向相反)
性格	H32:用户的外向程度与信息偶遇正相关	不成立(不显著)
	H34:用户的经验开放程度与信息偶遇正相关	成立

在上述因素中,用户对个性化新闻推荐系统所推送的信息的感

知重要性，以及从中获得的满足感，都与信息偶遇有正向的相关关系。感知的重要性、满足感，都是和用户体验有密切关联的变量。这一结论也应验了 Matt 等研究者的研究结论：在个性化推荐系统中增加偶然性的推荐结果，为用户提供信息偶遇，能够提升用户对推荐系统的满意度。[1] 用户感知的可信度是通过与寻求信息多样化的价值观形成的交互项来产生影响的。受到寻求信息多样化价值观的调节作用，感知可信度与信息偶遇呈现出不同程度的负向相关。这说明，用户越是认为个性化新闻推荐所推送的信息是真实可信的，同时又相对缺乏寻求信息多样化价值观，那么其获得信息偶遇的可能性就比较低，容易受到过滤气泡效应的消极影响。

两大传统媒体——报纸杂志、广播电视的使用时间都对用户的信息偶遇有显著的积极影响，假设检验结果与理论推测相一致。而在三类新媒体信源中，综合性网站及其客户端的使用时间对信息偶遇起到显著的积极影响。而新浪微博的使用时间是显著的负向的变量。如前文所述，有些个性化新闻推荐应用是以用户的新浪微博数据作为推荐依据的，因此两个平台上的内容有某种相似性，微博使用得比较频繁的用户，在个性化推荐系统中感受到的信息偶遇就比较少。微信朋友圈及订阅的公众号的使用时间在主效应和交互效应中都未达显著，表明微信的使用对于用户在个性化新闻推荐中是否获得有用的、意料之外的信息未能产生显著的影响。

用户所处网络异质化程度与信息偶遇之间没有显著的相关关系，但是所处网络同质化程度与信息偶遇呈负相关，并且在主效应和交互效应中都是显著的负相关。可以推测，个人所处的讨论网络如果高度同质化，那么对于个人来说接触到的观念和事物也会比较局限，

---

[1] Matt, C., Benlian, A., Hess, T., et al., Escaping from the Filter Bubble? The Effects of Novelty and Serendipity on Users' Evaluations of Online Recommendations, *Publications of Darmstadt Technical University Institute for Business Studies*, 2014, 21 (3): 1–19.

获得信息偶遇的可能性也就比较低。

寻求信息多样化价值观与信息偶遇虽然没有在主效应中表现出显著性，但是它在感知可信度不同的用户群体中、在经验开放程度不同的用户群体中都起到显著的积极作用，寻求信息多样化价值观通过与其他因素的交互作用对信息偶遇产生正向的影响。

用户兴趣的多样性与信息偶遇之间的关系并没有达到显著性水平。对不同类目的新闻兴趣广泛与否，与通过个性化推荐获得的信息偶遇之间没有必然的联系。

隐私保护知识与行为也对信息偶遇有不同的影响。隐私保护知识在主效应中以及在交互效应中都表现出了显著的积极性，表现出正向的解释力，而隐私保护行为则是负向的变量。为何会出现这种"知行不合一"的冲突？结合有关性格、所处网络同质化等变量的讨论，笔者推测，信息偶遇可能更多体现在个人信息素养的层面上，未来可对这个问题继续深入研究。

与性格有关的两个变量——外向与经验开放对信息偶遇影响不同。尽管已有的研究主张外向的性格特征与信息偶遇有关，与经验开放无关，[1][2] 但是本研究却得出了截然相反的结论：外向无论在主效应中还是在交互效应中都不显著，而经验开放却是一个非常显著的变量。笔者认为，外向作为性格的其中一个维度，主要体现在与人交往之上，未必会影响其信息偶遇。而经验开放无论在主效应中还是在与寻求信息多样化价值观形成的交互项中都是非常显著的变量。这表明，越是具有经验开放性格特征的人，从个性化推荐中获得的信息偶遇就越多。

---

[1] Heinström, J., Psychological factors behind incidental information acquisition, *Library & Information Science Research*, 2007, 28 (4): 579-594.

[2] McCay-Peet, L., Toms, E.G., Kelloway, E.K., Examination of relationships among serendipity, the environment, and individual differences, *Information Processing & Management*, 2015, 51 (4): 391-412.

第九章 过滤气泡的研究启示

9.1 研究结论

个性化推荐算法的出现颠覆了互联网新闻资讯传播生态，其产生的深远影响吸引了众多学者的关注。有别于计算机学科在此问题的研究上着重于算法和数据，本章从人文社科的研究视角，立足用户的层面，对在互联网信息过滤分发中扮演把关人角色的个性化新闻推荐算法所导致的过滤气泡效应展开了研究，并对可能影响过滤气泡的用户个人因素进行了探讨，主要得到了以下四个方面的研究结论。

9.1.1 个性化推荐是否会导致过滤气泡？

研究首先明确了个性化推荐与信息定制、新闻聚合的概念之间的区别，厘清了过滤气泡的定义，将其与相近的概念——信息茧房、回声室效应区分开来。笔者认为，过滤气泡的概念更适用于探讨个性化推荐算法对用户产生的消极影响，个性化推荐是由算法主导的隐性的信息过滤过程，有可能招致过滤气泡的消极后果。其后果主要表现在两个维度——信息多样性与信息偶遇，由此形成了RQ1及其子研究问题。研究结果表明，个性化新闻推荐的使用时间与用户的信息多样性之间虽然不直接相关，但是它通过与寻求信息多样化价值观形成的交互效应对信息多样性起作用，并且通过交互项表现出来的是负向的相关。这表明，如果用户自身寻求信息多样化价值观较弱，那么随着个性化推荐使用时间的延长，其信息多样性降低的幅度就越大；如果用户寻求信息多样化价值观较强，则不太容易受到个性化推荐使用带来的信息多样性降低的影响。从这个意义上说，个性化新闻推荐的使用确实可能会在一定程度上降低用户接收到的信息的多样性，使人只关注某些或某类信息，从而陷入过滤气泡中，但这取决于用户个人是否具有寻求信息多样化价值观。算法推荐的信息多样性会受到用户个人因素的影响。

另一方面，个性化推荐使用时间与信息偶遇却表现出了积极的正相关，这表明个性化推荐的使用能在某种程度上为用户提供意料之外的信息偶遇。不过由于调查数据来源于用户的自我报告，难以判断这是具有实效性的信息偶遇，还是仅仅满足了用户浅层次的感知好奇心，有待更进一步的研究探讨。至少，从本研究的结论来看，个性化新闻推荐系统同时表现出了促进过滤气泡和反抗过滤气泡的特质。

总之，在探讨个性化新闻推荐算法产生的影响时，不可忽视用户个人因素的作用。这一结论也与巴克什[1]、瑞斯尼克[2]等人的研究结论相一致，即与算法推荐的作用相比，个人选择发挥的作用更大。

9.1.2 影响过滤气泡的个人因素有哪些？

为了回答 RQ2 及其子问题，第七章和第八章对可能与过滤气泡

---

[1] Bakshy, E., Messing, S., Adamic, L. A., Exposure to ideologically diverse news and opinion on Facebook, *Science*, 2015, 348 (6239): 1130–1132.

[2] Resnick, P., Garrett, R. K., Kriplean, T., et al., Bursting your (filter) bubble: strategies for promoting diverse exposure, In *Proceedings of the 2013 conference on Computer supported cooperative work companion*, ACM, 2013, pp. 95–100.

有关的个人因素进行了假设检验，表 9.1 对检验结果作了汇总："+"表示自变量与因变量正相关，"-"表示自变量与因变量负相关，"○"表示两者之间的相关关系未达到显著性水平。

表 9.1　　　　　　　　　自变量与因变量的关系

自变量＼因变量	信息多样性	信息偶遇
个性化推荐使用时间	-	+
感知重要性	○	+
感知可信度	○	-
满足感	-	+
报纸杂志使用时间	+	+
广播电视使用时间	○	+
综合性新闻网站及其客户端使用时间	○	+
新浪微博使用时间	+	-
微信朋友圈及公众号使用时间	-	○
所处网络异质化	+	○
所处网络同质化	+	+
寻求信息多样化价值观	+	+
兴趣多样性	+	○
隐私保护知识	○	+
隐私保护行为	+	-
外向	+	○
经验开放	-	+

对两个因变量（即信息多样性和信息偶遇）都达到了显著性水平的自变量有：所处网络同质化、满足感、经验开放、报纸杂志使用时间、新浪微博使用时间、隐私保护行为。而寻求信息多样化价值观则是通过与其他变量的交互作用，分别对信息多样性和信息偶遇产生影响。

仅对信息多样性有显著影响的变量有：所处网络异质化、兴趣多样性、外向、微信朋友圈及订阅的公众号使用时间。

仅对信息偶遇有显著影响的变量有：感知重要性、隐私保护知识、广播电视使用时间、综合性新闻网站及其客户端使用时间。感知可信度则通过与其他变量的交互作用对信息偶遇产生影响。

以下对各个变量的影响展开讨论：

兴趣多样性这个变量测量的是用户对于信息种类的兴趣，故对于个性化推荐用户接收到的信息的多样性而言是一个非常显著的正向的变量，不过兴趣是否多样化，对信息偶遇没有显著影响。用户兴趣的多样性能在较大程度上预测其所接收到的信息的多样性，这也正是个性化推荐算法效用的体现。

在性格变量上，经验开放比外向的影响更大。尽管已有的研究主张外向与信息偶遇有关，经验开放与信息偶遇无关，[①②] 但是本研究发现，外向与信息多样性有关，与信息偶遇无关；经验开放则与信息多样性和信息偶遇都有显著的相关性。首先这可能是中外研究的差异所导致的，其次就外向而言，笔者认为，外向作为性格的其中一个维度，主要表现在社交层面，并不会直接影响信息偶遇；相反，经验开放是一种对于未知充满好奇和探知欲的性格特征，一个拥有开放心态的人，从理论上讲，也比较有可能获得更为多样化的信息以及更多的信息偶遇。因此，虽然得出与以往的研究不同的结论，但是笔者认为，本研究的结论更加符合常理的推断，未来的研究可对此继续加以讨论和验证。

用户所处的讨论网络异质化/同质化程度都与过滤气泡有关。所处网络同质化程度无论对信息多样性还是信息偶遇而言都是显著的影响变量，而所处网络异质化程度只与信息多样性有关。所处网络

---

① Heinström, J., Psychological factors behind incidental information acquisition, *Library & Information Science Research*, 2007, 28 (4): 579–594.
② McCay-Peet, L., Toms, E.G., Kelloway, E.K., Examination of relationships among serendipity, the environment, and individual differences, *Information Processing & Management*, 2015, 51 (4): 391–412.

异质化/同质化程度在测量中询问的是用户与他人的讨论交流情况，可见，无论是线上还是线下的交流，无论是与观点一致的人交流还是与观点不同的人交流，只要多交流，都有助于提升信息多样性。不过，信息偶遇只与所处网络的同质化程度有关。所处网络同质化程度高，反映出用户平时总是与和自己观点一致的人交流讨论，故接触到的观念和事物比较局限，发生信息偶遇的可能性比较低。同时网络同质化也意味着用户不够开放包容，经验开放的性格特征比较弱，所能获得的信息偶遇也就比较少。

在用户感知层面，重要性、满足感都与信息偶遇正向相关。而感知的重要性、满足感，都是和用户体验有密切关联的变量。这一结论也反向应验了 Matt 等研究者的研究结论：通过提升个性化推荐系统提供给用户的信息偶遇，能够提升用户对推荐系统的满意度。[①] 感知可信度则通过与寻求信息多样化价值观的交互作用，对信息偶遇产生消极影响。这说明，用户越是认为个性化新闻推荐所推送的信息真实可信，同时又相对缺乏寻求信息多样化价值观，那么获得的信息偶遇就可能比较少，容易受到过滤气泡效应的消极影响。相比之下，感知重要性、感知可信度对信息多样性却没有表现出显著的影响。而用户的满足感，即越是认为个性化推荐所推送的信息能够满足自己需求的用户，其获得的信息多样性就越低。可以推断，如果用户满足于个性化推荐这一信源，就会减少从其他信源获取信息，从而降低了信息多样性。

寻求信息多样化价值观这个变量的解释力是有限的，它在主效应中并未达到显著性水平，说明该变量不会对过滤气泡产生直接影响，但交互项显著说明它会通过与其他变量的交互作用（如个性化

---

① Matt, C., Benlian, A., Hess, T., et al., Escaping from the Filter Bubble? The Effects of Novelty and Serendipity on Users' Evaluations of Online Recommendations, *Publications of Darmstadt Technical University Institute for Business Studies*, 2014, 21（3）：1 – 19.

推荐使用时间、感知可信度、经验开放），间接提升用户的信息多样性与信息偶遇。

隐私保护知识仅对信息偶遇有显著的影响。隐私保护知识与信息偶遇呈现出的相关性或许表明，信息偶遇在某种程度上和个人信息素养有关联，未来此方面的研究可进一步加深探讨。隐私保护行为，即上网过程中是否采取了反跟踪的措施，则会影响用户的信息多样性和信息偶遇。从个性化推荐系统的运作原理上看，个性化推荐是基于用户数据作出的信息过滤推送，若用户的浏览记录等数据无法被获取，那么个性化推荐算法的"量身定制"也就无从谈起，其推荐相对而言也会失之精准，用户从个性化推荐中获得的有用的偶遇的信息也有所减少。然而，这对于用户接触到的信息多样性却是有促进作用的。用户由于防止浏览记录被跟踪而可以浏览到更为丰富的题材的信息，有助于打破过滤气泡。反之，若用户没有采取防止跟踪的措施，则通过个性化推荐系统接触到的信息多样性就会比较低。固然，如此一来，个性化的推荐会更为精准，但是，如果只是依靠个性化推荐这种单一的渠道来获取信息，无疑会使用户陷入过滤气泡之中。

因此，其他信源的存在就显得非常有必要。在和媒体有关的变量中，报纸杂志的使用时间是非常显著的正向变量，它对信息多样性和信息偶遇都有显著影响，用户平时接触报纸杂志的时间越长，越有助于抵抗个性化推荐系统产生的过滤气泡的消极影响。在互联网时代，尽管新媒体的迅猛发展不断挤压纸媒的生存空间，传统媒体纷纷寻求新媒体转型，典型事件如《东方早报》从 2017 年 1 月 1 日起转型为"澎湃新闻网"[①]；尽管澎湃新闻网等综合性新闻网站也同样可以呈现多种类目的新闻，但是从本研究的结果来看，综合性

---

① 网易新闻：《东方早报整体转型，澎湃新闻引进 6.1 亿国有战略投资》，http：//news. 163. com/16/1228/15/C9COGH1500018AOR. html，2017 - 02 - 24。

新闻网站及其客户端使用时间只与信息偶遇积极相关，而与信息多样性无关，这说明纸质媒体依然有着不可取代的重要意义。纸媒提供的内容相对于个性化新闻推荐来说更为综合、全面，能够提供更高程度的信息多样性和信息偶遇，有助于抵抗数字环境中产生的过滤气泡。然而同样呈现了多种类目的新闻的综合性新闻网站及其客户端为何对于信息多样性的影响不显著？媒体学者安德森指出，能用技术熟练驾驭新闻发布渠道的新一代媒体人，对有关现有和潜在读者的海量量化信息重度依赖，认为读者是"算法受众"，这些人有着极容易识别的需求和欲望，用合适的算法很容易就能识别并给予满足。相比之下，更具公众视角的早期一代新闻出版商则认为，受众基本上是"审慎的"，他们试图把读者纳入自己眼里符合公众利益的对话，而不管它是否吻合受众的实际期待。至少理论上说，唯有提出更好的论点，才能让这些对话和公共讨论尘埃落定，而哪个论点更好，并不由每个论点获得了多少页面访问量来决定。[①] 公众利益取向与个人需求取向的分野可能导致了纸媒与综合性新闻网站在本研究中的差异。并且值得注意的是，主流新闻网站同样也运用了一部分个性化推荐算法的功能，[②] 因而也具有个性化传播的特征。另外，综合性新闻网站除了新闻，还提供其他方面的娱乐休闲服务，因此，用户对综合性门户网站及其客户端的接触与使用未必和获取新闻资讯有关，这或许也是导致该变量与信息多样性无关的原因。

而同属传统媒体的广播电视使用时间解释力相对较小，它与信息偶遇有关，与信息多样性无关，可能是因为相对于印刷媒体而言，电视这种电子媒体的表达方式带有娱乐化的性质，[③] 电视的使用基本

---

① ［白俄］莫罗佐夫：《技术至死：数字化生存的阴暗面》，张行舟、闫佳译，电子工业出版社2014年版，第168页。
② Thurman, N., Schifferes, S., The future of personalization at news websites: lessons from a longitudinal study, *Journalism Studies*, 2012, 13 (5–6): 775–790.
③ ［美］波兹曼：《娱乐至死》，章艳译，广西师范大学出版社2004年版，第114页。

上以娱乐为特征。① 用户出于娱乐的动机而非获取信息的动机去使用广播电视，可能是造成广播电视的使用与信息多样性之间的相关关系未达显著的原因。未来的研究可对个性化新闻推荐的使用动机和行为模式加以研究，或能得到更为丰富的研究结论。

新浪微博使用时间和信息多样性、信息偶遇都表现出了一定的相关性，因为有些个性化新闻推荐就是利用了用户的社交媒体数据作为信息推送的依据。而同是社交媒体的微信却有所不同。微信对用户的信息多样性起到消极的影响，对信息偶遇没有产生显著的影响。微信只能通过自己主动关注的公众号和互加好友的用户的分享来获知信息，而互加好友意味着彼此之间有某种交集，这是一种典型的协同过滤，它完全是从用户个人的兴趣爱好出发来选择性地呈现信息，使用户只能和与自己文化、意见相似的人打交道。并且，它没有提供类似于公共领域性质的公开讨论平台，虽然公众号在推送的文章末尾会筛选一部分留言以供用户互动，但是这种互动依然是很有限的，并且是带有公众号的主观选择倾向的，因而微信的使用与信息多样性之间呈现出负向的相关关系。不过，微信的使用对于用户在个性化新闻推荐中感受到的信息偶遇没有显著的影响。以往此类研究多在微博等公开化的平台上开展，本研究从侧面验证了微信也同样可能导致过滤气泡的产生，只是微信的影响力弱于微博。

此外，人口统计变量也表现出不同程度的影响。在信息多样性上，性别和年龄有显著的影响，受教育程度、收入、职业则通过交互项对信息多样性产生影响。研究中发现一个特殊的群体——体制外的女性，无论收入高低，其信息多样性程度总是高于其他群体。在信息偶遇上，受教育程度和收入是显著的变量，性别、年龄、职业通过交互项产生影响。体制内男性的信息偶遇随年龄增长而变化的趋势与其他群体有所不同。未来可通过深度访谈等方式对上述群

---

① 杨伯溆：《电子媒体的扩散与应用》，华中理工大学出版社2000年版，第219页。

体作进一步研究，深入了解用户情况。

9.1.3 个性化推荐新闻用户群体中是否出现了算法新闻鸿沟？

基于 RQ3 及其子问题，笔者探讨了不同人口特征的用户群体中是否存在"算法新闻鸿沟"。具体而言，这种新型的数字鸿沟表现在个性化推荐新闻的使用沟、内容沟、感知沟、信息多样性沟、信息偶遇沟这五个维度上。对于这五个维度的鸿沟来说，收入和年龄是非常稳健的影响变量，受教育程度、性别的影响次之，工作单位的性质影响最弱。总体而言，社会经济地位和年龄是产生算法新闻鸿沟的主要因素，这表明算法新闻鸿沟与新媒体素养有一定的间接关联，社会经济地位越高的用户通过算法获益越多，这一结论与大多数数字鸿沟的研究结论是一致的。

和以往的数字鸿沟的研究结论不同的是，受教育程度并未造成使用沟，但是会造成内容沟。这可能和个性化推荐算法新闻的相对低门槛与较强的娱乐性质有关。中老年人并非算法鸿沟中的弱势群体，年轻群体与中老年群体之间存在的差异呈现出与过去所研究的数字鸿沟颠倒的现状。这除了说明中老年群体是个性化新闻资讯的主要消费人群以外，或许还说明个性化推荐算法对于新媒体传播技术的劣势人群而言，可使他们有机会接触到超越自己能力范围以外的信息，或将在一定程度上有助于弥合数字信息鸿沟。不过，正如前面的分析所指出的，关键的因素还是在于个人如何使用。

9.1.4 不同类型的个性化推荐系统的过滤气泡是否有差异？

本研究首次将过滤气泡的研究扩展到不属于同个圈子、同个平台的用户群体中，有别于以往的成果仅对某个平台的用户展开调查研究。并且，基于对国内个性化新闻用户的一手调研数据，比较全面地展现了国内个性化推荐新闻的发展现状和用户使用情况。

当前国内的个性化新闻推荐可分为应用型和模块型两类，以

"今日头条"为代表的应用型个性化新闻推荐是主流，以百度搜索为代表的模块型个性化新闻推荐也有一定的市场空间。两类个性化新闻推荐的用户人口特征存在显著差异：应用型个性化推荐用户群体比模块型个性化推荐用户群体的平均收入和平均年龄都更高。经过分析，笔者认为，模块型个性化新闻推荐比较适合不方便通过手机上网浏览新闻资讯的用户群体，例如，手机使用受限的青少年群体、上班"摸鱼"的办公族，等等。

应用型和模块型的用户群体在使用情况上（如使用时间、接收到的信息种类与频率、对信息的感知等方面）也有显著的差异。研究发现，在过滤气泡的两个维度上，应用型个性化推荐用户无论是信息多样性还是信息偶遇都显著优于模块型个性化推荐的用户，据此可回答 RQ4 及其子问题。造成这一差异的原因可能是应用型个性化新闻推荐是一个独立的移动互联网应用，有利于增加用户黏性，延长单次使用时间。而模块型的设置有一部分原因是为了植入广告，或者是互联网公司为了推广其市场占有率较低的个性化新闻应用（例如 UC 浏览器中的个性化新闻推荐模块显示消息来自"UC 头条"），用户往往不将其视为浏览的目标，在浏览的过程中注意力是比较分散的，随时有可能转向其他目标。加上应用型是需要用户主动下载安装才能使用，即需要经过用户的同意才会接触到，而模块型并不需要用户操作与设置，在使用过程中有一定的被动性。甚至有些个性化推荐新闻的模块是用户无法消除的，这可能会给部分不需要此项服务的用户造成干扰，因而模块型用户对其评价普遍偏低。从推荐机制上看，应用型个性化推荐系统能够比较全面地收集用户数据，推荐的精准度从理论上讲会比模块型个性化推荐系统更高，因而用户对其评价也会比较高。相比之下模块型个性化推荐用户使用体验则较差，较容易形成过滤气泡效应。造成这种现象的原因还有一种可能，那就是这种差异或许和不同的个性化推荐算法实践有关。未来的研究可以进一步研究个性化新闻推荐算法中的差异，将个性化推荐模块与其信息来源的移动应用的推荐算法作对比，例如将 UC 浏览器中的新闻推荐与"UC 头条"新闻推荐算法作比较；将不同互联网公司的个性化新闻推荐应用算法进行对比，如将"今日头条"与"UC 头条"作对比，以期获得更为丰富的研究结论。

9.2 理论启示

9.2.1 个性化新闻推荐算法的挑战

个性化新闻是人工智能技术与新闻生产相结合产生的新闻生产模式。[1] 关于新技术介入新闻业产生的影响，我们理应抱有审慎的思考。正如莫罗佐夫指出，我们不能认为，由新数字媒介推动的新过滤器和算法实践，毫无问题，无比客观，自然优于之前的过滤器和实践。这些新过滤器可能会更快、更廉价和更有效率，但速度、成本和效率，与这些过滤器和算法在我们生活中扮演的公民角色只有浅表的联系。[2]

个性化新闻推荐算法的核心问题就在于它把新闻信息当成可供消费的商品，将人的行为矮化为数据。在将人与内容/商品精准匹配的功能上，个性化推荐无疑是非常成功的。但是若将其应用在新闻信息的分发上就可能会造成过滤气泡效应等问题。减少接触的信息种类，降低信息偶遇发生的可能，这固然符合个性化推荐系统追求精准化推送、控制信息过载的设计初衷，但是信息有其社会意义，新闻信息的传播会对社会产生巨大的影响，精准的过滤技术并不适用于新闻信息传播。

现代技术是对于效率极其推崇的一种思维逻辑。[3] 在追求快速高

---

[1] 彭兰：《智媒化：未来媒体浪潮——新媒体发展趋势报告（2016）》，《国际新闻界》2016 年第 11 期。

[2] ［白俄］莫罗佐夫：《技术至死：数字化生存的阴暗面》，张行舟、闫佳译，电子工业出版社 2014 年版，第 158 页。

[3] 吴国盛：《技术哲学讲演录》，中国人民大学出版社 2009 年版，第 23 页。

效的时代背景下，个性化推荐算法应运而生。它在一定程度上解放了信息过载中的人，但与此同时也把人对于信息的需求简化为一个个用户标签。个性化推荐系统的本质设定就是最受欢迎的信息会得到最多的关注或最高的评分。这会招致流量至上、标题党盛行等恶果。在流量为王的世界里，最骇人听闻、哗众取宠的内容往往最容易脱颖而出，而真正值得关注的内容却可能缺乏必要的关注，使得琐碎的小道消息和重要的公共议题被置于同等的级别。有研究指出，基于用户的协同过滤算法的新闻推送挑战了传统的新闻价值观。① 个性化新闻推荐的短板已经开始暴露出来，有调查指出29.4%的用户认为个性化推荐所推送的内容低俗。② 而在本研究的调查中，只有52.1%的受访者赞同个性化新闻的内容是重要的，不到一半（42.3%）的受访者赞同个性化新闻内容真实可信。有研究者发现，在人们的兴趣中存在一种对于大众利益（general-interest）的实质兴趣。③ 这意味着个性化推荐不该只迎合流量法则，而是应当努力超越用户的低层次的阅读需求。对于社会来说，个性化推荐虽然更有效率，但它可能会破坏整个城市都阅读相同报道所带来的团结一致、集体行动和充分讨论的机会。正如记者雅各布·韦斯伯格（Jacob Weisberg）所指出，新闻业是公民企业，由无知引起的低效率对它是有益的。传播学教授大卫·卡普夫（David Karpf）也认为传统新闻业的低效率是"有益的低效率"。④ 个性化推荐与传统媒体在新闻价值的判断上的分野体现在前者是以个人需求为导向而后者是以公众利

---

① 方师师：《算法机制背后的新闻观——围绕"Facebook 偏见门"事件的研究》，《新闻记者》2016 年第 403 卷第 9 期。
② 彭兰：《智媒化：未来媒体浪潮——新媒体发展趋势报告（2016）》，《国际新闻界》2016 年第 11 期。
③ Trilling, D., Schoenbach, K., Challenging Selective Exposure: Do online news users choose sites that match their interests and preferences? *Digital Journalism*, 2015, 3（2）: 140 – 157.
④ ［白俄］莫罗佐夫：《技术至死：数字化生存的阴暗面》，张行舟、闫佳译，电子工业出版社 2014 年版，第 173 页。

益为导向的。和大众媒体构建的现实相比,算法构建的现实往往增加了个人化、商业化、不平等和解域化(deterritorialization),降低了透明度、控制度和预测度。①

个性化推荐算法介入新闻传播中,引发学者对已有理论与模型的重新审视。算法改变了把关人理论,② 使传统意义上的新闻把关人角色发生了变化,③④ 故有学者提出了新的数字把关人模式⑤或算法把关模式(algorithmic gatekeeping)⑥。鉴于算法对旧传播模式的重构,全燕提出了"算法传播模式"⑦。而本书正是在此基础上,对新兴的算法传播模式中的用户这一传播要素展开了研究,揭示了对过滤气泡产生影响的用户个人因素。过滤气泡不是单纯的技术问题,它是个人、社会、技术共同作用的结果。⑧⑨ 其中,个人因素是最底层也是最基本的因素,已有的研究往往只考虑平台的规则、算法的机制而忽视了人的作用,研究视角无异于算法传播时代的"新魔弹论",即机械地认为个人在平台和算法面前毫无拒绝和反抗之力,只能被动

---

① Just, N., Latzer, M., Governance by algorithms: reality construction by algorithmic selection on the Internet, *Media, Culture & Society*, 2016. doi: 10.1177/0163443716643157.

② Napoli, P. M., Automated Media: An Institutional Theory Perspective on Algorithmic Media Production and Consumption, *Communication Theory*, 2014, (24): 340–360.

③ Thurman, N., Making "The Daily Me": Technology, economics and habit in the mainstream assimilation of personalized news, *Journalism*, 2011, 12 (4): 395–415.

④ Thurman, N., Schifferes, S., The Paradox of Personalization: The Social and Reflexive Turn of Adaptive News, In E. Siapera & A. Veglis (Eds.), *The Handbook of Global Online Journalism*, UK, Oxford, Wiley-Blackwell, 2012: 373–391.

⑤ 参见阮立、华勒斯、沈国芳《现代把关人理论的模式化——个体、算法和平台在数字新闻传播领域的崛起》,《当代传播》2018年第2期;刘海明、杨琦钜《位阶与底线:人工智能时代数字新闻把关人的伦理探究》,《现代传播》2021年第43卷第1期。

⑥ Bozdag, E., Bias in algorithmic filtering and personalization, *Ethics and Information Technology*, 2013, 15 (3): 209–227.

⑦ 全燕:《智媒时代算法传播的形态建构与风险控制》,《南京社会科学》2020年第11期。

⑧ 郭小安、甘馨月:《"戳掉你的泡泡"——算法推荐时代"过滤气泡"的形成及消解》,《全球传媒学刊》2018年第5卷第2期。

⑨ Geschke, D., Lorenz, J., Holtz, P., The triple-filter bubble: Using agent-based modelling to test a meta-theoretical framework for the emergence of filter bubbles and echo chambers, *British Journal of Social Psychology*, 2019, 58 (1): 129–149.

接受算法的信息灌输。笔者认为，对算法的研究不能只关注平台、数据、算法，而是要将用户纳入其中去思考人与算法的互动。在研究中，既要理解平台和算法的游戏规则、透析技术的价值导向，又要把握用户在使用过程中与算法的互动，解读新技术下的用户行为模式，在此基础上才能够更为深入地理解技术对个人和社会产生的影响。

9.2.2　人与算法的博弈

个性化推荐算法之所以会造成消极的社会影响与伦理风险，根本原因在于算法是一种隐形操纵的权力，它在脱离了人类控制的不可见之处决定着互联网上的信息过滤与分发，论其技术本质，已经从根本上动摇了人的主体地位。在算法的世界里，人被简单地处理成若干个标签，通过主成分分析等方法，把有着不同性格、兴趣、行为、特征的多维的复杂的个体，简化到极少的维度，使之成为算法可识别、可预测的一组数据。人的"数据化"又进一步为喂养算法、优化算法提供了"饲料"，这一恶性循环使人逐渐陷于算法的牢笼，此现象应该引起全社会的警惕。

不过，人在与算法的博弈中并非完全被动。用户在算法面前并不是毫无抵抗能力、轻易被算法一击即倒的"靶子"。人工智能深度学习的过程固然是一个也许永远也无法解开的"黑箱"，但是算法的决策并非完全由技术所决定。算法系统的结果可归因为基础数据、数学逻辑和人们与系统所做的决策和建议交互的方式。[①] 在研究算法所造成的社会影响时，不可忽视用户个人因素的作用。正如本研究的结论所反映的，若用户具备比较强烈的寻求信息多样化的价值观，那么个性化推荐的使用未必会减少其接触到的信息多样性；若用户具备开放的心态，则比较可能在个性化推荐系统中获得更多的信息偶遇。这充分说明了，在评估算法产生的影响时需要考虑用户的因素。毕竟，只

---

① ［印］霍桑纳格：《算法时代》，蔡瑜译，文汇出版社2020年版，第84页。

有用户参与和使用，算法才能发挥作用，若缺乏用户的行为数据，算法模型则无法得到训练和提升。人使用算法的过程也是与算法博弈的过程，个人应当发挥主观能动性，善用算法的优势，但同时也应当意识到算法潜在的危害，对算法的阴暗面始终保持警惕之心。

9.3 研究局限

首先，用户数据都来自受访者的自我报告，带有一定的主观性，其回忆是否准确、情况是否属实是研究者无法验证的，自我报告的数据有可能会对研究结果造成干扰。未来的研究可以考虑加入实验的设计，将用户自我报告的数据和实验的数据、个性化推荐系统的后台数据等结合起来，可能会得到更为丰富的研究成果。

其次，本研究虽然为信息多样性、信息偶遇等抽象的概念提供了量化的测量方式，但仍需进一步细化以及丰富上述变量所涉及的指标维度。本研究中的"多样性"只反映在用户接触到的新闻类别这个指标上，但内容多样性本身是一个多维度的概念，即使是同一类别的新闻甚至是同一主题的新闻，都会受到不同的社会意识形态的影响而造成的报道上的差异。前人研究中的"多样性"涉及信息来源多样性、主题多样性、同一主题下报道事件的多样性、同一事件的观点多样性等多个维度。个性化推荐系统是否能为用户提供来自多方面的不同意见以供参考，这对于网络舆论的极化、信息茧房、回声室效应的形成等都有极为重要的意义，而这也是本次研究未能涉及的。不过，目前国内的个性化推荐系统的过滤机制主要依据用户感兴趣的新闻类别来推荐，暂时还不能实现根据意识形态来进行差异化推送，因此，要考察个性化推荐系统能否呈现不同意识形态的报道是不现实的。但是在未来的研究中，可以去研究和对比内容来源的多样性、用户接触到的观点或思想的多样性，以及不同的个性化新闻推荐系统中用户的意识形态差异，以期得到更为丰富的研究发现，更为全面地评估过滤气泡的影响。

最后，受调查方法所限，本研究未能探讨个性化新闻推荐在不同使用动机的用户中产生的影响：用户对个性化新闻推荐的使用动机会影响过滤气泡效应吗？视个性化新闻推荐为主要信息来源的用户，以及把它当作打发时间的消遣方式的用户，其过滤气泡是否有所区别？个性化新闻推荐在用户生活中扮演什么角色？未来可以结合深度访谈等定性的研究方法对用户的使用动机和使用状态进行研究，以进一步理解个性化新闻推荐对用户所产生的影响。

9.4 研究展望

新媒介的介入为传播学研究开辟了一片可以耕耘的处女地，包括对新媒体传播理论的建构和研究方法的探索。[①] 机器与算法将是未来新闻生产的常态，[②] 算法传播模式的兴起给大众传播理论可能带来新的启发。除了挑战把关人理论以外，基于用户社交使用的协同过滤机制有可能产生算法审查、信息操控与平台偏向，从而影响受众态度，[③] 还可能会给"议程设置""沉默的螺旋"等大众传播理论带来新的启发，这些都有待进一步的研究和探索。

本研究探讨了个性化新闻推荐平台的过滤气泡，鉴于目前个性化推荐算法已经广泛地植入到了各种互联网产品中，未来可对比多种平台、多种传播介质的个性化推荐算法的推送机制及其产生的过滤气泡的差异，探讨异同及其原因，从而深化对个性化推荐算法的影响的理解。

本书对个性化新闻推荐系统用户的过滤气泡进行了研究，过滤

[①] 杨伯溆：《新媒体传播：中国传播学的发展机遇》，《新闻记者》2014年第12期。
[②] 彭兰：《机器与算法的流行时代，人该怎么办》，《新闻与写作》2016年第12期。
[③] 方师师：《算法机制背后的新闻观——围绕"Facebook偏见门"事件的研究》，《新闻记者》2016年第403卷第9期。

气泡是否会使用户对网络舆论环境的感知产生影响？进而对用户在线上和线下的意见表达、政治参与产生影响？这些问题有待更多的实证研究结果来证明，或可为人工智能传播、网络舆情、互联网政治、第三人效果等方面的研究提供参考。

人工智能算法的崛起给人类生活的方方面面带来了深远的变革，然而算法并不是天然中立客观的。我们要对算法中隐含的偏见和歧视保持警惕。当算法成为互联网世界运作的规则，代码就是网络空间的法律，[1] 那么，当工程师或算法成为文化的重要仲裁者时将会发生什么？算法中的歧视可能在人们生活的深层背景中运作，我们如何与一种潜在的不合理的技术相竞争？[2] 重新思考数字世界的本体论，思考新兴的数字世界中的文化、理念、语言和价值系统，[3] 对于理解新媒体的作用和影响有深远的意义。研究者不仅要将算法视为一种新的传播技术，更要将其视为一种新的权力形态，并且从这个意义上去深挖个性化推荐算法的价值取向，对这种新的传播技术进行反思和批判，增进对算法的技术本质的理解。

9.5 本章小结

本章从理论的层面对全文的研究发现作了总结，并且结合中国的互联网实践对研究结论作了解读和分析，得出了理论启示，总结了本研究的不足之处，展望了未来可进一步探索的研究方向。下一章将从实践的角度，对如何应对个性化推荐算法所导致的过滤气泡问题进行思考，并试图提出可行的建议。

---

[1] ［美］莱斯格：《代码：塑造网络空间的法律》，中信出版社 1999 年版。

[2] Hallinan, B., Striphas, T., Recommended for you: The Netflix Prize and the production of algorithmic culture, new media & society, 2016, 18（1）: 117–137.

[3] Srinivasan, R., Re-thinking the cultural codes of new media: The question concerning ontology, New Media & Society, 2013, 15（2）: 203–223.

第十章　过滤气泡的破解之道

本章将从实践的层面思考如何破解个性化推荐算法中的过滤气泡。在借鉴国外经验的基础上，取其精华为我所用，为我国应对个性化新闻推荐算法所导致的过滤气泡问题提供参考。

10.1　他山之石：国外应对过滤气泡的举措

过滤气泡在本质上是人工智能算法缺陷所造成的消极的社会影响，它也属于人工智能伦理问题的一部分，因此在借鉴国外的治理经验时，笔者将视野扩大到了人工智能伦理问题相关的范畴。国外的治理经验可分为法律保障、行业自律、技术革新、媒体与社交平台运动、公民教育这五个部分。

10.1.1　法律保障：政府实施的法律法规

美国政府对人工智能技术的发展非常重视，而对人工智能伦理问题的关注则有所欠缺。2016 年 10 月，美国白宫科技政策办公室（Office of Science and Technology Policy，OSTP）发布了题为《为人工智能的未来做准备》的报告，其中指出的建议包括：加强政府与行业的合作，加强对人工智能技术的监管；使用基于人工智能系统进行有关个人的直接或间接决策应格外小心，确保有效性和公平性；学校应纳入有关人工智能的课程与指导，包括机器学习、计算机科学和数据科学等方面的隐私和安全等伦理主题。① 然而这些建议缺乏法律上的效力。2019 年 2 月，美国总统特朗普签署第 13859 号行政命令，启动"美国人工智能计划"。同年，美国国防创新委员会提出了人工智能的五大原则：负责任、公平、可追踪、可靠、可控，在战斗与非战斗的目的下对人工智能技术作出了道德上的规范，次年，美国国防部正式采纳这五大原则。2019 年，美国发布《算法问责法 2019（草案）》，要求大型互联网平台企业评估并消除自动化决策算法给消费者信息隐私和安全带来的风险，以及因种族、肤色、宗教、政治信仰、性别或其他方面的差异带来的算法歧视与偏见。2020 年 6 月，美国参议院发布《数据问责和透明度法 2020》，将算法自动化决策纳入监管，明确规定了消费者有权质疑收集数据的理由并要求对算法自动化决策进行审查和解释。② 2020 年 OSTP 还发布了《美国人工智能计划：首个年度报告》，主要内容为促进人工智能的研发和投资。另外，美国政府制定了《2020 年国家人工智能倡议法案》，且于 2021 年 1 月 1 日正式成为法律。该法案规定了整个联邦政府的协调计划，以加快人工智能研究和应用，促进国家安全和经济繁荣。然而该法案对于如何维护公民个人的算法权利缺乏具体的规定。

相比之下，欧盟实施的《通用数据保护条例》（General Data Protection Regulation，GDPR）则更为具体、明确且适用范围广。该条例于 2016 年 4 月 14 日在欧盟会议上通过，于 2018 年 5 月 25 日正式实行。它以法律的形式对个人数据保护作出了如下规定，其中第 5

---

① Executive Office of the President National Science and Technology Council Committee on Technology, Preparing for the Future of Artificial Intelligence, https：//obamawhitehouse. archives. gov/sites/default/files/whitehouse_ files/microsites/ostp/NSTC/preparing_ for_ the_ future_ of_ ai. pdf, 2016 - 10 - 12.
② 21 世纪经济报道：《算法推荐广告涉歧视，Meta 认罚并与美国司法部达成和解协议》，https：//view. inews. qq. com/a/20220622A0BEVB00，2022 - 06 - 22。

条提出了关于个人数据处理的原则:

第 5 条　关于个人数据处理的原则

1. 个人数据应:

（a）与数据主体相关，应以合法、公正、透明的方式进行处理（"合法性、公平性和透明度"）。

（b）为特定的、明确的、合法的目的而收集，不符合以上目的不得以某种的方式作进一步处理；为公共利益、科学研究或历史研究的目的，或者为统计目的而作进一步处理的，按照第 89 条第 1 款，不应被视为不符合初始目的（"目的限制"）。

（c）充分、相关且仅限于与数据处理目的相关的必要内容（"数据最小化"）。

（d）准确无误，并在必要时保持最新状态；必须采取一切合理步骤，确保在考虑处理目的的情况下，删除或纠正不准确的个人数据（"准确性"）。

（e）在不超过个人数据处理目的的必要的情形下，允许数据主体以可识别的形式保存；根据第 89 条第 1 款，个人数据可以存储更长的时间，只要个人数据出于公共利益，科学研究或历史研究的目的或统计的目的，但须实施本法规要求的适度技术和组织措施，以保障数据主体的权利和自由（"存储限制"）。

（f）使用适当的技术或组织措施，确保个人数据以适度安全的方式进行处理，防止未经授权的、非法的处理以及意外丢失、破坏或损毁（"诚信与保密"）。

2. 控制者应该负责，并能够证明遵守第 1 款（"问责制"）。①

---

① Intersoft Consulting, General Data Protection Regulation, https://gdpr-info.eu/art-5-gdpr/, 2022-05-30.

上述法律条文对个人数据处理的合法性、公平性和透明度提出了明确要求；对个人数据控制者处理个人数据的目的、程度（"数据最小化原则"即要求对数据适度、合理地处理）、准确性、存储限制、诚信与保密均作出了具体的限制；并且，还对个人数据控制者提出了问责制。

在上述原则的基础上，《通用数据保护条例》的第九条还针对高度涉及个人隐私的数据处理措施作出了规定：

第9条 特殊类别个人数据的处理

1. 禁止处理揭示种族或民族血统、政治观点、宗教或哲学信仰，或工会成员资格的个人数据，以及以唯一识别自然人为目的的基因遗传数据、生物特征数据，有关健康的数据或有关自然人的性生活或性取向的数据。

《通用数据保护条例》对作为数据主体的个人权利也有明确的保护规定，对于从数据主体那里收集个人数据的数据控制者作出了如下限制：

第13条 从数据主体收集个人数据时应提供的信息

1. 如果从数据主体收集与数据主体有关的个人数据，控制者应在获取个人数据时向数据主体提供以下所有信息：

（a）控制者的身份和详细联系方式，适当时还要提供代表人的身份和详细联系方式；

（b）适当时提供数据保护局的详细联系方式；

（c）个人数据的处理目的以及处理的法律依据；

（d）如果处理过程是依据第6条第1款f项的规定进行的，应说明控制者或第三方追求的合法利益；

（e）个人数据的接收者或接收者类别（如果有）；

(f) 在适用的情况下，应提供控制者意图将个人数据传给第三国或国际组织的事实，以及委员会是否就此问题做出过充分的决议，或者在第 46 条或第 47 条或第 49 条第 1 款第 2 项所述的情形的相关信息，还包括所采取的保护个人信息的适当安全的措施及获取副本的方式。

2. 除了第 1 款提到的信息，为确保公平和透明，在必要的情况下控制者还应在获取个人数据时向数据主体提供如下信息：

（a）个人数据将被存储的期限，在无法提供的情形下，应当提供决定该期限的标准；

（b）数据主体所拥有的权利；可以要求控制者提供对个人信息进行访问、修正、删除，或者限制相关处理的权利；

（c）依据第 6 条第 1 款的 a 项或者第 9 条第 2 款的 a 项来进行的，数据主体拥有随时撤回同意的权利，而不影响在撤回之前基于同意的处理的合法性；

（d）向监督机构提起申诉的权利；

（e）提供个人资料是法定或合同的要求，还是订立合约的必要条件，以及数据主体是否有义务提供个人数据以及在无法提供数据情形下的可能的后果的信息；

（f）自动的决策机制，包括第 22 条第 1 款以及第 4 款提到的分析过程所涉及的逻辑程序，及此类处理对数据主体的重要意义和预期后果。

而关于人工智能的自动化决策，第 22 条也作出了相应的规定：

第 22 条　自动化个人决策，包括分析

1. 数据主体有权利不受到仅基于自动化处理（包括分析）的决策的约束，该决策会对他/她产生法律后果或对他/她产生类似的重大影响。

2. 如果这个决策存在以下情况则第一款不适用：

（a）数据主体和数据控制者之间建立和履行合同是必要的。

（b）数据控制者受到联盟或成员国法律的授权，并且还规定了适当的措施来保护数据主体的权利、自由以及合法利益。

（c）基于数据主体的明确同意。

此外，2020年欧盟还发布了《人工智能白皮书》，意在推动道德的、可信赖的人工智能的发展；2021年，联合国教科文组织（UNESCO）发布关于人工智能伦理的建议书，这是首个全球性的人工智能伦理标准，参与国家多达193个，该建议书呼吁各国采取数据保护行动，提出人工智能系统不得用于社会评分或大规模监控目的。[①]

从美国和欧盟的情况来看，人工智能领域已成为新一轮全球竞争中的兵家必争之地。但是在治理人工智能造成的伦理问题上，美国政府显然不够重视，其相应的法治建设还十分欠缺，尽管推出了相关的法案，但是内容笼统含糊，缺乏可操作性。相比之下，欧盟的《通用数据保护条例》更为明确且可实施。其条文不仅有关于个人数据处理的总体原则，也有针对个人数据的收集、处理、存储、删除等具体行为的规定，对个人敏感信息的数据处理、数据控制者收集用户数据、人工智能自动化决策的过程与结果等可能侵犯个人隐私与正当权益的行为作出了明确的限制，值得借鉴。

10.1.2 行业自律：互联网公司的伦理实践

国外主流互联网公司除了大力发展人工智能技术以外，对于与人工智能算法相关的一系列技术伦理问题也非常重视，从微软、谷歌、推特、IBM等公司的伦理实践中可见一斑。

---

① 腾讯网：《人工智能的道德，谁来塑造？》，https://new.qq.com/omn/20220128/20220128A04P3L00.html，2022-01-28。

微软提出了公平、安全可靠、隐私保障、包容、透明、负责六大原则的伦理原则。内设三个机构用于处理相关事务：负责任人工智能办公室（负责制定规则、标准、规范），人工智能、伦理与工程研究委员会（多部门交互协作，提供建议），以及负责任人工智能战略管理团队（建立系统，落实规则）。并且，还提供了技术解决方案和行动指南来帮助员工践行伦理原则。①

谷歌从两方面制定人工智能的使用原则：1. 积极方面：（1）有利于增进社会福祉；（2）避免制造或强化歧视、偏见；（3）以安全为目的的创新；（4）对公众负责；（5）纳入隐私设计原则；（6）坚持科学卓越的高标准；（7）符合这些原则。2. 消极方面，不会在以下应用领域设计或部署人工智能：（1）造成或可能造成危害的技术；（2）对人造成伤害的武器或其他技术；（3）违反了国际公认的规范，收集或使用信息用于监视的技术；（4）目的违反了广泛接受的国际法和人权原则的技术。和微软一样，谷歌也开发了供内部使用的技术工具，成立了相关的团队用于处理技术伦理问题，其架构包括：产品团队、专门的审查机构和专家团队、先进技术审查委员会。谷歌在伦理实践方面的一大特色是为员工开设了人工智能原则和负责任创新培训课程，帮助他们了解谷歌的伦理道德准则、治理实践和可用资源。② 2017 年，谷歌研发人工智能的子公司 DeepMind 成立了一个新的部门——DeepMind 道德与社会研究中心（Deep Mind Ethics & Society，DMES），研究人工智能产生的社会伦理问题。

---

① 腾讯研究院：《收藏 | 万字长文详解：国外主流科技公司的 AI 伦理实践》，https：//mp. weixin. qq. com/s？＿＿biz = MjM5OTE0ODA2MQ = = &mid = 2650955615&idx = 1&sn = 12202473bedd78dfa6bc505d4b7cf984&chksm = bcc9102d8bbe993bef4c6eabf898755b8d2cd86995739d29bddbc1c1d2833b619714ba165737&scene =21#wechat_ redirect，2022 - 03 - 07。

② 腾讯研究院：《收藏 | 万字长文详解：国外主流科技公司的 AI 伦理实践》，https：//mp. weixin. qq. com/s？＿＿biz = MjM5OTE0ODA2MQ = = &mid = 2650955615&idx = 1&sn = 12202473bedd78dfa6bc505d4b7cf984&chksm = bcc9102d8bbe993bef4c6eabf898755b8d2cd86995739d29bddbc1c1d2833b619714ba165737&scene =21#wechat_ redirect，2022 - 03 - 07。

推特专门组建了一个命名为 META 的团队（Machine Learning Ethics, Transparency & Accountability），该团队是由工程师、研究员和数据科学家组成，主要任务是评估和解决推特的算法造成的或者可能造成的伤害。2021 年 7 月，推特效仿"漏洞赏金"（Bug Bounty）机制发起了一项关于算法偏见的赏金挑战赛，鼓励人工智能领域的研究人员和程序员发现以及解决推特图像裁剪算法中潜在的伦理问题。[①]"漏洞赏金"始于 1983 年,[②] 初始作用是通过发起奖励寻找技术上的漏洞和寻求解决方案。推特巧妙地利用了这一机制来解决人工智能技术的伦理问题，从寻求纯技术层面的漏洞转向寻求社会伦理层面的漏洞。推特这一创新举措开启了科技伦理治理的众包模式。无独有偶，微软（Microsoft）、英伟达（Nvidia）等硅谷科技公司也发起了专门针对人工智能漏洞的赏金计划，目的是让外界发现人工智能技术中的缺陷，以便公司改进技术，降低机器学习对特定人群的歧视风险。[③]

IBM 于 2017 年与麻省理工学院合建 MIT – IBM 沃森人工智能实验室，探索人工智能对社会伦理的潜在影响。其后，2018 年 IBM 发布了《AI 日常伦理》手册。2020 年，IBM 与欧盟、微软等共同签署了《人工智能罗马宣言》，着力于规范人工智能产生的负面影响。当年 6 月，IBM 更是高调宣布反对将人工智能技术用于种族歧视和大规模监视，并且将退出人脸识别这一热门领域。

上述公司的人工智能伦理治理实践可反映出国外主流互联网公司拥有强烈的技术伦理意识，将伦理原则作为公司理念的一部分加

[①] 腾讯研究院：《从"算法偏见赏金"说起：科技伦理治理的众包模式》，https://mp.weixin.qq.com/s/tQal4Ld9e7s_xcLSk8am_g，2022 – 05 – 05。

[②] Wikipedia, Bug bounty program, https://en.wikipedia.org/wiki/Bug_bounty_program, 2022 – 05 – 30.

[③] Vanian, J., Why Microsoft and Twitter are turning to bug bounties to fix their A. I., https://fortune.com/2021/08/10/why-microsoft-and-twitter-are-turning-to-bug-bounties-to-fix-their-a-i/, 2021 – 08 – 11.

以确立。围绕该原则，互联网公司建立了一套有效的运作机制以确保该原则能够得以推行和实施，包括从行政管理的层面组建处理相关事务的部门或团队，其内部组织架构分工明确，人才齐备，体系完整，并在技术的层面开发出一系列供公司员工使用的、用于发现和解决伦理问题的工具，在人事管理的层面给员工开设技术伦理规范方面的培训和课程，帮助员工提升道德伦理水平和意识，在工作中落实伦理原则。同时，通过众包模式，借助外部力量发现自身存在的伦理问题。上述措施共同为治理技术发展中的伦理问题提供了理念原则、行动指南、解决方案、技术保障，使人工智能伦理实践成为互联网公司的一种常态化的工作。

不过，从全球互联网行业来看，尽管解决与人工智能相关的伦理问题的呼声越来越高，但行业内解决这些问题的努力仍然是非常有限的。麦肯锡的一项调查显示，人工智能中的公平性和公正性等问题仍然很少受到公司的关注；与2019年相比，认为个人或个体隐私的风险与其相关的公司在2020年调查时依然很少，在受访的公司中，正在试图减轻或规避这些风险的公司的比例并没有变化。[①]

10.1.3　技术革新：推荐算法的改进

计算机学科的研究者也注意到了推荐算法产生的过滤气泡问题，并致力于通过优化算法来解决这个问题。根据过滤气泡的两个维度——信息多样性与信息偶遇，可将个性化推荐算法优化的路径分为两大类。

大多数研究者探究如何提升用户在算法的推荐下接触到的信息的多样性。曾（Zeng）等人主张在协同过滤中同时考虑相似用户和

---

① 199IT. 斯坦福：《2021年度AI指数报告——中文版（附下载）》，http://www.199it.com/archives/1252394.html，2021-05-28。

不同用户的影响,[①] 瓦莱特(Vallet)等人将用户作为一个随机变量引入到多样化算法中,[②] 周(Zhou)等人对个性化推荐算法提出了改进,使得算法能够同时保证推送内容的多样性和准确性,[③] 侯(Hou)等人设计出一种新的方法以解决推荐系统的稳定性、准确度、多样性之间的矛盾,[④] 王(Wang)等人通过一个能够捕捉不同类别用户偏好的模型来联合优化推荐结果的相关性和多样性,[⑤] 陈(Chen)等人发现用户的个性(例如,尽责的人格特质)与其对推荐多样性的偏好之间存在关系,[⑥] 在此基础上,该团队还提出了一种基于用户个性的重排序(re-ranking)方法,将人格特质用于估计用户的多样性偏好,以及解决协同过滤推荐的冷启动问题。[⑦] 另外,方(Fang)等人提出了一种将主题模型(topic model)和随机游走模型(random walk model)相结合的多元化推荐方法以平衡推荐结果的准确性和多样性。[⑧] 微软工程师改进了搜索算法,使用户在主动寻找信息的时候,能够同时接触到与之搜索的内容

[①] Zeng, W., Shang, M. S., Zhang, Q. M., et al., Can Dissimilar Users Contribute to Accuracy And Diversity of Personalized Recommendation? *International Journal of Modern Physics C*, 2010, 21 (10): 1217 - 1227.

[②] Vallet, D., Castells, P., Personalized Diversification of Search Results, In *Proceedings of the 35th Annual International ACM SIGIR Conference on Research and Development in Information Retrieval*, New York, 2012, pp. 841 - 850.

[③] Zhou, T., Kuscsik, Z., Liu, J. G., et al., Solving the apparent diversity-accuracy dilemma of recommender systems, https://arxiv.org/abs/0808.2670. 2010 - 03 - 12.

[④] Hou, L., Liu, K., Liu, J., et al., Solving the stability-accuracy-diversity dilemma of recommender systems, *Physica A: Statistical Mechanics and its Applications*, 2017, 468: 415 - 424.

[⑤] Wang, X., Qi, J., Ramamohanarao, K., et al., A Joint Optimization Approach for Personalized Recommendation Diversification, In *Pacific-Asia Conference on Knowledge Discovery and Data Mining*, Cham: Springer, 2018, pp. 597 - 609.

[⑥] Chen, L., Wu, W., He, L., Personality and Recommendation Diversity, *Emotions and Personality in Personalized Services*, Cham: Springer, 2016, pp. 201 - 225.

[⑦] Wu, W., Chen, L., Zhao, Y., Personalizing Recommendation Diversity Based on User Personality, *User Modeling and User-Adapted Interaction*, 2018, 28 (3): 237 - 276.

[⑧] Fang, C., Zhang, H., Wang, J., et al., Diversified Recommendation Method Combining Topic Model and Random Walk, *Multimedia Tools and Applications*, 2018, 77 (4): 4355 - 4378.

相反的政治观点，从而增加信息多样性。这种算法被证实能带来长期的效果：被展示更多与已有的立场相反的内容的人们继续阅读了更多含有与已有立场相反的内容的信息，并且最终变得对新闻更感兴趣了。① 实验表明，这些方法较好地兼顾了多样化与个性化的推荐需求。

另一类优化算法的路径是致力于提升用户在网络环境中的信息偶遇，探索如何促进数字环境中信息偶遇的发生。以个性化推荐为例，它的问题在于算法过适，因为推荐的内容过度拟合模型而降低了用户信息偶遇发生的可能性。既要保证所推荐的信息准确相关，又要确保能够提供一定的信息偶遇，这一看似矛盾、无法两全的难题正是计算机学科的研究热点之一。科尔内利（Corneli）等研究者认为，合理的个性化推荐系统应该要能够从聚合的用户行为中做出推测，因此，他们致力于设计计算环境中的信息偶遇。② 有研究团队提出了一种混合推荐系统，在基于内容的推荐方法上加入了偶然式启发，以减少推荐系统由于过度专业化带来的问题，从而达到激发用户和促进信息偶遇发生的目的。③ 还有研究者提出了一种新的在线社交网络去中心化的对等体系架构，这一机制使得每个节点能过滤掉不相关的社交数据，同时保证一定程度的意外发现，使重要信息得以通过，即便它不属于用户感兴趣的领域。④

尽管推荐算法不断迭代，但仍未能完全解决问题。计算机与信息

---

① Yom-Tov, E., Dumais, S., Guo, Q., Promoting civil discourse through search engine diversity, *Social Science Computer Review*, 2014, 32（2）：145 – 154.

② Corneli, J., Jordanous, A., Guckelsberger, C., et al., Modelling serendipity in a computational context, *Computer Science*, 2014, https：//doi.org/10.48550/arXiv.1411.0440.

③ Iaquinta, L., de Gemmis, M., Lops, P., et al., Introducing serendipity in a content-based recommender system, *Hybrid Intelligent Systems*, Eighth International Conference on IEEE, 2008.

④ Tandukar, U., Vassileva, J., Ensuring relevant and serendipitous information flow in decentralized online social network, *International Conference on Artificial Intelligence*：Methodology, Systems, and Applications, Springer Berlin Heidelberg, 2012, pp. 79 – 88.

科学学科的研究者对过滤气泡问题的研究依然是从工具理性的视角出发，将过滤气泡视为某种技术上的漏洞，或是有碍用户体验的因素试图加以解决克服。而从技术哲学的角度对此问题进行研究的成果仍然较少。2017年，电气电子工程师协会（IEEE）于全球发布了第2版的《人工智能设计的伦理准则白皮书》，提出人工智能的发展要服务于人类价值和伦理准则，对解决系统设计中的伦理问题的建模过程、自主系统的透明性、算法偏差的处理、个人数据的人工智能代理、合乎伦理的人工智能与自主系统的福祉度量等问题制定了IEEE标准。尽管如此，多年来在全球主要的人工智能会议上发表的标题中包含伦理相关关键词的论文数量仍然较少。[1] 算法的表现并不完全依赖于技术因素，用户的因素也需要得到重视。这需要人文社科研究者的参与。

10.1.4 媒体与社交平台：开展"戳泡运动"

打破"过滤气泡"的其中一种途径就是增加网络能见度，促进内容、观点的多样化，增强人们对所浏览的内容的局限性的认识。鲍兹达格（Bozdag）等人梳理总结了多种"反过滤气泡"工具的性质和作用，[2] 如表10.1所列。笔者除了将原表翻译过来，还加入了表中未列及的其他"反过滤气泡"工具。

表10.1　　　　　　　　反过滤气泡工具一览

名称	开发者及年份	性质	作用
Balancer	Munson，Lee & Resnick，2013	浏览工具	跟踪用户阅读活动并且显示他们的阅读行为偏向
Scoopinion1	不详	浏览器插件	跟踪用户浏览的新闻网站和所阅读的故事的类型

---

[1] 199IT. 斯坦福：《2021年度AI指数报告——中文版（附下载）》，http://www.199it.com/archives/1252394.html，2021-05-28。

[2] Bozdag, E., van den Hoven, J., Breaking the filter bubble: democracy and design, *Ethics and Information Technology*, 2015, 17（4）：249-265.

续表

名称	开发者及年份	性质	作用
Bobble	Xing, 2013	浏览器插件	使用户可以对比谷歌搜索的结果和世界上其他的概要文件
Rbutr	不详	浏览器插件	告知用户他们正查看的网页上的内容的争议或反对意见
Escape Your Bubble	谷歌，时间不详	浏览器插件	为用户推荐与其阅读的脸书新闻的立场、观点相左的文章
不详	Nagulendra & Vassileva, 2014	可视化互动工具	展示用户所处的过滤气泡，增强用户对过滤气泡的意识与对数据流的控制感
ConsiderIt	Kriplean et al., 2012；Freelon et al., 2012	可视化工具	了解不同意见者的想法
Reflect	Kriplean et al., 2011	评论插件	修改评论，以鼓励换位思考
OpinionSpace	Faridani et al., 2010	可视化工具	显示在网络论坛上个人的评论所处的位置
Newscube	Park et al., 2009 & 2011	信息聚合工具	通过关键词分析，向用户展示了同一条新闻的不同视角
Hypothes.is	不详	同行评议工具	让用户能高亮文字，增添评论，对句子进行评判
Political Blend	Doris-Down et al., 2013	移动应用	把人们和不同的政治观点相匹配，并且促使他们坐下来面对面地讨论政治
the project Mulksuzlestirme	不详	可视化工具	显示土耳其城市转型中的资本与权力关系

为了帮助解决社交媒体中的过滤气泡，麻省理工媒体实验室曾开发过一个名叫 Gobo 的社交媒体聚合器，通过滑动"政治""严肃""粗鲁"等指标，允许用户调节自己所处的过滤气泡。例如推动"政治"指标的滑片，其呈现范围将会从"我的观点"扩大到"很多观点"，使人能够接触到不同的媒体和观点。然而可惜的是，脸书对采用 Gobo 几乎没有兴趣。① 类似的工具还有"社会镜子"，该工

---

① 前瞻网：《网络上由来已久的"过滤泡沫"现象想要解决光靠科技可不行》，https：//baijiahao.baidu.com/s? id =1610312407762574355，2018 -08 -31。

具通过数据可视化的方式，向推特用户展示他们的社交网络在整个推特网络中的鸟瞰图，使人了解自己是否处于意见极端的群体之中。社交化新闻平台 BuzzFeed 推出了"气泡之外"（Outside Your Bubble）的功能，在热门文章的底部附上了来自推特、脸书、Reddit 等多个平台的不同立场的观点和评论。[①]

新闻媒体也积极参与打破过滤气泡的实践。《卫报》为了平衡不同政治派别的立场，设立了一个名为"戳破你的气泡"（burst your bubble）的专栏，刊发保守派的文章来平衡左派读者的信息"偏食"。《华尔街日报》设计了一个名为"红派，蓝派"（Red Feed, Blue Feed）的可视化产品，红色代表保守派，蓝色代表自由派，它能聚合脸书上两派发布的最新帖子，并列在一起呈现给读者，让读者能够同时了解到不同立场和派别的观点。新闻应用"跨界阅读"（Read Across the Aisle）打造了一个"意识形态波谱"：新闻页面底部有一个滑杆作为指示标，最左为《赫芬顿邮报》，最右是福克斯新闻，中间包括了诸如《纽约客》、国家公共电台、《基督教科学箴言报》等 20 家新闻媒体。滑杆所在的位置代表文章的意识形态倾向和用户的阅读总时长。如果一位用户阅读某一种倾向的文章太久，这个滑杆就会滑向一个极端，而且该应用也会自动通知用户，推荐他们看看别的观点。[②]

上述"戳泡"工具或"戳泡"实践通过不同的方式鼓励多元化的信息传播和观点交流，主要通过向用户呈现与之立场态度相反的观点和意见，或是可视化地展示其在社交网络中所处的位置，又或是将用户与持有不同的政治观点的人相匹配，使用户能够接触到多样化的内容与观点，促使人们跳出自己的圈子去换位思考，倾听不

[①] 腾讯网：《围观良心外媒的"戳泡运动"》，https//news.qq.com/original/dujiabianyi/paopao.html，2017 - 03 - 21。

[②] 网易传媒研究院：《如何解决"过滤气泡"造成的报道失衡？这款 App 操碎了心》，https：//baijiahao.baidu.com/s? id =1610312407762574355，2018 - 08 - 31。

同意见，对所处的过滤气泡形成较为直观和清晰的认识，从而增强反过滤气泡的意识，采取相应的"戳泡"行动。

10.1.5 公民教育：提升人工智能伦理素养

为了提升公众对过滤气泡的警惕意识，教育行业的 Hyper Island 公司制作了用于自测是否处于过滤气泡的信息图。① 该信息图基于用户网络素养和网络使用习惯的角度，提出了一些简单的问题以供用户自测和判断自己是否处于过滤气泡中，这些问题包括：网络使用习惯（是否上网、是否使用社交媒体、是否上网看新闻、是否使用搜索引擎等）、网络媒介素养（是否使用反跟踪软件或 VPN）、线上互动（是否积极参与、表达的方式、转发、评论等）的因素。

2019—2020年欧盟27国按内容领域划分的专门AI项目（占总数的百分比）
来源：欧洲委员会联合研究中心，2020 | 图表：2021年AI指数报告

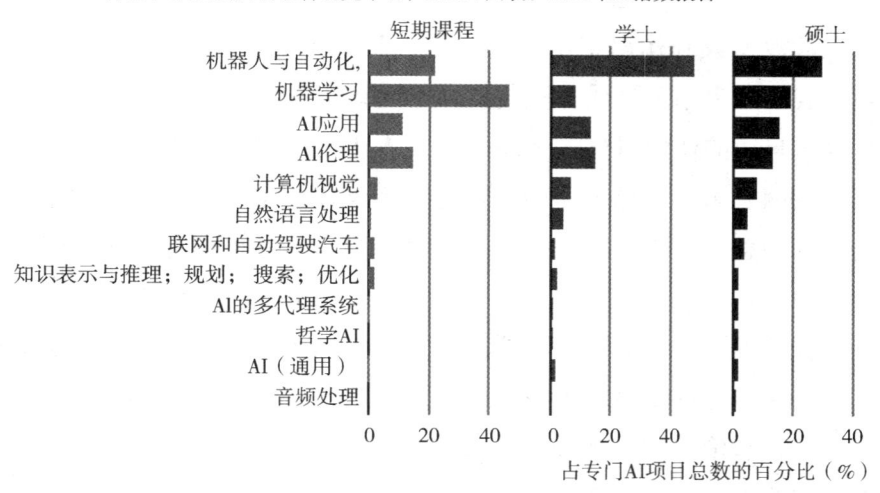

占专门AI项目总数的百分比（%）

图 10.1　2019—2020 年欧盟 27 国人工智能项目与课程②

---

① Okyle, C., Are You Living in a Digital Bubble? This Flowchart Will Tell You (Infographic), https://www.entrepreneur.com/article/277351, 2016-06-17.

② 199IT. 斯坦福：《2021年度AI指数报告——中文版（附下载）》，http://www.199it.com/archives/1252394.html，2021-05-28。

斯坦福大学发布的《人工智能指数：2021年度报告》指出，在欧盟27国的大学所开设的人工智能课程项目中，人工智能伦理方面的课程无论是在短期课程、学士课程还是硕士课程中都占有一席之地。在上述三类课程项目中，人工智能伦理课程占人工智能相关课程总数的百分比分别位列第三位、第二位、第四位，由此可见，欧洲地区对于人工智能伦理问题的重视，通过发展教育来普及、提升公民的人工智能伦理素养。

10.1.6 国外治理经验小结

国外在治理人工智能伦理问题上取得了比较丰富的经验，通过法律保障、行业自律、技术革新、媒体与社交平台运动、公民教育这五个方面相结合，形成了一套比较完善的治理模式。

从政府实施的法律法规上看，《欧盟通用保护条例》为如何保护公民的数据权利作出了明确的规定，其适用范围广，可实施性强，可为我国制定相关的法律法规提供参考。以硅谷为代表的互联网界形成了自律的业内风气，发现与解决人工智能算法伦理问题成为主流互联网公司常态化工作的一部分，不仅提出了有关人工智能伦理的公司理念，还通过行政手段、技术手段、人事培训等方式确保在工作中落实这一理念，形成了一套完善的机制。不过，除了出于社会责任感而形成的自律以外，法律与他律的约束都是非常重要的——法律为行业界定了技术伦理上的底线，而社会、媒体、公民对人工智能伦理问题的日益重视则是促使互联网界不断反躬自省、提高实践中的伦理标准的驱动力。这种驱动力首先来自教育，欧洲多国通过教育提升公民的科技素养与技术伦理意识，大学在不同学历层次的人工智能课程体系中都加入了关于伦理的课程，并且占有一定的比重，使之成为人工智能人才培养中不可或缺的一环。过滤气泡的概念自提出以来受到学界和业界的重视，推荐算法不断优化革新，研究者们开发出多种"反过滤气泡"工具，帮助个人抵御过滤气泡的危害。新闻平台出于媒体的社会责任感，也积极参与"戳泡运动"，通过多种形式为用户呈现多元化的信息，促进不同观点之间的交流。

10.2　可以攻玉：基于中国互联网的过滤气泡破解之道

对于过滤气泡以及与之相关的人工智能算法伦理问题，在参考借鉴了国外经验的基础上，笔者提出了多方参与的治理模式，由五个治理主体——政府、互联网公司、互联网从业者、传统媒体、公民共同参与。以下将从五个主体的角度分别展开论述。

10.2.1　政府：加强立法执法，推行敏捷治理

人工智能技术已成为全球竞争的热门领域，世界各国都在积极部署人工智能的发展规划，我国也不例外，除了发展技术，对人工智能伦理问题也日益重视。2017年3月，国务院在《政府工作报告》中首次提到"人工智能"。同年7月，国务院在制订的《新一代人工智能发展规划》中提出要制定促进人工智能发展的法律法规和伦理规范。2019年，科技部成立了国家新一代人工智能治理专业委员会，该委员会发布了《新一代人工智能治理原则——发展负责任的人工智能》，提出了人工智能治理的框架和行动指南，强调了和谐友好、公平公正、包容共享、尊重隐私、安全可控、共担责任、开放协作、敏捷治理等八条原则。① 2020年，中国信息通信研究院和中国人工智能产业发展联盟联合发布了《人工智能治理白皮书》，提出要建立以伦理为导向的社会约束体系和以法律为保障的风险防

---

① 中华人民共和国科学技术部：《发展负责任的人工智能：新一代人工智能治理原则发布》，http：//www.most.gov.cn/kjbgz/201906/t20190617_147107.html，2019-06-17。

控体系。① 2020 年 7 月，国家标准化管理委员会、中央网信办、国家发改委、科技部、工业和信息化部这五个部门联合印发《国家新一代人工智能标准体系建设指南》，将人工智能领域的安全与隐私保护、伦理等问题列入人工智能标准体系框架内。② 2021 年 1 月，全国信息安全标准化技术委员会发布了《网络安全标准实践指南——人工智能伦理安全风险防范指引》为人工智能安全可控地发展提供了标准化实践指引。③ 2021 年 9 月，国家新一代人工智能治理专业委员会发布了《新一代人工智能伦理规范》，旨在将伦理道德融入人工智能全生命周期，为从事人工智能相关活动的自然人、法人和其他相关机构等提供伦理指引。④ 2022 年 3 月，中共中央办公厅、国务院办公厅印发《关于加强科技伦理治理的意见》，要求完善科技伦理体系，提升科技伦理治理能力，有效防控科技伦理风险，提出了伦理先行、依法依规、立足国情、敏捷治理、开放合作的治理要求，明确了科技伦理原则。⑤ 上述官方文件的发布，反映了国家对人工智能伦理问题的重视与治理的决心。

在法治方面，最新的进展以及最重要的成果就是 2021 年 11 月 1 日开始实施的《中华人民共和国个人信息保护法》（以下简称《个人信息保护法》），为维护个人的信息权益提供了法律上的保障。第一章总则提道：

---

① 中国信通院：《人工智能治理白皮书》，http：//www.caict.ac.cn/kxyj/qwfb/bps/202009/t20200928_347546.htm，2020 - 09 - 28。

② 中华人民共和国中央人民政府：《国家标准化管理委员会、中央网信办、国家发展改革委、科技部、工业和信息化部关于印发〈国家新一代人工智能标准体系建设指南〉的通知》，http：//www.gov.cn/zhengce/zhengceku/2020 - 08/09/content_5533454.htm，2020 - 07 - 27。

③ 全国信息安全标准化技术委员会：《网络安全标准实践指南——人工智能伦理安全风险防范指引》，https：//www.tc260.org.cn/，2022 - 06 - 30。

④ 中华人民共和国科学技术部：《〈新一代人工智能伦理规范〉发布》，http：//www.safea.gov.cn/kjbgz/202109/t20210926_177063.html，2021 - 09 - 26。

⑤ 中华人民共和国中央人民政府：《中共中央办公厅、国务院办公厅印发〈关于加强科技伦理治理的意见〉》，http：//www.gov.cn/zhengce/2022 - 03/20/content_5680105.htm，2022 - 03 - 20。

第五条　处理个人信息应当遵循合法、正当、必要和诚信原则，不得通过误导、欺诈、胁迫等方式处理个人信息。

第六条　处理个人信息应当具有明确、合理的目的，并应当与处理目的直接相关，采取对个人权益影响最小的方式。

收集个人信息，应当限于实现处理目的的最小范围，不得过度收集个人信息。

第七条　处理个人信息应当遵循公开、透明原则，公开个人信息处理规则，明示处理的目的、方式和范围。

第八条　处理个人信息应当保证个人信息的质量，避免因个人信息不准确、不完整对个人权益造成不利影响。

第九条　个人信息处理者应当对其个人信息处理活动负责，并采取必要措施保障所处理的个人信息的安全。

第十条　任何组织、个人不得非法收集、使用、加工、传输他人个人信息，不得非法买卖、提供或者公开他人个人信息；不得从事危害国家安全、公共利益的个人信息处理活动。

第十一条　国家建立健全个人信息保护制度，预防和惩治侵害个人信息权益的行为，加强个人信息保护宣传教育，推动形成政府、企业、相关社会组织、公众共同参与个人信息保护的良好环境。

第十二条　国家积极参与个人信息保护国际规则的制定，促进个人信息保护方面的国际交流与合作，推动与其他国家、地区、国际组织之间的个人信息保护规则、标准等互认。

总则提出的个人信息处理原则强调了手段合法、合理、必要，以"最小范围"为标准，不得过度收集；处理应公开透明、准确、安全；禁止非法收集使用；建立健全个人信息保护制度，推动与其他国家、地区之间的合作。

在具体的细则中，《个人信息保护法》还规定了个人信息处理必须在个人充分知情、自愿、明确同意的情况下进行，并且个人拥有撤回信息的权利——这一权利类似于欧盟在《通用数据保护条例》中提出的"数字遗忘权"，即个人有权要求信息处理者删除自己的信息。

  第十四条 基于个人同意处理个人信息的，该同意应当由个人在充分知情的前提下自愿、明确作出。法律、行政法规规定处理个人信息应当取得个人单独同意或者书面同意的，从其规定。
  第十五条 基于个人同意处理个人信息的，个人有权撤回其同意。个人信息处理者应当提供便捷的撤回同意的方式。
  个人撤回同意，不影响撤回前基于个人同意已进行的个人信息处理活动的效力。
  第十六条 个人信息处理者不得以个人不同意处理其个人信息或者撤回同意为由，拒绝提供产品或者服务；处理个人信息属于提供产品或者服务所必需的除外。

《个人信息保护法》对个人信息处理者应当履行的义务与责任作出了明确的规定，包括：应显著明确向个人告知处理者的信息；信息保存期限应为必要的最短时间；利用自动化决策应保证结果公平公正，从法律上禁止了利用个性化推荐算法进行"大数据杀熟"的行为；禁止公开处理个人信息等。其中第二十四条特别提到，公民有权拒绝自动化决策的信息推送，维护了公民对推荐算法的选择权与主动权。

  第十七条 个人信息处理者在处理个人信息前，应当以显著方式、清晰易懂的语言真实、准确、完整地向个人告知下列事项：

（一）个人信息处理者的名称或者姓名和联系方式；

（二）个人信息的处理目的、处理方式，处理的个人信息种类、保存期限；

（三）个人行使本法规定权利的方式和程序；

（四）法律、行政法规规定应当告知的其他事项。

第十九条　除法律、行政法规另有规定外，个人信息的保存期限应当为实现处理目的所必要的最短时间。

第二十四条　个人信息处理者利用个人信息进行自动化决策，应当保证决策的透明度和结果公平、公正，不得对个人在交易价格等交易条件上实行不合理的差别待遇。

通过自动化决策方式向个人进行信息推送、商业营销，应当同时提供不针对其个人特征的选项，或者向个人提供便捷的拒绝方式。

通过自动化决策方式作出对个人权益有重大影响的决定，个人有权要求个人信息处理者予以说明，并有权拒绝个人信息处理者仅通过自动化决策的方式作出决定。

第二十五条　个人信息处理者不得公开其处理的个人信息，取得个人单独同意的除外。

值得一提的是，《个人信息保护法》对当前日益泛滥的人脸识别、指纹识别等通过人工智能算法采集个人生物信息的技术的应用也作出了相应的规定，明确指出此类只能用于维护公共安全，不得用于其他目的，除非征得个人单独同意；并且是在必要性与安全性的前提下方能处理这些敏感信息。其中第三十一条还特别对未成年人的个人信息保护作出了相应的规定：

第二十六条　在公共场所安装图像采集、个人身份识别设备，应当为维护公共安全所必需，遵守国家有关规定，并设置显著的提示标识。所收集的个人图像、身份识别信息只能用于维护公共安全的目的，不得用于其他目的；取得个人单独同意的除外。

  第二十八条　敏感个人信息是一旦泄露或者非法使用，容易导致自然人的人格尊严受到侵害或者人身、财产安全受到危害的个人信息，包括生物识别、宗教信仰、特定身份、医疗健康、金融账户、行踪轨迹等信息，以及不满十四周岁未成年人的个人信息。

  只有在具有特定的目的和充分的必要性，并采取严格保护措施的情形下，个人信息处理者方可处理敏感个人信息。

  第二十九条　处理敏感个人信息应当取得个人的单独同意；法律、行政法规规定处理敏感个人信息应当取得书面同意的，从其规定。

  第三十条　个人信息处理者处理敏感个人信息的，除本法第十七条第一款规定的事项外，还应当向个人告知处理敏感个人信息的必要性以及对个人权益的影响；依照本法规定可以不向个人告知的除外。

  第三十一条　个人信息处理者处理不满十四周岁未成年人个人信息的，应当取得未成年人的父母或者其他监护人的同意。

关于个人信息处理者进行信息处理，《个人信息保护法》也对其处理目的、处理方式、个人信息种类以及对个人权益的影响、可能存在的安全风险等方面作出了具体的限制，还规定了在某些情形下必须对可能潜在的风险进行事前的影响评估，同时需保存影响评估报告和处理情况记录，在实施前尽可能使消极后果最小化，使处理结果可控、可预期、有迹可查。值得注意的是，在第五十二条中提到了一个新出现的角色——个人信息保护负责人，其作用是对个人信息处理者实施合规审计，确保个人信息处理者履行有关的法定义务，遵守法律的规定。

第五十一条 个人信息处理者应当根据个人信息的处理目的、处理方式、个人信息的种类以及对个人权益的影响、可能存在的安全风险等，采取下列措施确保个人信息处理活动符合法律、行政法规的规定，并防止未经授权的访问以及个人信息泄露、篡改、丢失：

（一）制定内部管理制度和操作规程；

（二）对个人信息实行分类管理；

（三）采取相应的加密、去标识化等安全技术措施；

（四）合理确定个人信息处理的操作权限，并定期对从业人员进行安全教育和培训；

（五）制定并组织实施个人信息安全事件应急预案；

（六）法律、行政法规规定的其他措施。

第五十二条 处理个人信息达到国家网信部门规定数量的个人信息处理者应当指定个人信息保护负责人，负责对个人信息处理活动以及采取的保护措施等进行监督。

个人信息处理者应当公开个人信息保护负责人的联系方式，并将个人信息保护负责人的姓名、联系方式等报送履行个人信息保护职责的部门。

第五十三条 本法第三条第二款规定的中华人民共和国境外的个人信息处理者，应当在中华人民共和国境内设立专门机构或者指定代表，负责处理个人信息保护相关事务，并将有关机构的名称或者代表的姓名、联系方式等报送履行个人信息保护职责的部门。

第五十四条 个人信息处理者应当定期对其处理个人信息遵守法律、行政法规的情况进行合规审计。

第五十五条 有下列情形之一的，个人信息处理者应当事

前进行个人信息保护影响评估,并对处理情况进行记录:

(一) 处理敏感个人信息;

(二) 利用个人信息进行自动化决策;

(三) 委托处理个人信息、向其他个人信息处理者提供个人信息、公开个人信息;

(四) 向境外提供个人信息;

(五) 其他对个人权益有重大影响的个人信息处理活动。

第五十六条 个人信息保护影响评估应当包括下列内容:

(一) 个人信息的处理目的、处理方式等是否合法、正当、必要;

(二) 对个人权益的影响及安全风险;

(三) 所采取的保护措施是否合法、有效并与风险程度相适应。

个人信息保护影响评估报告和处理情况记录应当至少保存三年。

另外,《个人信息保护法》还对国家各级政府部门履行个人信息保护职责作出了规定,规范了工作流程和职责范围,确保工作有序开展,法律得以贯彻落实。

第六十条 国家网信部门负责统筹协调个人信息保护工作和相关监督管理工作。国务院有关部门依照本法和有关法律、行政法规的规定,在各自职责范围内负责个人信息保护和监督管理工作。

县级以上地方人民政府有关部门的个人信息保护和监督管理职责,按照国家有关规定确定。

前两款规定的部门统称为履行个人信息保护职责的部门。

第六十一条 履行个人信息保护职责的部门履行下列个人

信息保护职责：

（一）开展个人信息保护宣传教育，指导、监督个人信息处理者开展个人信息保护工作；

（二）接受、处理与个人信息保护有关的投诉、举报；

（三）组织对应用程序等个人信息保护情况进行测评，并公布测评结果；

（四）调查、处理违法个人信息处理活动；

（五）法律、行政法规规定的其他职责。

第六十二条　国家网信部门统筹协调有关部门依据本法推进下列个人信息保护工作：

（一）制定个人信息保护具体规则、标准；

（二）针对小型个人信息处理者、处理敏感个人信息以及人脸识别、人工智能等新技术、新应用，制定专门的个人信息保护规则、标准；

（三）支持研究开发和推广应用安全、方便的电子身份认证技术，推进网络身份认证公共服务建设；

（四）推进个人信息保护社会化服务体系建设，支持有关机构开展个人信息保护评估、认证服务；

（五）完善个人信息保护投诉、举报工作机制。

《个人信息保护法》是我国信息保护领域的重要法律，它是在参考了欧盟等组织与国家相关法律法规的基础上提出的，其结构、条款与《通用数据保护条例》有相似之处。从内容来看，《个人信息保护法》更适合我国的国情，并且补充了关于生物信息识别采集方面的个人信息处理的规定。《个人信息保护法》还设置了个人信息保护负责人这个新角色，以期通过设立这个第三方角色，起到监督个人信息处理者的作用。然而这种第三方角色能否有效发挥预期的作用，是否能以客观公正的立场进行监督审计，仍有待实践的检验。

国家在人工智能伦理问题的治理过程中发挥着主导作用。尽管在行政管理和法制建设上,我国已取得了一定的成果,但仍有很长的路要走。首先,政府要通过多种行政手段加强对算法的运作的监管,切实治理人工智能伦理问题。鉴于算法已经成为一种后台运作的隐形权力,学界纷纷呼吁要对个性化过滤算法进行密切检视,增加算法的透明度。[1][2][3][4] 然而,一味要求算法的透明度是不切实际的。算法涉及互联网企业的知识产权与商业机密,企业如果公开算法,有可能会被竞争对手所模仿,或者系统有可能遭到黑客的恶意攻击和操纵,造成经济损失。仇筠茜与陈昌凤则主张后退一步,不去对所有算法的透明度做出要求,而是提倡可理解的透明度,以整体的、间性的、系统的视角来把握,追求普遍意义上的公民的可操作、可理解、可监督。[5] 不论是否要求算法透明公开,个性化推荐算法都需要在政府和社会的监管下运作,以确保其价值取向不违背社会公共利益。正如陈昌凤等人指出,个性化推荐智能算法具备工具理性,但不具备价值理性。[6] 技术所导致的问题仍然需要寻求人文的解决之道,从政府监管的角度来看,新闻产品的特殊性需要更为立体丰富的人文价值对算法价值观进行外部矫正。[7] 政府应设立独立的、专门的监管评估机构,建立算法问责制,推行算法审计,规范算法运作的过

---

[1] Pariser, E., *The Filter Bubble: What the Internet Is Hiding from You*, London: Penguin, 2011, p. 229.

[2] Willson, M., The Politics of Social Filtering, *Convergence*, 2014, 20 (2): 218 – 232.

[3] Napoli, P. M., Social media and the public interest: Governance of news platforms in the realm of individual and algorithmic gatekeepers, *Telecommunications Policy*, 2015, 39 (9): 751 – 760.

[4] Diakopoulos, N., Koliska, M., Algorithmic Transparency in the News Media, *Digital Journalism*, 2017, 5 (7): 809 – 828.

[5] 仇筠茜、陈昌凤:《基于人工智能与算法新闻透明度的"黑箱"打开方式选择》,《郑州大学学报》(哲学社会科学版) 2018 年第 5 期。

[6] 陈昌凤、石泽:《技术与价值的理性交往:人工智能时代信息传播——算法推荐中工具理性与价值理性的思考》,《新闻战线》2017 年第 17 期。

[7] 陈昌凤、师文:《个性化新闻推荐算法的技术解读与价值探讨》,《中国编辑》2018 年第 10 期。

程与结果。

其次,坚持依法治理,健全完善法制,主动应对人工智能安全伦理风险。尽管众多学者都呼吁互联网企业应承担起相应的社会责任,但是商业公司追求利益的本质是不会改变的。在经历了2017年下半年人民网连发三篇批评文章、遭网信办约谈整改等一系列严重的危机事件之后,"今日头条"在2018年仍被媒体爆出存在引导用户跳转至违法广告页面这一明知故犯的行为。可见,社会责任感在巨大的商业利益面前是非常淡薄的,仅靠商业公司自觉自发的自我约束无法保障用户的合法权益。就"今日头条"目前的盈利模式而言,广告仍是其收入的主要来源。海量的用户数据是"今日头条"吸引广告主投放广告、实现创收的资本,如何避免这种利用算法钻市场监管的漏洞、侵犯用户权益的类似事件再次发生,是一个非常值得关注的问题。除此之外,由于个性化推荐算法的使用导致的侵犯用户隐私权的社会风险也不容忽视,例如,未经用户授权采集数据、基于商业目的将用户数据共享给第三方、对用户数据保管不善造成泄露、定向广告暴露用户敏感信息、由于差异化服务造成算法歧视等。[①] 针对现实中不断涌现的问题,笔者认为,立法保障公民的数据权利是根本,同时也要加大执法力度,建立举报平台,严厉整治违法乱象,制止互联网公司"打擦边球""钻空子"的行为,推进相关法律法规落实落地,切实维护公民的合法权益,不能让《个人信息保护法》成为一纸空文。

再次,推行敏捷治理模式,建立健全治理体制机制。敏捷治理不同于以往的回应式治理模式或集中治理模式,过去的治理模式往往都是滞后的、亡羊补牢式被动应对,而敏捷治理模式则是防患于未然。敏捷治理的基本思路,首先是政策目标要在不同的社会目标

[①] [美]里奇、罗卡奇、夏皮拉:《推荐系统:技术、评估及高效算法》(第2版),李艳民、胡聪、吴宾等译,机械工业出版社2018年版,第418页。

之间权衡；其次，制定规则要全面、准确、完整，能跟上技术创新的速度，能够非常迅速敏捷地进行反应；最后，规制的方式也得时刻做好准备，不断与时俱进。① 敏捷治理能够平衡技术创新和技术的潜在风险，在鼓励企业进行技术升级革新的同时，也能保护用户的信息权利，调动公众的积极性，发挥社会的监督作用，从而实现对人工智能伦理问题的有效治理。

10.2.2 互联网公司：管理革新与技术创新

国内互联网公司以百度、腾讯、阿里巴巴、字节跳动为首，它们当前的伦理实践情况如下。

字节跳动在发布的《2021年北京字节跳动企业社会责任报告》中提到了关于内容治理方面的举措，主要体现在完善内容治理制度和治理不良内容上。具体而言，字节跳动通过机器策略模型和人工编辑对违规内容进行识别和过滤，对违规内容作出相应的处置，开展了专项治理；提升专业化内容的准确性，建立专业化内容专项审核制度，例如引入医疗专业人员对医疗类内容进行专业性、科学性审核；完善用户举报通道；进行内容安全团队培训；引导创作者规范创作；治理电商内容生态等等。②

腾讯《腾讯社会责任报告（2020）》提到了保护用户的数据权利，强调腾讯注重数据安全，"视用户信息安全与隐私保护为生命线"，注重在公司内部系统、持续地开展隐私保护工作，发布了《腾讯隐私保护白皮书》，制定了《腾讯隐私政策》《产品隐私保护指引》《腾讯SDK隐私政策》《儿童隐私保护声明》以及《Cookie政策》等一系列隐私政策文件。同时也强调腾讯"将网络生态治理视

---

① 腾讯网：《清华教授薛澜的洞察：敏捷治理可能是我们这个时代需要考虑的一种模式》，https://new.qq.com/omn/20220127/20220127A038D600.html，2022-01-27。
② 字节跳动：《2021年北京字节跳动企业社会责任报告》，http://p3-bd-official.byteimg.com/obj/bytedance-cn/2021北京字节跳动企业社会责任报告.pdf，2022-06-30。

作自身发展的生命线",推动网络生态治理的社会共建,开展多项运动净化内容社区。①

《2020—2021 阿里巴巴社会责任报告》主要提及阿里巴巴在支持乡村振兴、疫情防控、环境保护、社会公益上的理念与行动,② 并未提及任何有关技术伦理与保障用户权利方面的举措。阿里巴巴的安全官网则列举了该企业在人工智能安全与治理方面发表的研究成果,列出三个词条:人工智能的鲁棒性及安全防护、算法公平性与可解释性、深度伪造生成与检测。其中"算法公平性与可解释性"词条下解释道:"研究算法公平性问题,发现和消除因为统计性偏差、算法优化目标,甚至是人为偏见而引入的歧视,确保 AI 模型不被滥用,保证 AI 决策的公正、合理、公平,将推动 AI 应用走向普惠和无偏见。研究可解释 AI 技术,因果推理技术,有助于提升从业人员对模型本质原理的掌握,公众对模型结果的理解,让 AI 可信地应用于各行业。"③ 然而所列举的发表的成果都是以提升算法的鲁棒性和检测伪造图像为主题的,并未显示有关算法公平与可解释性方面的研究成果。

相较于上述公司,百度是国内互联网企业中伦理实践较为丰富的一家。在理念上,《百度 2020 年环境、社会及管治(ESG)报告》提出了"知情同意、最少够用、用户体验、安全保障"四大原则,保障用户对个人信息的知情权、选择权、控制权。④ 在此基础上,百度在 2021 年的 ESG 报告中补充了"赋予用户访问、修改和删除个人

---

① 腾讯:《腾讯社会责任报告(2020)》,https://static.www.tencent.com/uploads/2021/10/26/2e29750b827f03d6cc6cde3ba2b69bf0.pdf,2022-06-25。
② 阿里巴巴:《2020—2021 阿里巴巴社会责任报告》,http://csr.alibaba.com/Uploads/file/20210804/6109ad3032390.pdf,2022-06-25。
③ 阿里安全:《AI 安全与治理》,https://s.alibaba.com/safeTechnologyDetail/4591,2022-06-25。
④ 百度:《百度 2020 年环境、社会及管治(ESG)报告》,https://esg.baidu.com/article/Baidu_2020_Environmental,_Social_and_Governance_Report,2022-06-25。

信息的权利,同时承诺绝不向任何第三方出售任何个人信息"。围绕着上述原则,百度在行政管理、制度建设、技术保障、员工培训等方面做出了相应的努力:行政管理方面成立了数据管理委员会作为公司顶层数据管理的决策和执行机构,负责决策公司数据管理重要事项,制定数据管理相关制度、规范等,发布数据管理标准,并审核日常运营中相关使用行为;在制度上建立起覆盖所有相关业务线以及分公司的数据隐私保护制度体系,包括《百度数据安全策略》《百度隐私政策总则》《百度用户个人信息保护合规总则》《百度公司个人信息保护合规红线》等规范标准,并为旗下产品或服务制定公开、单独的隐私政策,助推隐私保护在各类产品中的落地和应用;在技术方面,依托隐私合规检测、差分隐私、AI自动脱敏、联邦计算、可信计算等技术,落实数据安全与隐私保护;在培训方面为员工提供数据安全培训,2021年还与北京大学、中国政法大学、中国社会科学院等机构合作推出了由相关领域法学专家执教的"数据安全与隐私保护"系列课程。①

综上可见,目前国内互联网公司的伦理实践大多归于企业社会责任的框架下,仅作为企业社会责任众多分支中的一支,且主要表现在对不良内容的治理、保护用户隐私与数据安全上,极少涉及人工智能算法决策的公平性、透明性以及对算法造成的消极影响的治理。从中反映出国内互联网界对人工智能技术伦理问题缺乏必要的重视。虽然有些公司会提出保障用户个人数字权利方面的理念或原则,但是空有抽象原则,无法提供具体的行动指导,已采取的行动也是非常有限的,未能形成一套完善的制度和解决问题的方案,更

---

① 百度:《百度2021年环境、社会及管治(ESG)报告》,https://esg.baidu.com/resource/1ecd4682 - 2f54 - 67c8 - 8dd5 - 556f11239ccc/%E7%99%BE%E5%BA%A6202021%20%E5%B9%B4%E7%8E%AF%E5%A2%83%E3%80%81%E7%A4%BE%E4%BC%9A%E5%8F%8A%E7%AE%A1%E6%B2%BB%EF%BC%88ESG%EF%BC%89%E6%8A%A5%E5%91%8A.pdf,2022 - 06 - 25。

遑论将其纳入常态化工作中,导致虽有伦理原则却成为空中楼阁,既缺乏约束力,也缺乏可操作性。

从国内四家互联网巨头的伦理实践情况来看,百度最为接近国外主流互联网公司,在理念原则、行政管理、制度建设、技术保障、员工培训等方面都有相应的实践。不过,与国外互联网公司相比,其措施还相对比较粗放,例如在技术保障方面,只是笼统地提到运用哪些技术来保障用户隐私,未及微软等企业细化到能够开发多种相应的工具和提供具体的行动指南来帮助员工落到实处。可见,从伦理意识到伦理实践,我国互联网公司与国外公司之间仍有较大的差距。

笔者认为,在算法导致的社会伦理问题上,互联网企业负有不可推卸的责任,应在管理层面和技术层面采取相应的措施,双管齐下。就过滤气泡而言,互联网公司需要在运营理念上加以矫正,强化社会责任意识和新闻伦理意识,加强与传统媒体合作;在技术层面上不断改进算法,优化用户体验。

在管理层面,首先企业应明确社会责任,强化新闻伦理意识。互联网企业应当明确自身的角色定位,承担相应的社会责任,强化信息把关机制。算法的缺陷导致了传播内容低俗、过滤气泡效应等后果,恰恰是缺乏有效的信息把关机制的表现。脱离了正确的价值观导向,技术的野蛮生长只会招致更强的反噬作用,从长远来看也不利于从事信息传播的互联网企业的发展。正如彭兰指出,各种参与公共信息生产与传播的主体,都需要某种程度上的新闻专业素养和专业伦理。[①] 如果互联网公司对自身的定位不明确,如果不能正视自身在信息传播中肩负的责任,那么无论提出多少条公司伦理原则,一切皆为空谈。因此,解决问题的首要之道在于互联网公司必须明

---

① 彭兰:《无边界时代的专业性重塑》,《现代传播——中国传媒大学学报》2018年第5期。

确并且承担作为信息传播主体的社会责任。

其次，互联网企业应加强与传统媒体的合作，建立行之有效的把关体系。面对当前算法所导致的问题，笔者认为归根结底在于算法无法代替人类编辑的作用，必须让传统媒体的编辑角色回归。算法作为编辑人员的助手，能有效提升编辑工作的效率，提升信息的分发效率，帮助编辑发掘内容中的长尾，把握用户需求，但技术始终无法理解也无法对人类追求的价值作出准确的判断。虽然"今日头条"一开始标榜自身"没有采编人员，不生产内容，没有立场和价值观"，[①] 纯粹是"内容的搬运工"，然而在发展过程中面临不断爆发的问题以及社会的指责，不得不设置编辑的岗位对内容把关。国外的算法推荐新闻也出现了由人工编辑取代算法重新负责内容把关的现象，比如推特网的"时刻"（Moment）就是通过人工编辑对信息进行筛选、整合，形成当天热点事件的整合推送。[②] "反算法"的人工编辑的重新出现，充分暴露了算法在内容把关上的短板。尽管当前国内外互联网公司普遍在算法推送新闻业务中设置了编辑的角色，但是这个角色与传统媒体的编辑角色有着根本的区别。以"今日头条"为例，内容运营人员通过与机器的分工协作来共同完成任务，其工作包括：拓展内容来源、帮助机器识别内容、参与确定不同类别的推荐、放出策略（如财经的内容运营人员负责审查所有发布股市信息的自媒体作者的专业资质）、与审核人员协同制定不同审核策略、因势利导推进不同形式的内容（如媒体直播的推进）等等。[③] 而在传统媒体编辑的工作中，很重要的一部分是确定选题和指导采访，但这在个性化算法的运作中是缺位的，算法只是从已有的

[①] 今日头条：《关于我们》，http：//www.toutiao.com/about/，2017-02-13。

[②] 杨斯钧：《当我们谈论算法时，人工编辑再度占领社交媒体》，《中国传媒科技》2015年第1期。

[③] 么咏仪、杨建楠：《机器怎样"读懂"用户：专访今日头条副总编辑徐一龙》，《新闻与写作》2016年第12期。

内容中进行挑选，缺乏编辑工作的能动性和创造性，可能使用户囿于某些重复的、低俗的内容。毛湛文与孙曌闻的田野调查发现，与传统媒体的编辑工作相比，互联网平台的编辑受到极大的限制，其角色更像是数字劳工，工作单调且缺乏主体性和能动性，个人的努力在多数程度上依然是为注意力经济服务的，人受到技术的形塑而逐渐数据化。① 因此，尽管平台设置了编辑的工作岗位，但是平台的编辑根本无法发挥类似于传统媒体编辑的作用，在内容把关上依然力有不逮。这是因为互联网公司与媒体所追求的核心价值是截然不同的，很难要求企业改变逐利的立场去考虑社会大众的公共利益，这就决定了专业新闻编辑的角色依然是不可或缺的。

笔者认为，个性化新闻推荐算法的发展不可脱离专业新闻主义的指导。从事新闻资讯分发的互联网公司不仅不应该让编辑下岗，相反应该更多地聘用和引进具有新闻专业背景与专业素养的新闻人才，甚至加大与传统媒体的合作力度与深度，尝试将一部分内容审核把关权交给传统媒体，与传统媒体编辑共同协作，这或许有助于改善当前个性化推荐新闻格调不高、内容低俗、虚假不实等问题。

再次，从事算法信息传播的互联网公司还应进行机制创新，广泛调动社会成员的参与，让用户、公司外的程序员、新闻编辑等众多角色都参与算法问题的治理。不仅要运用鼓励机制促进用户积极反馈，加强公众对信息的把关，还可学习推特等公司的经验，通过设置"漏洞赏金"的奖励机制或者类似的众包模式来激励媒体编辑、程序员都参与进来，帮助企业发现自身无法发现的问题，将算法问题的治理从道德原则落实为具体的实践。

在技术层面，以个性化推荐算法为本的互联网公司，还应当不断改进个性化推荐系统的设计，提升算法的推荐效能，促进推荐结

---

① 毛湛文、孙曌闻：《从"算法神话"到"算法调节"：新闻透明性原则在算法分发平台的实践限度研究》，《国际新闻界》2020 年第 7 期。

果的多样性与信息偶遇，尽可能从技术上消除过滤气泡产生的根源。个性化推荐系统将用户身上的标签与所推荐的信息标签一一匹配，推荐的结果往往以精准匹配为导向。对于用户个人来说，沉浸在这样的数字环境中，重复的、相似的内容可能会阻碍对未知世界的探索，导致过滤气泡等后果。过适的推荐算法一再地重复用户身上的某种相似性，将用户矮化为可通过算法来预测和满足的单向度的人，无法触及个人丰富多样的、发展中的需求。

著名的科技作家凯文·凯利提出"理想的过滤器"有三个维度：第一，为了避免自我强化，用户应该能够通过可视化图谱知晓个人在选择领域中所处的位置；第二，用户应能知道朋友喜欢什么，而那又是自己现在还未曾了解的；第三，系统会向用户推荐某些用户可能现在不喜欢但是会去尝试的东西。① 这三个维度或可为改进个性化推荐算法的设计提供参考。

在第一个维度上，现今国内的个性化新闻推荐系统都未能做到让用户了解所选所读的局限性。互联网公司可参考国外丰富多样的"反过滤气泡"实践，将"反过滤气泡"的理念植入到移动应用的设计中去，使用户在浏览过程中能够通过可视化的方式了解到不同的观点，意识到自身阅读范围的局限性，从而促进用户浏览内容多样化，增加网络能见度，从而消解过滤气泡形成的条件。并且，在用户界面的设计上，还应赋予用户更大的透明度、自主权与控制权，由用户来调节自身所处的过滤气泡程度——由用户选择是否要接收更多满足个人偏好的信息，还是要接触超越兴趣范围的信息，以兼顾不同用户的需求。

第二个维度和第三个维度是关于未知领域的开拓和预测。这就要求个性化推荐不能仅满足于将推送的信息和用户已有的行为偏好作匹配，而是要更多去挖掘用户的潜在兴趣。挖掘用户的潜在需求，

---

① ［美］凯利：《必然》，周峰、董理、金阳译，电子工业出版社2016年版。

和信息多样性、信息偶遇的要求是一脉相承、殊途同归的。虽然推荐结果的个性化和多样化看似南辕北辙,但是从实践的层面来看,用户的兴趣是多面的,其需求会随时间而发生改变,个性化推荐系统也需要不断挖掘用户的新需求,这就要求个性化推荐系统更为智能化,能够灵活地对推送内容进行调整,除了满足用户的显性需求以外,也要把握用户的隐性需求,甚至帮助用户发现潜在的兴趣。而从用户体验的角度来说,推荐结果的准确性并不足以维系客户的满意度,还需要结合新颖性、偶然性和多样性等指标。研究表明,增加偶然性的推荐结果,能为用户带来信息偶遇的新颖体验,从而突破过滤气泡对个人视野的限制,并且内容多样化和信息偶遇能影响用户对推荐系统的满意度评价。[1][2] 而推荐系统要能够提供新颖的信息偶遇,正如前文所述,这一要求实际上也包含了推送的信息必须是有用的信息这一前提。对用户有用且出乎意料的信息方能称之为信息偶遇。因此,对于个性化推荐系统来说,既要能够提供对用户有用的、出乎意料的信息,却又无法从用户的显性偏好中发现这种意料之外的需求,其实是对个性化推荐系统的智能化提出了更高层次的要求:它要能够发现用户潜在的兴趣,预测用户兴趣的动态变化。

所以说,推荐内容的多样性和信息偶遇,与个性化推荐所追求的推荐精确性并不相悖。不仅不相悖,而且还是合理的要求。从已有的研究成果来看,要实践这个要求也并非不可行。前文已列举了多项计算机学科在此方面取得的最新研究成果,此处不再赘述。总而言之,要实现凯文·凯利所说的理想过滤器的第二个维度和第三个维度,笔者建议,可从提升推送内容的多样性和提升用户在个性

---

[1] Nguyen, T.T., Hui, P.M., Harper, F.M., et al., Exploring the filter bubble: the effect of using recommender systems on content diversity, *Proceedings of the 23rd international conference on World Wide Web*, ACM, 2014, pp. 677–686.

[2] Matt, C., Benlian, A., Hess, T., et al., Escaping from the Filter Bubble? The Effects of Novelty and Serendipity on Users' Evaluations of Online Recommendations, *Publications of Darmstadt Technical University Institute for Business Studies*, 2014, 21(3): 1–19.

化推荐系统中获得的信息偶遇着手，这对于用户个人以及从事信息传播的互联网企业来说都是有益的。

另外，笔者认为，要打破个性化推荐算法中的过滤气泡，还应该在信息流中增加重大新闻、优质信息和原创内容的推送比例及其权重，提升信息传播的质量。虽然互联网公司可能会担心严肃议题的新闻不受欢迎，但有研究表明，青少年喜欢的是有观点倾向的新闻而非纯客观的新闻，这一结果并不意味着在互联网时代成长起来的青少年不认同专业新闻主义的理念，相反，他们其实想要的是更为真实可靠的新闻报道。[①] 互联网公司可通过灵活设置用户界面，赋予用户更多的自主权与控制权，让用户在严肃新闻与娱乐资讯之间有充分的选择空间。总之，互联网公司不能仅仅依靠满足人的低层次阅读需求来谋求发展，要成长为一家对全球有影响力的互联网公司，就要运用企业的核心能力为社会创造价值，而非利用技术从人性的弱点中榨取利益。

10.2.3 互联网从业者：提升专业伦理水平

以往对技术伦理问题的治理往往忽视了互联网从业者这一角色。与其掌握的专业技术水平不匹配的是，国内互联网行业从业者整体表现出来的专业伦理意识与伦理水平是比较薄弱的。国内互联网行业虽然同样有"漏洞赏金"的众包机制，同样也有专门寻找技术漏洞的"白帽"[②] 程序员，但是这些实践都是以修补安全层面的技术漏洞为主，很少关注算法伦理方面的问题。

算法的个性化推荐使程序员、算法工程师等新主体参与新闻生

---

① Marchi, R., With Facebook, blogs, and fake news, teens reject journalistic "objectivity", *Journal of Communication Inquiry*, 2012, 36 (3): 246 – 262.

② 笔者注："白帽"有别于"黑帽"，他们是一群运用专业技能主动维护互联网安全与秩序的黑客，与黑帽的区别在于白帽是通过合法的手段来实现目的的，有时甚至会出于维护正义的目的而无偿劳动。

产、分发,然而他们作为算法价值的决定者和伦理责任的承担者却往往处于被忽视的状态。袁帆与严三九对从事资讯分发平台后端开发工程师进行调查后发现,目前传媒业算法工程师的算法伦理水平整体处于模糊状态,与一般伦理水平相比,其专业伦理认识更显薄弱,对于透明、及时、分享这三个伦理理念的态度并不积极;[①] 大部分算法工程师对算法在新闻传播领域引发的伦理问题了解甚少,对伦理问题的威胁性评估偏低且改善倾向整体趋于保守。[②] 试问如果代码的编写者自身的专业技术伦理水平都比较低,如何能保证其编写的算法不隐含技术伦理问题?

鉴于算法工程师工作性质的重要性,笔者认为这一角色也应参与技术伦理问题的治理。首先应提升互联网从业者尤其是算法工程师的伦理意识与伦理水平。调查显示,专业背景对算法工程师的伦理水平影响并不显著,计算机专业出身的算法工程师并不比外行拥有更高的算法伦理水平,[③] 这表明当前大专院校的人才培养方案可能只重视技术的传授,而忽视了算法伦理教育,与前文所述欧洲高校的课程体系有明显的差距。上述调查还发现,知识文化水平高的工程师往往算法伦理水平也越高,[④] 这也反映了受教育经历对于提升专业伦理水平的作用,说明在高校的专业教育中增加技术伦理教育的比重是非常有必要的。

值得一提的是,各行各业均有相应的职业操守和道德伦理规范,而身担编写算法、搭建架构重任的程序员却很少受到专业伦理的约

[①] 袁帆、严三九:《模糊的算法伦理水平——基于传媒业 269 名算法工程师的实证研究》,《新闻大学》2020 年第 5 期。

[②] 严三九、袁帆:《局内的外人:新闻传播领域算法工程师的伦理责任考察》,《现代传播——中国传媒大学学报》2019 年第 41 卷第 9 期。

[③] 袁帆、严三九:《模糊的算法伦理水平——基于传媒业 269 名算法工程师的实证研究》,《新闻大学》2020 年第 5 期。

[④] 袁帆、严三九:《模糊的算法伦理水平——基于传媒业 269 名算法工程师的实证研究》,《新闻大学》2020 年第 5 期。

束。国家人力资源和社会保障部在每年开展的计算机技术与软件专业技术资格考试中,不仅要考察工程师的实际工作能力和业务水平,还应增加对工程师专业伦理水平的考察,在专业技术资格认定中把握德才兼备的原则。

此外,袁帆与严三九的调查还发现,工作经历对算法工程师的算法伦理水平有显著的影响,工作经历越多元的算法工程师越认可算法伦理价值观念,尤其是在传媒企业工作过的工程师,工作经历的影响意味着企业对工程师伦理观念的引导扮演着重要角色。[1] 笔者认为,互联网企业应在员工培训中提供算法伦理方面的培训,帮助提升从业人员的伦理水平。从业者也应当努力自我提升,在日常工作中践行伦理原则。

10.2.4 传统媒体:做好价值引领

尽管当下传统媒体在与新媒体的竞争中处于劣势,不得不尝试通过媒介转型的方式积极地融入新媒体传播平台,一部分媒体甚至将信息分发权让渡给了掌握推荐算法的互联网公司,然而推荐算法的掌权加剧了传统主流媒体影响力被边缘化的风险。[2] 笔者认为,传统媒体要打破被算法边缘化的局面,就要利用和发挥自身的独特优势,重新掌握话语权,这对推荐算法的"野蛮生长"也能起到一定的遏制作用。

面对新媒体的冲击,传统媒体不应将发展的希望完全寄托于媒介转型或媒介融合。杨伯溆认为,传统大众传媒和新媒体的融合从本质上说是不可能的,因为二者有着不可调和甚至相互冲突的属性——传统媒体与新媒体的本质区别是舞台与平台的区别,这是由

---

[1] 袁帆、严三九:《模糊的算法伦理水平——基于传媒业 269 名算法工程师的实证研究》,《新闻大学》2020 年第 5 期。

[2] 张志安、汤敏:《论算法推荐对主流意识形态传播的影响》,《社会科学战线》2018 年第 10 期。

技术来实现和保障的。而目前的媒介融合之所以可能，正是因为政府对新媒体发展的实质性介入。① 自此，传统大众媒体越来越多地吸纳新媒体传播技术，试图重掌话语权。需要指出的是，虽然处在新媒体与自媒体的夹击中，但是传统新闻媒体具有喉舌的属性，其舆论引导与价值引领的作用是新媒体和自媒体平台所无法替代的。私有制主导的互联网公司所追求的流量法则更是与媒体所应具有的公共性与社会服务性背道而驰。我们不能寄望于算法平台背后的互联网公司能够拥有做好价值引领的自发自觉，公司的私有属性决定了它无法站在社会公共利益的角度去提供信息服务。媒体的公共属性与平台的私有属性决定了二者无法完全融合，但是，双方可以在信息传播领域发挥各自的优势。传统媒体不应抛弃自身无可取代的优势，一味地迎合新媒体平台的流量法则，而是应当坚守媒体的价值判断，以审慎、客观、专业的态度，为读者提供高质量的、有深度的原创内容，这才是传统媒体立于互联网浪潮中不败之根本。并且，传统媒体还应充分发挥舆论监督的作用，对平台滥用算法侵犯用户权益的行为进行报道、揭露、批评，协助国家治理互联网乱象。

个性化推荐算法大行其道，并不意味着传统媒体将退出历史舞台。算法造成的乱象是价值缺失的表现，亟须传统媒体话语权与影响力的回归。"万物皆媒"的趋势正在不断重塑内容生态，革新媒介产业，传统媒体需要拥抱新技术，但不可迷失自我，而是应当在算法主导的新信息传播生态中重新发现自我价值，重夺"麦克风"，担当价值引领的重要角色，推动社会共识的形成，对新技术发展过程中产生的传播伦理问题形成有效的监督、预防作用。

10.2.5 公民教育：提升算法素养

在过滤气泡形成的过程中，用户个人的因素是不可忽视的。正

---

① 杨伯溆：《媒介融合与国家介入的意义——以新媒介平台新浪微博为例》，《当代传播》2015年第5期。

如巴克什等人研究发现,用户是否能接触到多样化的信息,其个人因素比算法推荐所起的作用更大。① 尽管个性化推荐算法可能导致过滤气泡,但用户个人是否会陷于"气泡",其算法素养水平极为关键。

互联网技术往往与高效、理性、高端、先进等词汇相勾连,成为造福人类的新发明的代名词,使人们在对新技术的欢呼中忽视了其中隐含的传播偏向、社会不公等伦理问题。当前我国公众的新媒体信息素养水平尤其是算法素养水平仍有较大的提升空间。虽然新媒体时代的个人不再是过去大众传播时代被动的受众,但是由于算法具有很强的隐蔽性,用户很容易在算法的"信息投喂"中养成被动的媒介使用习惯,在算法潜移默化的影响中不知不觉受其左右,逐渐成为被算法操纵的新媒体受众。因此要加强公众的算法素养教育,使之能自觉抵抗个性化推荐算法所造成的过滤气泡等消极影响。这需要社会各界形成合力,首先教育是基础,学校应将新媒介素养教育纳入课程体系中,除此之外,政府、传媒、互联网公司、公益组织等都应参与进来,共同推动公众算法素养水平的提高,尤其是要提升公众对人工智能算法及其影响的认识,增进公众对与人工智能技术相关的法律法规的了解,提升公众对算法传播环境中的信息获取、甄别、批判、使用、创造等能力,使其对算法中隐含的倾向及其建构的现实保持审慎而独立的思考,打破新技术的迷思,对个性化推荐算法产生的消极影响具备一定的"免疫力"。

本研究的结论还反映出,用户在个性化新闻推荐系统中是否能接触到多样化的信息,是否能获得信息偶遇,与个人因素密切相关。首先,个人应具备寻求信息多样化的价值观,保持外向的性格与经验开放的心态,乐于接触多样化的新事物、新观念。其次,培养自己丰富多样的阅读兴趣与信息"杂食"的习惯,不局限于某类新闻

---

① Bakshy, E., Messing, S., Adamic, L. A., Exposure to ideologically diverse news and opinion on Facebook, *Science*, 2015, 348 (6239): 1130 – 1132.

资讯。在媒体使用习惯上，要广泛接触传统媒体、综合性新闻网站及客户端、微博等多个平台，建立多元化的、优质的信息来源网络，避免长期从单一、固定的信源获取信息，并对接触的信息和信源进行评估与反思。再次，为了避免陷于同质化的讨论网络中，无论在网上还是线下，都要主动地接触不同的文化和观念，多与不同的人交流讨论，倾听不同的意见。最后，还要提高数字世界中的隐私保护知识与能力，增强反过滤气泡的意识，主动了解推荐算法相关的知识，掌握有关的互联网技能，提升自己的算法素养。这些努力都有助于个人抵御过滤气泡的消极影响。

10.3　本章小结

本章在借鉴国外应对包括过滤气泡在内的人工智能算法伦理问题的经验的基础上，结合我国的现实国情，提出了政府、互联网公司、从业者、传统媒体、公民五个主体共同参与的治理之道。

其中法治是基础，尽管新出台的《中华人民共和国个人信息保护法》为公民在算法世界中的信息数据权利提供了保障，但是否能够有效遏制行业乱象、规范互联网行业的发展有待时间检验。政府在应对人工智能技术引发的伦理风险问题上，应加强立法与执法，坚持依法治理，有效监管；设立独立的、专门的监督评估机构，建立算法问责制，推行算法审计；实施敏捷治理模式，建立健全治理体制机制。

互联网公司是主要责任者，互联网行业与平台应成为治理的主要战场。针对目前国内互联网界在伦理原则与伦理实践上与国外存在的差距，笔者认为在管理层面，企业应明确社会责任，强化新闻伦理意识；加强与传统媒体的合作，建立行之有效的把关体系；创新机制，广泛调动社会的积极性，共同参与算法问题的治理。在技术层面，应当不断改进个性化推荐算法的设计，赋予用户一定的透明度、自主权与控制权，使推荐系统能够灵活地兼顾用户对信息多样性与个性化的需求。

参与算法编写与推荐系统架构的工程师也应纳入治理主体。当前国内算法工程师的算法伦理水平不容乐观，这与专业教育中缺乏相关课程、职称认定中忽视伦理考察、互联网公司缺乏相关的引导与培训有关，需通过改善上述方面来增强互联网从业者的专业伦理意识与伦理水平。

传统媒体虽然面临被算法边缘化的风险，但在媒介融合与转型中不应抛弃自身优势去迎合算法的流量规则，而是应当在算法主导的新信息传播生态中重新发现自我价值，夺回"麦克风"，担当价值引领的重要角色，坚守媒体的立场与价值判断，充分发挥监督作用，协助国家治理互联网乱象。

用户是否受到过滤气泡的影响也与其个人因素有关。当前我国公众的新媒体信息素养水平尤其是算法素养水平亟须提升。笔者从四个方面提出了有助于个人抵御过滤气泡消极影响的建议。

本书至此完结，而对人工智能算法所造成的深远影响的思考仍在继续。

参考文献

一　中文文献

199IT. 斯坦福：《2021年度AI指数报告——中文版（附下载）》，http://www.199it.com/archives/1252394.html，2021-05-28。

21世纪经济报道：《算法推荐广告涉歧视，Meta认罚并与美国司法部达成和解协议》，https://view.inews.qq.com/a/20220622A0BEVB00，2022-06-22。

36Kr：《资深架构师曹欢欢首次公开揭秘今日头条用到的五种推荐算法和四个推荐特征》，https://36kr.com/newsflashes/3278408007681，2018-01-12。

CTR洞察/央视市场观察官方公众平台：《算法正在重构传播价值观》，《青年记者》2021年第19期。

［美］阿莱恩：《最新研究结果：我们每天接受的信息量相当于174份报纸》，王晓译，《中国报业》2011年第3期。

阿里安全：《AI安全与治理》，https://s.alibaba.com/safeTechnologyDetail/4591，2022-06-25。

阿里巴巴：《2020—2021阿里巴巴社会责任报告》，http://csr.alibaba.com/Uploads/file/20210804/6109ad3032390.pdf，2022-06-25。

［美］安德森：《长尾理论：为什么商业的未来是小众市场》，乔江

涛、史晓燕译，中信出版社 2015 年版。

［美］巴比：《社会学研究方法》（第十一版），邱泽奇译，华夏出版社 2009 年版。

百度：《百度 2020 年环境、社会及管治（ESG）报告》，https：//esg. baidu. com/article/Baidu_ 2020_ Environmental,_ Social_ and_ Governance_ Report，2022 - 06 - 25。

百度：《百度 2021 年环境、社会及管治（ESG）报告》，https：//esg. baidu. com/resource/1ecd4682 - 2f54 - 67c8 - 8dd5 - 556f11239ccc/% E7% 99% BE% E5% BA% A6% 202021% 20% E5% B9% B4% E7% 8E% AF% E5% A2% 83% E3% 80% 81% E7% A4% BE% E4% BC% 9A% E5% 8F% 8A% E7% AE% A1% E6% B2% BB% EF% BC% 88ESG% EF% BC% 89% E6% 8A% A5% E5% 91% 8A. pdf，2022 - 06 - 25。

［美］波兹曼：《娱乐至死》，章艳译，广西师范大学出版社 2004 年版。

曹欢欢：《今日头条算法原理（全文）》，https：//zhuanlan. zhihu. com/p/32989795，2022 - 01 - 18。

陈昌凤、师文：《个性化新闻推荐算法的技术解读与价值探讨》，《中国编辑》2018 年第 10 期。

陈昌凤、石泽：《技术与价值的理性交往：人工智能时代信息传播——算法推荐中工具理性与价值理性的思考》，《新闻战线》2017 年第 17 期。

仇筠茜、陈昌凤：《基于人工智能与算法新闻透明度的"黑箱"打开方式选择》，《郑州大学学报》（哲学社会科学版）2018 年第 5 期。

丁汉青、武沛颖：《"信息茧房"学术场域偏倚的合理性考察》，《新闻与传播研究》2020 年第 27 卷第 7 期。

杜雪、刘春茂：《网络信息偶遇影响因素个性特征的调查实验研究》，

《图书情报工作》2015 年第 11 期。

方师师：《双强寡头平台新闻推荐算法机制研究》，《传播与社会学刊》（香港）2018 年第 43 卷。

方师师：《算法机制背后的新闻观——围绕"Facebook 偏见门"事件的研究》，《新闻记者》2016 年第 403 卷第 9 期。

［法］福柯：《规训与惩罚：监狱的诞生》，刘北成、杨远婴译，生活·读书·新知三联书店 1999 年版。

郭小安、甘馨月：《"戳掉你的泡泡"——算法推荐时代"过滤气泡"的形成及消解》，《全球传媒学刊》2018 年第 5 卷第 2 期。

郭小平、秦艺轩：《解构智能传播的数据神话：算法偏见的成因与风险治理路径》，《现代传播——中国传媒大学学报》2019 年第 41 卷第 9 期。

郭志刚：《社会统计分析方法：SPSS 软件应用》（第二版），中国人民大学出版社 2015 年版。

［德］哈贝马斯：《公共领域》，《文化与公共性》，汪晖、陈燕谷译，生活·读书·新知三联书店 1998 年版。

［德］海德格尔：《海德格尔选集》，孙周兴编，上海三联书店 1986 年版。

胡泳：《新词探讨：回声室效应》，《新闻与传播研究》2015 年第 6 期。

黄淼、黄佩：《算法驯化：个性化推荐平台的自媒体内容生产网络及其运作》，《新闻大学》2020 年第 1 期。

［印］霍桑纳格：《算法时代》，蔡瑜译，文汇出版社 2020 年版。

姜红、鲁曼：《重塑"媒介"：行动者网络中的新闻"算法"》，《新闻记者》2017 年第 4 期。

姜婷婷、许艳闰：《窄化的信息世界：国外信息茧房、选择性接触与回音室研究进展》，《图书情报知识》2021 年第 38 卷第 5 期。

［美］杰卡德、图里西：《多元回归中的交互作用》，蒋勤译，格致出版社 2015 年版。

今日头条：《关于我们》，http：//www.toutiao.com/about/，2017-02-13。

金敬亭：《今日头条推荐系统架构演进之路》，https：//mp.weixin.qq.com/s/6rZ7ZSd024gv0zJWwv-d8w，2017-06-21。

［美］凯利：《必然》，周峰、董理、金阳译，电子工业出版社2016年版。

［美］莱斯格：《代码：塑造网络空间的法律》，中信出版社1999年版。

［美］雷尼、威尔曼：《超越孤独：移动互联时代的生存之道》，杨伯溆、高崇等译，中国传媒大学出版社2015年版。

李金德：《中国版10项目大五人格量表（TIPI-C）的信效度检验》，《中国健康心理学杂志》2013年第11期。

李林容：《网络智能推荐算法的"伪中立性"解析》，《现代传播》2018年第8期。

李卫东、彭静：《社交网络平台信息传播的回声室效应仿真实验分析》，《现代传播——中国传媒大学学报》2019年第41卷第4期。

李贞怡、李秀珠：《台湾媒体竞争市场之报纸内容多样性研究》，《新闻学研究》（台北）2006年第88期。

［美］里奇、罗卡奇、夏皮拉：《推荐系统：技术、评估及高效算法》（第2版），李艳民、胡聪、吴宾等译，机械工业出版社2018年版。

刘德寰：《现代市场研究》，高等教育出版社2005年版。

刘海明、杨琦钜：《位阶与底线：人工智能时代数字新闻把关人的伦理探究》，《现代传播》2021年第43卷第1期。

刘建国、周涛、汪秉宏：《个性化推荐系统的研究进展》，《自然科学进展》2009年第1期。

刘强、赵茜：《算法中选择的同化与异化——国外回音室效应研究20年述评与展望》，《新闻界》2021年第6期。

刘晓红、朱巧燕：《中国传播学问卷调查研究的现状与发展》，《新闻与传播研究》2015年第11期。

罗昶：《技术赋权与多元共治：公众视角下的算法分发新闻》，《新闻与写作》2018年第9期。

毛湛文、孙曌闻：《从"算法神话"到"算法调节"：新闻透明性原则在算法分发平台的实践限度研究》，《国际新闻界》2020年第7期。

么咏仪、杨建楠：《机器怎样"读懂"用户：专访今日头条副总编辑徐一龙》，《新闻与写作》2016年第12期。

孟祥武、陈诚、张玉洁：《移动新闻推荐技术及其应用研究综述》，《计算机学报》2016年第4期。

[白俄]莫罗佐夫：《技术至死：数字化生存的阴暗面》，张行舟、闫佳译，电子工业出版社2014年版。

[美]尼葛洛庞帝：《数字化生存》，胡泳、范海燕译，海南出版社1997年版。

倪宁、徐智、杨莉明：《复杂的用户：社交媒体用户参与广告行为研究》，《国际新闻界》2016年第10期。

聂静虹、宋甲子：《泛化与偏见：算法推荐与健康知识环境的构建研究——以今日头条为例》，《新闻与传播研究》2020年第27卷第9期。

潘曙光：《信息偶遇研究》，硕士学位论文，西南大学，2010年。

潘旭伟、王瑞奇：《个性化新闻推荐系统中的"过滤气泡"研究》，《新媒体研究》2021年第7卷第5期。

彭兰：《机器与算法的流行时代，人该怎么办》，《新闻与写作》2016年第12期。

彭兰：《假象、算法囚徒与权利让渡：数据与算法时代的新风险》，《西北师大学报》（社会科学版）2018年第5期。

彭兰：《网络传播概论》（第四版），人民出版社2017年版。

彭兰：《无边界时代的专业性重塑》，《现代传播——中国传媒大学学报》2018年第5期。

彭兰：《新媒体用户：更主动还是更被动》，《当代传播》2015年第 5 期。

彭兰：《智媒化：未来媒体浪潮——新媒体发展趋势报告（2016）》，《国际新闻界》2016 年第 11 期。

彭晓晓：《信息时代下的认知茧房》，硕士学位论文，浙江大学，2014 年。

前瞻网：《网络上由来已久的"过滤泡沫"现象想要解决光靠科技可不行》，https://baijiahao.baidu.com/s?id=1610312407762574355，2018-08-31。

钱弘道、姜斌：《"信息割据"下的沟通失效与公共论坛重建》，《浙江大学学报》（人文社会科学版）2013 年第 1 期。

全国信息安全标准化技术委员会：《网络安全标准实践指南——人工智能伦理安全风险防范指引》，https://www.tc260.org.cn/，2022-06-30。

全燕：《智媒时代算法传播的形态建构与风险控制》，《南京社会科学》2020 年第 11 期。

阮立、华勒斯、沈国芳：《现代把关人理论的模式化——个体、算法和平台在数字新闻传播领域的崛起》，《当代传播》2018 年第 2 期。

［瑞典］萨普特：《被算法操控的生活：重新定义精准广告、大数据和 AI》，易文波译，湖南科技出版社 2020 年版。

［美］桑斯坦：《网络共和国：网络社会中的民主问题》，黄维明译，上海人民出版社 2003 年版。

［美］桑斯坦：《信息乌托邦：众人如何生产知识》，毕竞悦译，法律出版社 2008 年版。

沈忧：《媒介集团的新闻内容多样性研究：以 ettoday 东森新闻报为例》，《东南传播》2008 年第 10 期。

数据与智能公众号：《深度学习在推荐系统中的应用》，https://zhuanlan.hihu.com/p/87088352，2022-02-05。

腾讯：《腾讯社会责任报告（2020）》，https://static.www.tencent.

com/uploads/2021/10/26/2e29750b827f03d6cc6cde3ba2b69bf0.pdf，2022-06-25。

腾讯网：《清华教授薛澜的洞察：敏捷治理可能是我们这个时代需要考虑的一种模式》，https：//new.qq.com/omn/20220127/20220127A038D600.html，2022-01-27。

腾讯网：《人工智能的道德，谁来塑造？》，https：//new.qq.com/omn/20220128/20220128A04P3L00.html，2022-01-28。

腾讯网：《围观良心外媒的"戳泡运动"》，https//news.qq.com/original/dujiabianyi/paopao.html，2017-03-21。

腾讯研究院：《从"算法偏见赏金"说起：科技伦理治理的众包模式》，https：//mp.weixin.qq.com/s/tQal4Ld9e7s_xcLSk8am_g，2022-05-05。

腾讯研究院：《收藏｜万字长文详解：国外主流科技公司的 AI 伦理实践》，https：//mp.weixin.qq.com/s?__biz=MjM5OTE0ODA2MQ=&mid=2650955615&idx=1&sn=12202473bedd78dfa6bc505d4b7cf984&chksm=bcc9102d8bbe993bef4c6eabf898755b8d2cd86995739d29bddbc1c1d2833b619714ba165737&scene=21#wechat_redirect，2022-03-07。

网易传媒研究院：《如何解决"过滤气泡"造成的报道失衡？这款 App 操碎了心》，https：//baijiahao.baidu.com/s?id=1610312407762574355，2018-08-31。

网易新闻：《东方早报整体转型，澎湃新闻引进 6.1 亿国有战略投资》，http：//news.163.com/16/1228/15/C9COGH1500018AOR.html，2017-02-24。

［美］维迪亚那桑：《谷歌化的反思》，苏健译，浙江人民出版社 2014 年版。

魏武挥：《警惕信息窄化》，http：//weiwuhui.com/3262.html，2010-04-26。

问卷星:《样本服务》,https://www.sojump.com/sample/service.aspx,2016-12-15。

吴国盛:《技术哲学讲演录》,中国人民大学出版社2009年版。

吴丽:《张一鸣说:今日头条不是一家媒体公司,而是一家技术公司》,http://www.qdaily.com/articles/9019.html,2019-05-15。

吴明隆:《结构方程模型:AMOS的操作应用》(第2版),重庆大学出版社2010年版。

项亮:《推荐系统实践》,人民邮电出版社2012年版。

徐笛:《算法实践中的多义与转义:以新闻推荐算法为例》,《新闻大学》2019年第12期。

徐翔、王雨晨:《社会回音室:网络传播中的信息趋同及其媒介逻辑——基于"今日头条"样本的计算传播学分析》,《国际新闻界》2021年第7期。

闫慧、张钰浩、韩蕾倩:《移动数字鸿沟研究进展》,《图书情报工作》2021年第22期。

严三九、袁帆:《局内的外人:新闻传播领域算法工程师的伦理责任考察》,《现代传播——中国传媒大学学报》2019年第41卷第9期。

杨伯溆:《电子媒体的扩散与应用》,华中理工大学出版社2000年版。

杨伯溆:《媒介融合与国家介入的意义——以新媒介平台新浪微博为例》,《当代传播》2015年第5期。

杨伯溆:《新媒体传播:中国传播学的发展机遇》,《新闻记者》2014年第12期。

杨洸、佘佳玲:《算法新闻用户的数字鸿沟:表现及影响》,《现代传播——中国传媒大学学报》2020年第42卷第4期。

杨洸、佘佳玲:《新闻算法推荐的信息可见性、用户主动性与信息茧房效应:算法与用户互动的视角》,《新闻大学》2020年第2期。

杨慧:《微博的"信息茧房"效应研究》,硕士学位论文,湖南师范大学，2014年。

杨斯钧：《当我们谈论算法时，人工编辑再度占领社交媒体》，《中国传媒科技》2015年第1期。

喻国明、陈艳明、普文越：《智能算法与公共性：问题的误读与解题的关键》，《中国编辑》2020年第5期。

喻国明、杜楠楠：《智能型算法分发的价值迭代："边界调适"与合法性的提升——以"今日头条"的四次升级迭代为例》，《新闻记者》2019年第11期。

袁帆、严三九：《模糊的算法伦理水平——基于传媒业269名算法工程师的实证研究》，《新闻大学》2020年第5期。

翟秀凤：《创意劳动抑或算法规训？——探析智能化传播对网络内容生产者的影响》，《新闻记者》2019年第10期。

张诚：《今日头条张一鸣：我眼中的未来媒体》，《中国传媒科技》2016年第1期。

张志安、汤敏：《论算法推荐对主流意识形态传播的影响》，《社会科学战线》2018年第10期。

中国互联网络信息中心：《2016年中国互联网新闻市场研究报告》，http：//www.cnnic.cn/hlwfzyj/hlwxzbg/mtbg/201701/P020170112309068736023.pdf，2017-01-11。

中国互联网络信息中心：《第38次中国互联网络发展状况统计报告》，http：//www.cnnic.net.cn/hlwfzyj/hlwxzbg/hlwtjbg/201608/P020160803367337470363.pdf，2016-08-03。

中国互联网络信息中心：《第48次中国互联网络发展状况统计报告》，http：//210.78.94.36/2Q2WC22056CA0B9F8AD57947B294A4575F651924D995_ unknown_ F8B5DA509B57B659A6A036F415CEBB801DEF7274 _ 6/www.cnnic.net.cn/hlwfzyj/hlwxzbg/hlwtjbg/202109/P020210915523670981527.pdf，2021-09-15。

中国信通院：《人工智能治理白皮书》，http：//www.caict.ac.cn/kxyj/

qwfb/bps/202009/t20200928_347546.htm,2020-09-28。

中华人民共和国科学技术部:《〈新一代人工智能伦理规范〉发布》,http://www.safea.gov.cn/kjbgz/202109/t20210926_177063.html,2021-09-26。

中华人民共和国科学技术部:《发展负责任的人工智能:新一代人工智能治理原则发布》,http://www.most.gov.cn/kjbgz/201906/t20190617_147107.html,2019-06-17。

中华人民共和国中央人民政府:《国家标准化管理委员会、中央网信办、国家发展改革委、科技部、工业和信息化部关于印发〈国家新一代人工智能标准体系建设指南〉的通知》,http://www.gov.cn/zhengce/zhengceku/2020-08/09/content_5533454.htm,2020-07-27。

中华人民共和国中央人民政府:《中共中央办公厅、国务院办公厅印发〈关于加强科技伦理治理的意见〉》,http://www.gov.cn/zhengce/2022-03/20/content_5680105.htm,2022-03-20。

周葆华:《算法推荐类 APP 的使用及其影响——基于全国受众调查的实证分析》,《新闻记者》2019 年第 12 期。

朱鸿军、周逵:《伪中立性:资讯聚合平台把关机制与社会责任的考察》,《南昌大学学报》(人文社会科学版)2017 年第 48 卷第 5 期。

字节跳动:《2021 年北京字节跳动企业社会责任报告》,http://p3-bd-official.byteimg.com/obj/bytedance-cn/2021,北京字节跳动企业社会责任报告.pdf,2022-06-30。

二 英文文献

Ali, M., Sapiezynski, P., Bogen, M., et al., *Discrimination through optimization: How Facebook's ad delivery can lead to skewed outcomes*, arXiv preprint arXiv:1904.02095, 2019.

Awad, N. F., Krishnan, M. S., The personalization privacy paradox: An empirical evaluation of information transparency and the willingness to be profiled online for personalization, *MIS Quarterly*, 2006, 30 (1): 13-28.

Bagnoli, F., de Bonfioli Cavalcabo, G., Casu, B., et al., Community Formation as a Byproduct of a Recommendation System: A Simulation Model for Bubble Formation in Social Media, *Future Internet*, 2021, 13 (11): 296.

Bakshy, E., Messing, S., Adamic, L. A., Exposure to ideologically diverse news and opinion on Facebook, *Science*, 2015, 348 (6239): 1130-1132.

Bakshy, E., *Rethinking Information Diversity in Networks*, https://www.facebook.com/notes/facebook-data-team/rethinking-information-diversity-in-networks/10150503498618859, 2012-1-17.

Beam, M. A., Automating the news: How personalized news recommender system design choices impact news reception, *Communication Research*, 2014, 41 (8): 1019-1041.

Bechmann, A., Nielbo, K. L., Are We Exposed to the Same "News" in the News Feed? An empirical analysis of filter bubbles as information similarity for Danish Facebook users, *Digital Journalism*, 2018, 6 (8): 990-1002.

Bennett, W. L., Iyengar, S., A new era of minimal effects? The changing foundations of political communication, *Journal of Communication*, 2008, 58 (4): 707-731.

Björneborn, L., Design dimensions enabling divergent behaviour across physical, digital, and social library interfaces, International Conference on Persuasive Technology, *Springer Berlin Heidelberg*, 2010, 6137: 143-149.

Blom, J., A theory of personalized recommendations, *Extended Abstracts of the CHI 2002 Conference on Human Factors in Computing Systems*, New York, NY, 2002: 540 – 541.

Blom, J., Personalization: a taxonomy, *Extended Abstracts of the CHI 2000 Conference on Human Factors in Computing Systems*, New York, NY: ACM, 2000: 313 – 314.

Bozdag, E., Bias in algorithmic filtering and personalization, *Ethics and Information Technology*, 2013, 15 (3): 209 – 227.

Bozdag, E., van den Hoven, J., Breaking the filter bubble: democracy and design, *Ethics and Information Technology*, 2015, 17 (4): 249 – 265.

Bozdag, E., Timmermans, J., Values in the filter bubble Ethics of Personalization Algorithms in Cloud Computing, In Proceedings of 1st International Workshop on Values in Design-Building Bridges between RE, HCI and Ethics, 2011.

Brundidge, J., Encountering "difference" in the contemporary public sphere: The contribution of the Internet to the heterogeneity of political discussion networks, *Journal of Communication*, 2010, 60 (4): 680 – 700.

Bruns, A., Filter bubble, *Internet Policy Review*, 2019, 8 (4), DOI: 10.14763/2019.4.1426.

Bryant, L. V., The YouTube Algorithm and the Alt-Right Filter Bubble, *Open Information Science*, 2020, 4 (1): 85 – 90.

Campbell, S. W., Kwak, N., Political involvement in "mobilized" society: The interactive relationships among mobile communication, network characteristics, and political participation, *Journal of Communication*, 2011, 61 (6): 1005 – 1024.

Cardenal, A. S., Aguilar-Paredes, C., Galais, C., et al., Digital Technologies and Selective Exposure: How Choice and Filter Bubbles Shape News Media Exposure, *The International Journal of Press/Politics*, 2019, 24 (4): 465 – 486.

Carlson, M., Automating judgment? Algorithmic judgment, news knowledge, and journalistic professionalism, *New media & society*, 2018, 20 (5): 1755 – 1772.

Carpenter, S., A study of content diversity in online citizen journalism and online newspaper articles, *New Media & Society*, 2010, 12 (7): 1060 – 1084.

Castells, M., *Communication power*, OUP Oxford, 2013.

Chen, L., Wu, W., He, L., Personality and Recommendation Diversity, *Emotions and Personality in Personalized Services*, Cham: Springer, 2016: 201 – 225.

Colleoni, E., Rozza, A., Arvidsson, A., Echo chamber or public sphere? Predicting political orientation and measuring political homophily in Twitter using big data, *Journal of Communication*, 2014, 64 (2): 317 – 332.

Corneli, J., Jordanous, A., Guckelsberger, C., et al., Modelling serendipity in a computational context, *Computer Science*, 2014, https://doi.org/10.48550/arXiv.1411.0440.

Courtois, C., Slechten, L., Coenen, L., Challenging Google Search filter bubbles in social and political information: Disconforming evidence from a digital methods case study, *Telematics and Informatics*, 2018, 35 (7): 2006 – 2015.

Diakopoulos, N., Koliska, M., Algorithmic Transparency in the News Media, *Digital Journalism*, 2017, 5 (7): 809 – 828.

Dillahunt, T. R., Brooks, C. A., Gulati, S., Detecting and visualizing filter bubbles in Google and Bing, *Proceedings of the 33rd Annu-*

al ACM Conference Extended Abstracts on Human Factors in Computing Systems, ACM, 2015: 1851 – 1856.

Dutton, W. H., Reisdorf, B. C., Dubois, E., et al., Social Shaping of the Politics of Internet Search and Networking: Moving Beyond Filter Bubbles, Echo Chambers, and Fake News, *SSRN Electronic Journal*, 2017, doi: 10.2139/ssrn.2944191.

Dylko, I., Dolgov, I., Hoffman, W., et al., Impact of Customizability Technology on Political Polarization, *Journal of information technology & politics*, 2018, 15 (1): 19 – 33.

Dylko, I. B., How Technology Encourages Political Selective Exposure, *Communication Theory*, 2016, 26 (4): 389 – 409.

Erdelez, S., Information encountering: An exploration beyond information seeking, Ph.D. dissertation, Syracuse University, 1995.

Eveland, W. P., Hively, M. H., Political discussion frequency, network size, and "heterogeneity" of discussion as predictors of political knowledge and participation, *Journal of Communication*, 2009, 59 (2): 205 – 224.

Executive Office of the President National Science and Technology Council Committee on Technology, Preparing for the Future of Artificial Intelligence, https://obamawhitehouse.archives.gov/sites/default/files/whitehouse_files/microsites/ostp/NSTC/preparing_for_the_future_of_ai.pdf, 2016 – 10 – 12.

Fahey, R. A., Camatarri, S., From Filter Bubble to Social Divide: Social Polarisation in Europe and Japan//2020 APSA Annual Meeting, 2020.

Fang, C., Zhang, H., Wang, J., et al., Diversified Recommendation Method Combining Topic Model and Random Walk, *Multimedia Tools and Applications*, 2018, 77 (4): 4355 – 4378.

Flaxman, S., Goel, S., Rao, J., Filter bubbles, echo chambers, and online news consumption, *The Public Opinion Quarterly*, 2016, 80 (Special Issue: Party Polarization): 298 – 320.

Fleder, D. M., Hosanagar, K., Recommender systems and their impact on sales diversity, *Proceedings of the 8th ACM conference on Electronic commerce* ACM, 2007: 192 – 199.

Fletcher, R., Nielsen, R. K., Automated Serendipity: The effect of using search engines on news repertoire balance and diversity, *Digital journalism*, 2018, 6 (8): 976 – 989.

Garcia-Rivadulla, S., Personalization vs. privacy: An inevitable trade-off? *IFLA journal*, 2016, 42 (3): 227 – 238.

Garrett, R. K., Echo chambers online: Politically motivated selective exposure among Internet news users, *Journal of Computer-Mediated Communication*, 2009, 14 (2): 265 – 285.

Garrett, R. K., Politically motivated reinforcement seeking: Reframing the selective exposure debate, *Journal of Communication*, 2009, 59 (4): 676 – 699.

Garrett, R. K., Stroud, N. J., Partisan paths to exposure diversity: Differences in pro-and counterattitudinal news consumption, *Journal of Communication*, 2014, 64 (4): 680 – 701.

Gentzkow, M., Shapiro, J. M., Ideological segregation online and offline, *The Quarterly Journal of Economics*, 2011, 126 (4): 1799 – 1839.

Geschke, D., Lorenz, J., Holtz, P., The triple-filter bubble: Using agent-based modelling to test a meta-theoretical framework for the emergence of filter bubbles and echo chambers, *British Journal of Social Psychology*, 2019, 58 (1): 129 – 149.

Gillespie, T., The Relevance of Algorithms, In: Gillespie, T., Boczkowski, P. and Foot, K. (eds), *Media Technologies*, Cambridge, MA: MIT Press, 2014: 167 – 194.

Gosling, S. D., Rentfrow, P. J., Jr., Swann, W. B., A very brief measure of the Big-Five personality domains, *Journal of Research in Personality*, 2003, 37: 504 – 528.

Grossetti, Q., du Mouza, C., Travers, N., et al., Reducing the filter bubble effect on Twitter by considering communities for recommendations, *International Journal of Web Information Systems*, 2021, 17 (6): 728 – 752.

Haim, M., Graefe, A., Brosius, H-B., Burst of the Filter Bubble? Effects of personalization on the diversity of Google News, *Digital Journalism*, 2018, 6 (3): 330 – 343, DOI: 10.1080/21670811.2017.1338145.

Hallinan, B., Striphas, T., Recommended for you: The Netflix Prize and the production of algorithmic culture, *new media & society*, 2016, 18 (1): 117 – 137.

Hannak, A., Sapiezynski, P., Kakhki, A. M., et al., Measuring personalization of web search//Proceedings of the 22nd International Conference on World Wide Web, *New York: ACM Press*, 2013: 527 – 538.

Heinström, J., Psychological factors behind incidental information acquisition, *Library & Information Science Research*, 2007, 28 (4): 579 – 594.

Hill, S. R., Troshani, I., Factors influencing the adoption of personalisation mobile services: empirical evidence from young Australians, *International Journal of Mobile Communications*, 2010, 8 (2): 150 – 168.

Hively, M. H., Eveland Jr, W. P., Contextual antecedents and political consequences of adolescent political discussion, discussion elaboration, and network diversity, *Political Communication*, 2009, 26 (1): 30 – 47.

Hou, L., Liu, K., Liu, J., et al., Solving the stability-accuracy-diversity dilemma of recommender systems, *Physica A: Statistical Mechanics and its Applications*, 2017, 468: 415 – 424.

Iaquinta, L., de Gemmis, M., Lops, P., et al., Introducing serendipity in a content-based recommender system, *Hybrid Intelligent Systems*, Eighth International Conference on IEEE, 2008.

Intersoft Consulting, General Data Protection Regulation, https://gdpr-info.eu/art – 5 – gdpr/, 2022 – 05 – 30.

Jacobson, S., Myung, E., Johnson, S. L., Open media or echo chamber: the use of links in audience discussions on the Facebook pages of partisan news organizations, *Information, Communication & Society*, 2016, 19 (7): 875 – 891.

John, N. A., Dvir-Gvirsman, S., "I Don't Like You Any More": Facebook Unfriending by Israelis During the Israel-Gaza Conflict of 2014, *Journal of Communication*, 2015, 65 (6): 953 – 974.

Junge, K., Diversity of ideas about diversity measurement, *Scandinavian Journal of Psychology*, 1994, 35 (1): 16 – 26.

Just, N., Latzer, M., Governance by algorithms: reality construction by algorithmic selection on the Internet, *Media, Culture & Society*, 2016, doi: 10.1177/0163443716643157.

Kalyanaraman, S., Sundar, S. S., The psychological appeal of personalized content in web portals: does customization affect attitudes and behavior? *Journal of Communication*, 2006, 56 (1): 110 – 132.

Kim, D., Lee, W., Kim, D., et al., An Empirical Study on Filter Bubbles in the YouTube Comments Network: Using Social Network

Analysis, *International Journal of Software Innovation*, 2021, 9 (3): 52-65.

Kim, D. H., Pasek, J., Explaining the Diversity Deficit Value-Trait Consistency in News Exposure and Democratic Citizenship, *Communication Research*, 2016, doi: 10.1177/0093650216644647.

Kim, Y., Chen, H. T., de Zúñiga, H. G., Stumbling upon news on the Internet: Effects of incidental news exposure and relative entertainment use on political engagement, *Computers in human behavior*, 2013, 29 (6): 2607-2614.

Kim, Y., Hsu, S. H., de Zúñiga, H. G., Influence of social media use on discussion network heterogeneity and civic engagement: The moderating role of personality traits, *Journal of Communication*, 2013, 63 (3): 498-516.

Kirdemir, B., Agarwal, N., Exploring Bias and Information Bubbles in YouTube's Video Recommendation Networks, In: Benito, R. M., et al (eds), Complex Networks & Their Applications X. COMPLEX NETWORKS 2021. Studies in Computational Intelligence, 2022, vol 1016. Springer, Cham. https://doi.org/10.1007/978-3-030-93413-2_15.

Kitchens, B., Johnson, S. L., Gray, P., Understanding Echo Chambers and Filter Bubbles: The Impact of Social Media on Diversification and Partisan Shifts in News Consumption, *MIS Quarterly*, 2020, 44 (4): 1619-1649.

Kobsa, A., Cho, H., Knijnenburg, B. P., The effect of personalization provider characteristics on privacy attitudes and behaviors: An Elaboration Likelihood Model approach, *Journal of the Association for Information Science and Technology*, 2016, doi: 10.1002/asi.23629.

Kormelink, T. G., Meijer, I. C., Tailor-Made News: Meeting the demands of news users on mobile and social media, *Journalism Studies*, 2014, 15 (5): 632 – 641.

Krafft, T. D., Gamer, M., Zweig, K. A., What did you see? A study to measure personalization in Google's search engine, *EPJ Data Science*, 2019, 8 (1), doi: 10.1140/epjds/s13688 – 019 – 0217 – 5.

Kruikemeier, S., Van Noort, G., Vliegenthart, R., et al., Getting closer: The effects of personalized and interactive online political communication, *European Journal of Communication*, 2013, 28 (1): 53 – 66.

Lazer, D., The rise of the social algorithm, *Science*, 2015, 348 (6239): 1090 – 1091.

Lee, J. K., Choi, J., Kim, C., et al., Social media, network heterogeneity, and opinion polarization, *Journal of Communication*, 2014, 64 (4): 702 – 722.

Lee, Y. C., Effects of market competition on Taiwan newspaper diversity, *Journal of Media Economics*, 2007, 20 (2): 139 – 156.

Liao, Q. V., Fu, W. T., Beyond the filter bubble: Interactive effects of perceived threat and topic involvement on selective exposure to information, In *Proceedings of the SIGCHI conference on human factors in computing systems*, ACM, 2013: 2359 – 2368.

Loeb, S., Panagos, E., Information filtering and personalization: Context, serendipity and group profile effects, *Consumer Communications and Networking Conference (CCNC), 2011 IEEE*, IEEE, 2011: 393 – 398.

Madsen, A. K., Beyond the Bubble: Three empirical reasons for re-conceptualizing online visibility, *MedieKultur: Journal of media and communication research*, 2016, 31 (59): 6 – 27.

Makhortykh, M., Wijermars, M., Can Filter Bubbles Protect Information Freedom? Discussions of Algorithmic News Recommenders in Eastern Europe, *Digital Journalism*, 2021, doi: 10.1080/21670811.2021.1970601.

Makri, S., Blandford, A., Woods, M., et al., "Making my own luck": Serendipity strategies and how to support them in digital information environments, *Journal of the Association for Information Science and Technology*, 2014, 65 (11): 2179 – 2194.

Marchi, R., With Facebook, blogs, and fake news, teens reject journalistic "objectivity" *Journal of Communication Inquiry*, 2012, 36 (3): 246 – 262.

Matt, C., Benlian, A., Hess, T., et al., Escaping from the Filter Bubble? The Effects of Novelty and Serendipity on Users' Evaluations of Online Recommendations, *Publications of Darmstadt Technical University Institute for Business Studies*, 2014, 21 (3): 1 – 19.

McCay-Peet, L., Quan-Haase, A., *The Influence of Features and Demographics on the Perception of Twitter as a Serendipitous Environment*, In Proceedings of the 27th ACM Conference on Hypertext and Social Media, ACM, 2016: 333 – 335.

McCay-Peet, L., Toms, E. G., Measuring the dimensions of serendipity in digital environments, *Information Research: An International Electronic Journal*, 2011, 16 (3): n3.

McCay-Peet, L., Toms, E. G., Kelloway, E. K., Examination of relationships among serendipity, the environment, and individual differences, *Information Processing & Management*, 2015, 51 (4): 391 – 412.

McCay-Peet, L., Toms, E. G., Kelloway, E. K., Development and assessment of the content validity of a scale to measure how well a digital environment facilitates serendipity, *Information Research*, 2014, 19 (3): 630.

McCay-Peet, L., Toms, E. G., The serendipity quotient, *Proceedings of the American Society for Information Science and Technology*, 2011, 48 (1): 1 – 4.

McDonald, D. G., Dimmick, J., The conceptualization and measurement of diversity, *Communication Research*, 2003, 30 (1): 60 – 79.

McDonald, D. G., Lin, S. F., The effect of new networks on US television diversity, *Journal of media economics*, 2004, 17 (2): 105 – 121.

Mill, J. S., 3 *principles of Political Economy*, 1848, p. 594. 转引自［美］凯斯·桑斯坦《网络共和国：网络社会中的民主问题》, 黄维明译, 上海人民出版社2003年版。

Min, Y., Jiang, T., Jin, C., Li, Q., Jin, X., Endogenetic structure of filter bubble in social networks, *Royal Society Open Science*, 2019, 6: 190868. http://dx.doi.org/10.1098/rsos.190868.

Min, Y., Zhou, Y., Liu, Y., et al., The role of degree correlation in shaping filter bubbles in social networks, *Physica A: Statistical Mechanics and its Applications*, 2021, 584: 126366.

Muck, P. M., Hell, B., Gosling, S. D., Construct validation of a short five-factor model instrument, *European Journal of Psychological Assessment*, 2007, 23 (3): 166 – 175.

Munson, S. A., Resnick, P., Presenting diverse political opinions: How and how much, In *Proceedings of the SIGCHI conference on human factors in computing systems*, ACM, 2010: 1457 – 1466.

Möller, J., Trilling, D., Helberger, N., et al., Do not blame it on the algorithm: An empirical assessment of multiple recommender systems and their impact on content diversity, *Information, communication & society*, 2018, 21 (7): 959 – 977.

Nagulendra, S., Vassileva, J., Understanding and controlling the filter bubble through interactive visualization: A user study, *Proceedings of the 25th ACM conference on Hypertext and social media*, ACM, 2014: 107 – 115.

Napoli, P. M., Automated Media: An Institutional Theory Perspective on Algorithmic Media Production and Consumption, *Communication Theory*, 2014, (24): 340 – 360.

Napoli, P. M., Social media and the public interest: Governance of news platforms in the realm of individual and algorithmic gatekeepers, *Telecommunications Policy*, 2015, 39 (9): 751 – 760.

Nechushtai, E., Lewis, S. C., What kind of news gatekeepers do we want machines to be? Filter bubbles, fragmentation, and the normative dimensions of algorithmic recommendations, *Computers in Human Behavior*, 2019, 90: 298 – 307.

Nguyen, T. T., Hui, P. M., Harper, F. M., et al., Exploring the filter bubble: the effect of using recommender systems on content diversity, *Proceedings of the 23rd international conference on World Wide Web*, ACM, 2014: 677 – 686.

Nikolov, D., Oliveira, D. F. M., Flammini, A., et al., Measuring online social bubbles, *PeerJ Computer Science*, 2015, 1: e38. https://doi.org/10.7717/peerj – cs.38.

Okyle, C., Are You Living in a Digital Bubble? This Flowchart Will Tell You (Infographic), https://www.entrepreneur.com/article/277351. 2016 – 6 – 17.

O'Callaghan, D., Greene, D., Conway, M., et al., The extreme right filter bubble, *Computer Science*, 2013, https://doi.org/10.48550/arXiv.1308.6149.

Panniello, U., Tuzhilin, A., Gorgoglione, M., Comparing context-aware recommender systems in terms of accuracy and diversity, *User Modeling and User-Adapted Interaction*, 2014, 24 (1 – 2): 35 – 65.

Pariser, E., *The Filter Bubble: What the Internet Is Hiding from You*, London: Penguin, 2011.

Perra, N., Rocha, L. E. C., Modelling opinion dynamics in the age of algorithmic personalisation, *Scientific Reports*, 2019, 9 (1): 1 – 11.

Pew Research Center, The Political Environment on Social Media, http://www.pewinternet.org/2016/10/25/the-political-environment-on-social-media/, 2016 – 10 – 25.

Pew Research Center, Understanding the participatory news consumer, http://www.pewinternet.org/2010/03/01/understanding-the-participatory-news-consumer/, 2010 – 3 – 1.

Pickeringl, A. D., Gray, J. A., *Dopamine, appetitive reinforcement, and the neuropsychology of human learning: An individual differences approach*, In A. Eliasz & A. Angleitner (Eds.), *Advances in individual differences research. Lengerich*, Germany: PABST Science Publishers, 2001: 113 – 149.

Puschmann, C., Beyond the Bubble: Assessing the Diversity of Political Search Results, *Digital Journalism*, 2019, 7 (6): 824 – 843.

Rader, E., Examining user surprise as a symptom of algorithmic filtering, *International Journal of Human-Computer Studies*, 2017, 98: 72 – 88.

Rainy, L., Wellman, B., *Networked: The New Social Operating System*, Cambridge, MIT Press, 2012.

Resnick, P., Garrett, R. K., Kriplean, T., et al., Bursting your (filter) bubble: strategies for promoting diverse exposure, In *Proceedings of the 2013 conference on Computer supported cooperative work companion, ACM, 2013: 95-100.

Roberts, R. M., Serendipity: Accidental discoveries in science, New York: John Wiley and Sons, 1986. 转引自潘曙光《信息偶遇研究》, 硕士学位论文, 西南大学, 2010 年。

Rojas, H., Barnidge, M., Abril, E. P., Egocentric publics and corrective action, *Communication and the Public*, 2016, 1 (1): 27-38.

Salwen, M., Garrison, B., Driscoll, P., *The baseline survey projects: exploring questions*, In Salwen, M., et al (Eds.), *Online News and Public*, Mahwah, NJ: Lawrence Erlbaum, 2005: 121-145.

Scheufele, D. A., Hardy, B. W., Brossard, D., et al., Democracy based on difference: Examining the links between structural heterogeneity, heterogeneity of discussion networks, and democratic citizenship, *Journal of Communication*, 2006, 56 (4): 728-753.

Scheufele, D. A., Nisbet, M. C., Brossard, D., et al., Social structure and citizenship: Examining the impacts of social setting, network heterogeneity, and informational variables on political participation, *Political Communication*, 2004, 21 (3): 315-338.

Sela, M., Lavie, T., Inbar, O., et al., Personalizing news content: An experimental study, *Journal of the Association for Information Science and Technology*, 2015, 66 (1): 1-12.

Shannon, C. E., A mathematical theory of communication, *ACM SIGMOBILE Mobile Computing and Communications Review*, 2001, 5 (1): 3-55.

Simpson, E. H., Measurement of diversity, *Nature*, 1949, 163: 688.

Simpson, T. W., Evaluating Google as an epistemic tool, *Metaphilosophy*, 2012, 43 (4): 426-445.

Sindermann, C., Elhai, J. D., Moshagen, M., et al., Age, gender, personality, ideological attitudes and individual differences in a person's news spectrum: how many and who might be prone to "filter bubbles" and "echo chambers" online? *Heliyon*, 2020, 6 (1): e3214.

Srinivasan, R., Re-thinking the cultural codes of new media: The question concerning ontology, *New Media & Society*, 2013, 15 (2): 203-223.

Strauβ, N., Alonso-Muñoz, L., de Zúñiga, H. G., Bursting the filter bubble: the mediating effect of discussion frequency on network heterogeneity, *Online Information Review*, 2020, 44 (6): 1161-1181.

Sun, T., Zhang, M., Mei, Q., Unexpected Relevance: An Empirical Study of Serendipity in Retweets, Proceedings of the Seventh International AAAI Conference on Weblogs and Social Media, 2013.

Sundar, S. S., Marathe, S. S., Personalization versus customization: The importance of agency, privacy, and power usage, *Human Communication Research*, 2010, 36 (3): 298-322.

Tandukar, U., Vassileva, J., Ensuring relevant and serendipitous information flow in decentralized online social network, *International Conference on Artificial Intelligence: Methodology, Systems, and Applications*, Springer Berlin Heidelberg, 2012: 79-88.

Thurman, N., Making "The Daily Me": Technology, economics and habit in the mainstream assimilation of personalized news, *Journalism*, 2011, 12 (4): 395-415.

Thurman, N., Schifferes, S., The future of personalization at news websites: lessons from a longitudinal study, *Journalism Studies*, 2012, 13 (5-6): 775-790.

Thurman, N., Schifferes, S., *The Paradox of Personalization: The Social* and *Reflexive Turn of Adaptive News*,In E. Siapera & A. Veglis（Eds.），*The Handbook of Global Online Journalism*,UK,Oxford,Wiley-Blackwell,2012：373 – 391.

Trilling,D.,Schoenbach,K.,Challenging Selective Exposure：Do online news users choose sites that match their interests and preferences? *Digital Journalism*,2015,3（2）：140 – 157.

Vaccari,C.,Valeriani,A.,Barberá,P.,et al.,Of Echo Chambers and Contrarian Clubs：Exposure to Political Disagreement Among German and Italian Users of Twitter,*Social Media + Society*,2016,doi：10.1177/2056305116664221.

Vallet,D.,Castells,P.,Personalized Diversification of Search Results,In *Proceedings of the 35th Annual International ACM SIGIR Conference on Research and Development in Information Retrieval*,New York,2012：841 – 850.

Van Alstyne,M.,Brynjolfsson,E.,Electronic Communities：Global Villages or Cyberbalkanization? *Proceedings of the 17th International Conference on Information Systems*,1996.

Vanian,J.,Why Microsoft and Twitter are turning to bug bounties to fix their A.I.,https：//fortune.com/2021/08/10/why-microsoft-and-twitter-are-turning-to-bug-bounties-to-fix-their-a-i/.2021.08 – 11.

Wakeling,S.,Establishing User Requirements for a Recommender System in an Online Union Catalogue：an Investigation of WorldCat.org,*University of Sheffield*,2015.

Wang,X.,Qi,J.,Ramamohanarao,K.,et al.,A Joint Optimization Approach for Personalized Recommendation Diversification,In *Pacific-Asia Conference on Knowledge Discovery and Data Mining*,Cham：Springer,2018：597 – 609.

Warner,B.R.,Segmenting the electorate：The effects of exposure to political extremism online, *Communication Studies*, 2010, 61 (4): 430–444.

Webster, J. G., Ksiazek, T. B., The dynamics of audience fragmentation: Public attention in an age of digital media, *Journal of communication*, 2012, 62 (1): 39–56.

Wikipedia, *Bug bounty program*, https://en.wikipedia.org/wiki/Bug_bounty_program, 2022-05-30.

Willson, M., The politics of social filtering, *Convergence*, 2014, 20 (2): 218–232.

Winter, S., Metzger, M. J., Flanagin, A. J., Selective Use of News Cues: A Multiple-Motive Perspective on Information Selection in Social Media Environments, *Journal of Communication*, 2016, 66 (4): 669–693.

Wohn, D. Y., Bowe, B. J., Micro Agenda Setters: The Effect of Social Media on Young Adults' Exposure to and Attitude Toward News, *Social Media + Society*, 2016, 2 (1), doi: 10.1177/2056305115626750.

Wu, W., Chen, L., Zhao, Y., Personalizing Recommendation Diversity Based on User Personality, *User Modeling and User-Adapted Interaction*, 2018, 28 (3): 237–276.

Yang, J. H., Rojas, H., Wojcieszak, M., et al., Why Are "Others" So Polarized? Perceived Political Polarization and Media Use in 10 Countries, *Journal of Computer-Mediated Communication*, 2016, 21 (5): 349–367.

Yom-Tov, E., Dumais, S., Guo, Q., Promoting civil discourse through search engine diversity, *Social Science Computer Review*, 2014, 32 (2): 145–154.

Zeng, W., Shang, M. S., Zhang, Q. M., et al., Can Dissimilar Users Contribute to Accuracy And Diversity of Personalized Recommendation?

International Journal of Modern Physics C, 2010, 21 (10): 1217 - 1227.

Zhou, T., Kuscsik, Z., Liu, J. G., et al., *Solving the apparent diversity-accuracy dilemma of recommender systems*, https://arxiv.org/abs/0808.2670, 2010-03-12.

后　记

本书的原稿系本人在北京大学攻读博士学位期间所写的论文，在此基础上进行全面修改而形成的。本人对个性化推荐算法的研究兴趣源于2015年时读到帕里泽的著作《过滤气泡》，自此开始关注推荐算法产生的社会影响。时至2022年，个性化推荐算法及其应用有了长足进步，相关的研究也日益增多，与写原稿时相比，互联网中的信息传播生态也发生了改变。本人虽结合最新的发展现状和研究进展对全书进行了修订，但仍深感研究与探索的步伐不及人工智能技术一日千里，加上所学所思有限，本书可能存在不少纰漏，恳请方家指正。恰如博士学位论文致谢中所写的——"我们对这种技术及其影响的思考还只是刚刚起步"。

本书的完成首先要感谢我的博士生导师杨伯溆教授。杨教授很早就关注了人工智能领域，他对媒介技术的深刻见解给予我思想上的启发。感谢刘于思博士和乔飞博士在英文量表双向回译上的协助。感谢在博士学位论文答辩、预答辩以及盲审环节中提出宝贵修改意见的评审老师们。

本书得以出版，受到了广东省哲学社会科学规划2022年后期项目的资助（批准号：GD22HXW02），以及广东外语外贸大学新闻与传播学院在成果出版上的大力支持，在此一并致谢。

最后，感谢我的家人，特别是我的先生，他的爱、鼓励与帮助贯穿了从博士学位论文构思到本书出版的整个过程。谨以本书献给我挚爱的家人。

杨莉明

2022 年 7 月

于广州大学城墨香北园